FONDS

FONDS

Basiswissen für Einsteiger

Thomas Luther

INHALTSVERZEICHNIS

GELDANLAGE FÜR JEDEN ZWECK

Wer heutzutage einen Geldbetrag möglichst rentabel anlegen will, kommt an Investmentfonds kaum vorbei. Denn Investmentfonds, auch kurz Fonds genannt, bieten gegenüber anderen Anlageformen eine Reihe von Vorteilen, die sie in vielen Fällen zu einer interessanten und – bei Beachtung einiger Punkte – auch sicheren Anlagealternative machen.

FONDS SIND VIELSEITIG

Die vergangenen Jahre haben das Vertrauen vieler Anleger in die Börsen, ja mitunter sogar in das gesamte Bankensystem nachhaltig erschüttert. Die Pleite der US-Investmentbank Lehman Brothers im Herbst 2008 – ein Traditionshaus und gleichzeitig eines der führenden Institute in der US-amerikanischen Bankenlandschaft – hat nicht nur dazu beigetragen, dass die Aktienkurse an den Weltbörsen auf breiter Front drastisch einbrachen. Sie hat zu einer tiefgreifenden Krise des internationalen Finanzsystems geführt. In deren Folge geriet die gesamte Weltwirtschaft ins Stocken und viele Finanzunternehmen – Banken, Wertpapierhandelshäuser sowie Versicherungen – wurden mit in die Tiefe gerissen. Die Auswirkungen dieser Krise bekamen Jahre später selbst Anleger zu spüren, die das Risiko von Aktien seit jeher scheuen und lieber in vermeintlich sichere Zinspapiere investiert haben. Denn einige europäische Staaten gerieten im Frühjahr 2010 plötzlich in finanzielle Schwierigkeiten, weil sie am Kapitalmarkt kaum noch Abnehmer für neue Anleihen fanden. Viele Investoren fürchteten nämlich, dass diese Länder nicht mehr die hohen Kredite zurückzahlen könnten, die sie in den Jahren zuvor angehäuft hatten. Folge: Griechenland oder etwa Spanien, die über Jahre hinweg als sichere Schuldner bewertet wurden, drohte plötzlich die Pleite und ihre bereits ausgegebenen Anleihen galten von heute auf morgen als hochspekulative Investments, bei denen die Investoren um ihr Geld fürchten müssen.

Viele Privatanleger fühlen sich angesichts dieser Turbulenzen an den Finanzmärkten in ihrer Skepsis und Unsicherheit bestätigt: Das Geschehen an den Börsen ist eben doch so unberechenbar und undurchsichtig, wie sie es schon immer befürchtet haben. Sie möchten ihr Geld lieber woanders anlegen. Doch wo? Die Angebote von Banken und Sparkassen – Sparbücher, Sparbriefe sowie Tagesgeldkonten – werfen derzeit nur Minizinsen ab. Und Lebensversicherungs- und Bausparverträge sind Anlageformen, die sich nur für diejenigen eignen, die bereit sind, ihr Geld langfristig zu binden.

Was also tun, um diese vertrackte Situation zu lösen? Es müsste, so mag sich mancher angesichts dieser Problematik denken, jemanden geben, der Anlegern diese Arbeit ganz einfach abnimmt, einen Menschen vom Fach, der sich um die Anlage des anvertrauten Geldes wie um sein eigenes kümmert: Anlageprofis, die genau das tun, was sich vor allem Einsteiger an der Börse nicht zutrauen, nämlich aus Tausenden von Papieren diejenigen herauszupicken, die gute Chancen versprechen und dennoch eine Anlagestrategie verfolgen, die zu den individuellen Bedürfnissen und Vorstellungen der Geldgeber passen. Und weil sie sich zudem über das Wirtschafts- und Börsengeschehen stets auf dem Laufenden halten, finden sie das richtige Timing für einen Ein- und Ausstieg. Das entspricht den Vorstellungen vieler Sparer, sind sie doch schlicht und ergreifend damit zufrieden, ein paar Euro einigermaßen rentabel anzulegen, ohne dass sie sich intensiv mit dem Thema Börse und Geldanlage beschäftigen wollen.

Genau diese Dienstleistung bieten Investmentfonds an. Bereits mit 50 Euro können Interessierte einsteigen und bekommen damit Zugang zu einem von einem Fondsmanager verwalteten Wertpapierdepot. So haben auch Sparer mit kleinen Anlagebeträgen die Möglichkeit, an den Finanzmärkten rund um den Erdball zu investieren, ohne dabei unnötig hohe Risiken eingehen zu müssen.

WIE FUNKTIONIERT EIN FONDS?

Die Idee, die hinter einem Investmentfonds steckt, ist ebenso einfach wie genial: Viele Kleinsparer schließen sich zusammen und werfen ihre Anlagegelder in einen Topf. Auf diese Weise entsteht ein großes Vermögen. In der Praxis funktioniert das so: Firmen, die als Kapitalanlage-, Investment- oder Fondsgesellschaften bezeichnet werden, gründen einen Fonds, man sagt auch, sie legen ihn auf. Verwaltet wird der Fonds von einem oder mehreren Fondsmanagern. Die Fondsanteile verkaufen die Gesellschaften direkt an interessierte Anleger, sie bieten sie aber auch über Banken und Finanzvermittler jedermann zum Kauf an. Von dem Geld, das durch den Verkauf der Anteile zusammenkommt, kauft der Fondsmanager dann zum Beispiel Aktien, Anleihen, Immobilien, Rohstoffe wie etwa Gold und Rohöl oder sogar andere Fonds.

Bei den meisten Fonds konzentrieren sich die Fondsmanager auf einen bestimmten Anlageschwerpunkt. So gibt es zum Beispiel Fonds, die ihr Geld ausschließlich in Aktien investieren, andere dagegen setzen eher auf Anleihen oder Immobilien. Aber natürlich werden auch Fonds angeboten, bei denen der Manager die unterschiedlichen Anlageformen nach Belieben mischen darf, während bei anderen der Anlageschwerpunkt extrem stark eingegrenzt wird – beispielsweise, indem der Manager nur Aktien aus einem bestimmten Land kaufen darf (siehe Seite 107).

Vorteile gegenüber der Einzelanlage

Fonds bieten einen entscheidenden Vorteil gegenüber der Einzelanlage, also dem direkten Kauf einer einzelnen Aktien oder Anleihe: Weil das Fondsmanagement eine große Summe verwaltet, kann es das Fondsvermögen auf viele verschiedene Märkte und Titel – dies ist eine andere Bezeichnung für ein Wertpapier – verteilen. Der positive Effekt für den Anleger: Durch diese Streuung des Anlagekapitals und die systematische Mischung vieler verschiedener Papiere ist das Verlustrisiko für ihn bei einem Fonds deutlich geringer, als wenn er selbst einzelne Wertpapiere erwirbt.

Beispiel: Ein Anleger, der 10 000 Euro sparen möchte, könnte sich theoretisch Dutzende verschiedener Aktien und Anleihen kaufen. Doch tatsächlich wird er für sein Geld sinnvollerweise in kaum mehr als fünf bis sechs unterschiedliche Titel investieren. Warum?

Banken verlangen für jeden Wertpapierkauf und -verkauf teilweise hohe Mindestgebühren. Daher ist der Anleger praktisch gezwungen, pro Papier mindestens 1 500 bis 2 000 Euro zu investieren, damit die Kosten bezogen auf die Anlagesumme nicht zu hoch werden und damit das ganze Geschäft zu unrentabel wird. Außerdem wird nicht jeder private Anleger, der sich nur in seiner Freizeit um seine Geldgeschäfte kümmern kann, ein Interesse daran haben, alle wichtigen Informationen – etwa zu den Aktien in seinem Depot – zu sammeln und auszuwerten sowie die aktuelle Kursentwicklung laufend nachzuverfolgen.

Fatale Folge: Wer nur eine Handvoll Wertpapiere in seinem Depot versammelt, den trifft ein Verlust bei einem Papier ungleich härter als einen Anleger, der die gleiche Summe in Fonds anlegt. Ihm muss es keine schlaflosen Nächte bereiten, wenn eine einzelne Aktie oder Anleihe im Fondsdepot einbricht. Bei einer Vielzahl von Titeln und Emittenten – so werden die Herausgeber eines Wertpapiers genannt –, auf die der Fondsmanager die Gelder der Anleger verteilt hat, ist das Verlustrisiko gemessen am Gesamtvermögen deutlich niedriger als bei einem Depot, das nur aus wenigen Titeln besteht.

Auch Profis können irren

Dennoch wäre es ein Irrtum anzunehmen, dass ein Fonds automatisch vor Verlusten schützt, nur weil sich ein Profi ständig um die Anlage des Geldes kümmert. Schließlich sind auch die Fondsmanager keine Hellseher. Auch wenn der eine oder andere bei seinen Anlageentscheidungen immer mal wieder ein gutes Gespür beweist, kann niemand – und sei er noch so erfahren – die Trends an den Kapitalmärkten auf Dauer und mit hundertprozentiger Sicherheit voraussehen. Brechen zum Beispiel die Aktienkurse weltweit ein, bekommen das auch die Käufer von Aktienfonds (siehe Seite 61 ff.) zu spüren. Die vergangenen Jahre sind das beste Beispiel dafür. Denn einige Fondsverwalter, die im Börsenaufschwung bis Mitte 2008 glänzende Ergebnisse erzielt hatten, enttäuschten ihre Anleger plötzlich mit hohen Verlusten. Dennoch: Eine der wichtigsten Grundregeln bei der Geldanlage, nämlich sein Geld durchdacht auf viele verschiedene Investments zu verteilen, können Kleinsparer mit Fonds fast immer am besten in die Praxis umsetzen.

KLARE SPIELREGELN

Ein wichtiger Punkt für Anleger ist, dass Investmentfonds klaren gesetzlichen Regeln unterliegen. Geregelt ist beispielsweise, wann und wie die einzelnen Fondsanleger ein- und aussteigen können, in welcher Form sie ihre Vermögensansprüche gegenüber dem Fonds rechtlich geltend machen können und wie sie an den Erträgen, die das Fondsmanagement erwirtschaftet, beteiligt werden.

Anteilseigner mit Brief und Siegel

So ist vorgeschrieben, dass jeder Anleger für das Geld, das er in den Fonds einzahlt, Anteile erhält, die wie bei einer Aktie oder Anleihe in einer Urkunde verbrieft werden. Durch den Kauf eines Anteils wird der Anleger aber weder Gläubiger – wie bei einer Anleihe (siehe Seite 65) – noch Aktionär (siehe Seite 62) der Fondsgesellschaft, sondern (Mit-)eigentümer am Fondsvermögen. Das muss man sich in etwa so vorstellen, dass alle Fondssparer, die ihr Bargeld zusammenlegen, untereinander zu Teilhabern werden, die im Verhältnis zu ihrer Einlage am Gesamtvermögen beteiligt sind. Will ein Sparer aussteigen, verkauft er sein Miteigentum entweder an einen Dritten oder er lässt sich von der Fondsgesellschaft direkt auszahlen.

Ausstieg jederzeit möglich

Fachleute unterscheiden zwischen offenen und geschlossenen Investmentfonds.

Der Zusatz „offen" bedeutet, dass die Zahl der Fondsanteile, die die Fondsgesellschaft ausgibt, und damit letztlich auch die Zahl der Anleger, die sich am Fonds beteiligen können, nicht begrenzt ist. Vorteil: Wenn Anleger Fondsanteile kaufen oder verkaufen möchten, können sie dies jederzeit tun. Daher schwankt die Zahl der Fondsanteile im Fondstopf in Abhängigkeit von den laufenden Ein- und Auszahlungen, die die Anleger tätigen. Überwiegen zum Beispiel an einem Tag die Einzahlungen, werden entsprechend mehr Anteile ausgegeben. Umgekehrt werden Anteile kurzfristig aus dem Verkehr gezogen, wenn Anleger mehr Anteile zurückgeben als neue kaufen.

Der Gegenwert der eingezogenen Papiere wird dem Barvermögen des Fonds entnommen. Daraus folgt: Nicht das ge-

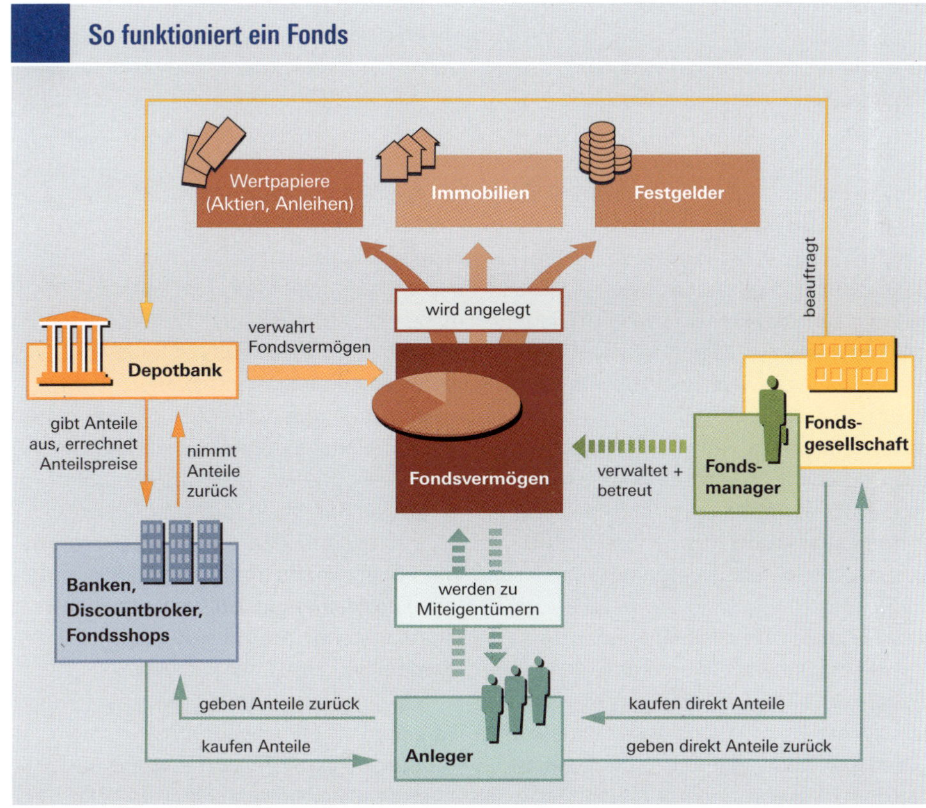

samte Kapital, das die Anleger einzahlen, kann der Fondsmanager etwa eines Aktienfonds in Aktien anlegen. Einen Teil muss er als Liquiditätsreserve halten. Das heißt, er muss Geld in liquiden, also kurzfristig verfügbaren Anlageformen – zum Beispiel täglich fällige Gelder auf einem Bankkonto – „parken", die er von heute auf morgen zu Geld machen kann, um damit Anleger auszahlen zu können.

Ein vergleichsweise viel riskanteres Investment als offene Fonds sind geschlossene Fonds. Diese Anlageangebote dürfen sich nach den Buchstaben des Gesetzes nicht offiziell „Investmentfonds" nennen, werden aber häufig so bezeichnet. Bei geschlossenen Fonds wird im Gegensatz zu den offenen Fonds die Zahl der Fondsanteile bei der Auflage des Fonds von vornherein begrenzt. Sie wird auch dann nicht mehr heraufgesetzt, wenn alle Anteile an die Anleger verkauft worden sind. Wer danach einsteigen will, kann das nur tun, indem er von einem Alteigentümer Anteile erwirbt. Umgekehrt müssen diejenigen Anleger, die ihre Anlage zu Geld machen wollen, jemanden suchen, der ihnen ihre Anteile abkauft.

Allerdings hat auch die Fondsgesellschaft eines offenen Fonds die Möglichkeit, die Ausgabe und Rücknahme von Anteilen zu stoppen. Zu einem solchen Schritt haben sich zum Beispiel einige Anbieter offener Immobilienfonds (siehe Seite 91) gezwungen gesehen. Denn nach dem Einbruch an den weltweiten Finanzmärkten im Zuge der Lehman-Pleite wollten viele Anleger aus Furcht vor weiteren Verlusten kurzfristig einen Großteil ihrer Anteile zurückgeben. Die Liquiditätsreserven der Fonds, die bei mindestens 5 Prozent des Fondsvermögens liegen, meist aber höher, reichten allerdings nicht aus, alle Anleger von heute auf morgen auszuzahlen. Sie mussten warten, bis der Fonds wieder für Rückgaben geöffnet wurde. Die Alternative war, die Anteile an der Börse mit einem Preisabschlag zu verkaufen.

Gleiches Recht für alle

Bei allen offenen Fonds gilt, dass jeder Fonds-(Mit-)eigentümer entsprechend seiner Einlage in gleichem Maße am Anlageerfolg teilnimmt, sodass es vollkommen unerheblich ist, ob er 50 Euro oder gar eine halbe Million Euro in den Fonds gesteckt hat.

Beispiel: Eine Fondsgesellschaft hat insgesamt 1 000 Anteile ausgegeben. Ein Anleger, der 100 Anteile gekauft hat, ist dementsprechend mit 10 Prozent am Fondsvermögen beteiligt. Ein zweiter dagegen kauft nur 10 Anteile und hält demnach nur 1 Prozent am Fonds. Bei der Verteilung der Erträge, die der Fonds erzielt, haben beide nach Maßgabe ihres Anteilsbesitzes Anspruch auf Beteiligung. Angenommen, das Fondsmanagement erzielt in einem Jahr Erträge von einer Million Euro, so stehen dem ersten Anleger davon 10 Prozent zu, also 100 000 Euro, und der andere wird zu 1 Prozent am Jahresgewinn beteiligt. Das heißt, er bekommt 10 000 Euro. Vorausgesetzt, beide Anleger haben ihre Anteile zum gleichen Preis erworben, ist die Rendite bezogen auf das jeweils eingesetzte Kapital also in beiden Fällen gleich.

Dies ist ein großer Vorteil für Sparer, die nur kleinere Beträge investieren können, denn meist bekommen Großanleger bei den Banken viel bessere Zinskonditionen als Normalsparer.

DIE KOSTEN BEIM FONDSKAUF

Ein wichtiger Punkt bei jeder Geldanlage sind die Kosten, denn sie schmälern am Ende den Ertrag, der für den Anleger übrig bleibt (siehe Seite 29).

Viele Fonds sind – dies sei gleich zu Anfang gesagt – kein kostengünstiges Investment. Denn die Fondsgesellschaften bitten ihre Anleger für eine ganze Reihe von Dingen zur Kasse – und das mitunter recht ordentlich. Wer andere sein Geld für sich verwalten lässt, muss auf jeden Fall davon ausgehen, dass diese Dienstleistungen nicht zum Nulltarif angeboten werden. Ärgerlich für den Anleger ist daran, dass nur ein Teil der Kosten für ihn sichtbar ist, der andere bleibt mehr oder weniger verborgen.

Der Ausgabeaufschlag

Der vermeintlich dickste Brocken bei einem Fonds ist der Ausgabeaufschlag. Er wird einmalig bei jedem Kauf eines Fondsanteils fällig und ist eine Art Vertriebsprovision für die Bank oder den Finanzvermittler. Die Höhe des Aufschlags wird von der Fondsgesellschaft für jeden Fonds individuell festgesetzt (siehe Seite 59 ff.). Bei Fonds, die ihre Gelder kurzfristig bei Ban-

INFO

So berechnen Sie den Ausgabeaufschlag

Der Ausgabeaufschlag muss in den Fondsunterlagen und auf dem Kaufauftrag vermerkt werden. Das ist gesetzlich vorgeschrieben. Der Anleger kann ihn aber auch im Kursteil einer Tageszeitung oder im Internet nachlesen. Dort werden üblicherweise der Rücknahmepreis und der höhere Verkaufspreis, der Ausgabepreis eines Fonds genannt. Der Ausgabeaufschlag lässt sich dann nach folgender Formel errechnen:

$$\text{Ausgabeaufschlag (in Prozent)} = \frac{(\text{Ausgabepreis} \times 100)}{\text{Rücknahmepreis}} - 100$$

Die Höhe des Ausgabeaufschlags ist ganz entscheidend für die Rendite, denn je höher der anfängliche Kostenposten, desto geringer der Betrag der Anlagesumme, der netto gesehen investiert wird.

Beispiel: Bei einem Ausgabeaufschlag von 5 Prozent und einem Anlagebetrag von 100 Euro fließen nach Abzug der Kosten nur 95,24 Euro in das Fondsvermögen.
Bei einer Anlagedauer von zehn Jahren bleiben von einer durchschnittlichen Wertentwicklung von 5 Prozent pro Jahr am Ende nur 4,49 Prozent übrig.

HOHER AUSGABEAUFSCHLAG KOSTET RENDITE						
Angenommene Rendite	5,0	5,0	10,0	10,0	15,0	15,0
Ausgabeaufschlag	2,5	5,0	2,5	5,0	2,5	5,0
Laufzeit Einmalanlage So viel bleibt von der Rendite						
3 Jahre	4,14	3,31	9,10	8,23	14,06	13,14
5 Jahre	4,48	3,98	9,46	8,93	14,43	13,88
10 Jahre	4,74	4,49	9,73	9,46	14,72	14,44
20 Jahre	4,87	4,74	9,86	9,73	14,86	14,72

Alle Angaben in Prozent pro Jahr

ken und am Geldmarkt anlegen, ist ein Aufschlag von bis zu 1 Prozent auf den jeweils aktuellen Rücknahmepreis (siehe Seite 19) üblich. Bei Rentenfonds werden im Schnitt 3 Prozent verlangt und bei Immobilien- und Aktienfonds sind meistens 5 Prozent, in Ausnahmefällen allerdings auch schon mal bis zu 7 Prozent fällig. Das ist wesentlich mehr als die Kosten, die üblicherweise beim direkten Kauf von Aktien und Anleihen anfallen. Dabei muss aber berücksichtigt werden, dass bei der Rückgabe des Fonds keine weiteren Kosten entstehen – zumindest bei deutschen Fondsgesellschaften. Einige ausländische Anbieter haben abweichende Regelungen. Doch das ist die Ausnahme.

Rabatte auf den Ausgabeaufschlag

Es gibt für Fondskäufer jedoch Mittel und Wege, den regulären Ausgabeaufschlag zu mindern oder daran ganz herumzukommen. Fonds können über unterschiedliche Kaufquellen geordert werden (siehe Seite 48 ff.) – etwa über Discountbroker und Fondsvermittler.

EIN UMWEG SPART BARES GELD

Die Stiftung Warentest fand heraus, dass die meisten guten Fonds ganz ohne Ausgabeaufschlag über einen Fondsvermittler erhältlich sind (Surftipps siehe Seite 182). Wer jedoch Fonds bei seiner Hausbank kauft, wird nur bei hohen Anlagesummen und abhängig von seinem Verhandlungsgeschick Rabatte aushandeln können.

Alternative: No-Load-Fonds

Eine Alternative zu Fonds mit Ausgabeaufschlag sind sogenannte No-Load-Fonds, die viele Fondsgesellschaften in ihrem Programm haben. No-Load bedeutet frei übersetzt: ohne (Kosten-)Belastung. No-Load-Fonds werden folglich ohne Aufschlag oder Rücknahmeabschlag verkauft. Ausnahme: Kauft der Anleger seinen Fonds über die Börse (siehe Seite 53), muss er die Kursdifferenz, den Spread (siehe Seite 54) zum Ankaufkurs bezahlen.

Die Tücke in puncto Kosten steckt bei No-Load-Fonds jedoch im Detail: Sie haben deutlich höhere laufende, interne Verwaltungskosten (siehe Seite 16 ff.), die Jahr für Jahr anfallen. Dieser Kostennachteil macht sich umso stärker bemerkbar, je länger der Anleger den Fonds hält.

Bei kurzen Anlagezeiträumen ist ein No-Load-Fonds daher günstiger als ein identisch gemanagter Fonds mit Ausgabeaufschlag, bei dem erst einmal der anfängliche Abschlag erwirtschaftet werden muss, bevor der Anleger etwas verdient. Mit zunehmender Anlagedauer werden dann allerdings Fonds mit Aufschlag immer konkurrenzfähiger und überholen den No-Loader. Wie lange es konkret dauert, bis ein No-Load-Fonds teurer wird als ein identisch gemanagter Fonds mit Ausgabeaufschlag, wird damit zu einem Rechenexempel.

Die Depotkosten

Wer einen Fonds kauft, muss auch eine Möglichkeit besitzen, seine Anteile zu verwahren. Dazu muss der Anleger entweder

separat oder direkt bei der jeweiligen Kaufquelle vorher ein Depotkonto eröffnet haben, über das sämtliche Fondstransaktionen abgewickelt werden. Für dieses Depotkonto wird er in vielen Fällen zusätzlich zu den reinen Transaktionskosten zur Kasse gebeten. Das treibt die Kosten des Fondsinvestments weiter in die Höhe.

DEPOTKOSTEN: SO WEIT KANN DIE SPANNE REICHEN

Nach den Untersuchungen der Stiftung Warentest liegen die Depotkosten je nach Anlagesumme und Zahl der Fondsposten zwischen 0 und rund 100 Euro pro Jahr. Ein wichtiges Kriterium ist, ob das Depot allein für Fonds oder auch zum Kauf und zur Verwahrung anderer Wertpapiere wie etwa Aktien genutzt wird. Im letzteren Fall sind je nach Anbieter bei einem größeren Depotvermögen auch Kosten von rund 200 Euro möglich.

Die depotführende Stelle bietet mit dem Depotkonto nicht nur die Verwahrung an. Sie kümmert sich auch um die laufende Verwaltung der Fondsanteile (und eventuell weiterer Papiere). So schreibt sie zum Beispiel die jährlichen Erträge gut und erledigt – sofern gewünscht – die Wiederanlage ausgeschütteter Erträge.

Folgekosten der Fondsanlage

Neben dem offen ausgewiesenen Ausgabeaufschlag gibt es bei jedem Fonds eine Reihe laufender Kosten, die der Anleger nicht auf den ersten Blick sieht. Zu diesen Kosten gehört vor allem die Verwaltungsvergütung. Natürlich wollen die Fondsgesellschaft und nicht zuletzt der Fondsmanager für ihre Arbeit bezahlt werden. Deshalb berechnet die Fondsgesellschaft für ihre Tätigkeit pro Jahr einen bestimmten festen Prozentsatz vom Fondsvermögen.

Dieser Satz liegt je nach Fondstyp zwischen 0,5 und teilweise über 3 Prozent, die die Depotbank anteilig über das Jahr hinweg Tag für Tag vom Fondsvermögen abbucht. Dazu kommt bei vielen Fonds die Vergütung für die Depotbank, die unter anderem die Ausgabe und Rücknahme von Fondsanteilen und die Anteilsberechnung übernimmt (siehe Seite 19). Dafür bekommt das Institut pro Jahr zwischen 0,03 und 0,2 Prozent vom Fondsvermögen, wieder anteilig pro Tag gezahlt. Hinzu kommen noch vom Fondsvermögen unabhängige Kosten etwa für die Erstellung von regelmäßigen Dokumenten wie den Jahres- und Zwischenbericht (siehe Seite 20 ff.). Und nicht zuletzt berechnen Banken und Broker, die für den Fonds Wertpapiere handeln, Gebühren und Provisionen.

Zusätzlich zu diesen Kosten haben einige Fondsgesellschaften in den vergangenen Jahren eine Erfolgsvergütung eingeführt. Meist sieht die so aus: Schneidet der Fondsmanager in puncto Anlageergebnis besser ab als ein bestimmter Vergleichsmaßstab – meist ist das ein Index (siehe Seite 73,79) –, darf die Fondsgesellschaft im Einzelfall bis zu 25 Prozent dieser Mehrrendite einkassieren.

Alles nur Fassade?

Was auf den ersten Blick nach einer fairen Regelung aussieht, hat im Detail seine Tücken. Mitunter bezieht sich der Erfolgsbonus in manchen Fällen auf einen wenig bekannten Index, dessen Wertentwicklung der Anleger kaum nachvollziehen kann. Der Index wird zwar im Kleingedruckten der Fondsunterlagen genannt, doch ob er wirklich ein fairer Vergleichsmaßstab ist, lässt sich von einem unerfahrenen Anleger kaum nachprüfen

EIN (IN DIESER HINSICHT) UNRÜHMLICHES BEISPIEL

Beim Unirak, ein Mischfonds der Fondsgesellschaft Union Investment, kassiert das Management 25 Prozent des Mehrertrages als Erfolgsvergütung ein. Dazu muss das Anlageergebnis über einem Vergleichsindex liegen, der sich wie folgt zusammensetzt: MSCI-World-Index auf Euro-Basis, (35 Prozent), JPMorgan-GBI-Gemany-Index (35 Prozent), Dax-Performance-Index (30 Prozent).

Für unerfahrene Fondssparer sind die Daten dieser Indizes kaum zu beschaffen, geschweige denn, dass sie den Gesamtwert berechnen können. Viel entscheidender ist allerdings, dass der Zeitraum der Erfolgsmessung in vielen anderen Fällen viel zu kurz gewählt wird.

Im Beispiel wird die Erfolgsvergütung auf täglicher Basis berechnet. Ob der Fonds an einem Tag besser als der Mischindex abschneidet oder nicht, beruht jedoch angesichts der hektischen und unberechenbaren Kursausschläge an der Börse mehr auf Zufall als auf dem Können des Fondsverwalters. Zum Nachteil der Fondsanleger wirkt sich dabei aus, dass die Erfolgsvergütung fällig wird, wenn der Index geschlagen wird, liegt das Anlageergebnis jedoch an einem Tag darunter, wird das nicht mit vorausgegangenen Gewinnen verrechnet. Folge: Der Anleger zahlt einseitig, wenn der Fonds überdurchschnittliche Gewinne abwirft, Verluste gehen jedoch einseitig zu seinen Lasten.

So treten im Extremfall die Kurse über das Jahr hinweg unter Umständen auf der Stelle, dennoch zahlt der Anleger eine Erfolgsvergütung – und zwar in vielen Fällen, ohne dass er sich dessen bewusst ist. Denn wann und in welcher Höhe der Index geschlagen wird und wie hoch damit der Erfolgsbonus in Euro gerechnet ausfällt, teilt die Gesellschaft im Detail nicht mit. Diese Angabe müssen sich Anleger mühsam aus dem Geschäftsbericht des Fonds (siehe Seite 20) heraussuchen.

Beim Kauf eines Fonds sollten Anleger genau hinschauen, ob deren Manager eine Erfolgsvergütung erhält und den Bankberater oder Fondsvermittler (siehe Seite 51) um genaue Informationen bitten, nach welchen Kriterien der Bonus gezahlt wird. Denn dieser Posten mindert zusätzlich den Anteilspreis und damit die Rendite. Ärgerlich daran ist, dass Fonds, bei denen eine Erfolgsvergütung anfällt, nach den bisherigen Erfahrungen und Analysen der Stiftung Warentest nicht automatisch bessere Ergebnisse abliefern als Fonds ohne Bonuszahlung. Oftmals – so der Verdacht von Kritikern – geht es den Fondsgesellschaften nur darum, bei ihren Kunden zusätzlich abzukassieren.

Für die Anleger bedeutet das, dass es bei der Wahl eines Fonds eher zweitrangig ist, ob dieser eher kostengünstig oder vergleichsweise teuer ist. Zwar ist es immer gut, wenn die internen Kosten möglichst niedrig ausfallen, aber letztlich ist die Rendite, die der Fonds nach Abzug dieser Kosten erwirtschaftet, ausschlaggebend. Grundregel: Es ist besser, einen Fonds zu kaufen, der eine höhere Rendite abwirft, auch wenn die internen Kosten hoch sind, als einen, der sparsam wirtschaftet, aber trotzdem nur eine niedrige Rendite erzielt.

DIE SICHERHEIT VON FONDSEINLAGEN

Sein Geld einem Unbekannten, nämlich dem Fondsmanager beziehungsweise der Fondsgesellschaft, anzuvertrauen, mag vielen Sparern mit Blick auf die Bank- und Anlagepleiten der vergangenen Jahre nicht sonderlich sympathisch erscheinen. So verständlich dieses Misstrauen grundsätzlich ist, so unbegründet ist es jedoch in Sachen Fonds. Mit einer Reihe gesetzlicher Vorschriften und Regelungen ist ausreichend dafür gesorgt, dass das Kapital von Fondskunden vor Manipulationen sowie missbräuchlichen Zugriffen geschützt ist.

Der gesetzliche Schutz

Die wichtigste Absicherung besteht im Investmentgesetz (InvG). Nach dem InvG ist ein Fonds ein „Sondervermögen". Dieses Sondervermögen muss die Investmentgesellschaft vom eigenen Betriebsvermögen getrennt halten. Eine Vermischung von Anlagegeldern und eigenen Mitteln ist somit verboten. Zudem gelten die Fondsgesellschaften als Spezialkreditinstitute. Sie müssen daher die gleichen Anforderungen erfüllen wie eine Geschäftsbank – zum Beispiel in Form einer ausreichenden Ausstattung mit Eigenkapital.

Und sie unterliegen der Aufsicht durch die Bundesanstalt für Finanzdienstleistungsaufsicht (Bafin, siehe Seite 21). Außerdem fungiert die Fondsgesellschaft lediglich als Treuhänder, und als solcher hat sie keinen direkten Zugriff auf das Kapital der Fondsanleger. Das wird von einer externen Bank, der Depotbank, auf einem Sperrkonto verwahrt. Die Depotbank ist rechtlich und personell unabhängig von der Fondsgesellschaft und muss von der Finanzaufsicht Bafin genehmigt werden. Wegen der besonderen Vertrauensstellung gegenüber den Fondsanlegern akzeptiert sie nur Geldhäuser mit tadellosem Ruf als Depotbank (siehe nachfolgender Abschnitt).

Die Aufgaben der Depotbank

Die Depotbank hat die Aufgabe, neue Anteilsscheine auszugeben, und sie von Anlegern, die verkaufen, zurückzunehmen. Dazu ermittelt sie börsentäglich den Nettoinventarwert. Dieser Preis für einen Investmentfondsanteil entsteht, anders als bei börsengehandelten Papieren wie Aktien und Anleihen, nicht durch Angebot und Nachfrage. Er wird von der Depotbank errechnet und ergibt sich, indem sie den Wert sämtlicher im Fonds enthaltenen Vermögensgegenstände ermittelt, davon die anteiligen Kosten (siehe Seite 13 ff.) abzieht und den errechneten Wert durch die Zahl aller ausgegebenen Anteile dividiert.

Da sich die Kurse der im Fonds enthaltenen Aktien oder Anleihen während eines Tages laufend ändern, wird der „offizielle" Nettoinventarwert in der Regel nur einmal pro Tag festgestellt und dann zum Beispiel im Kursteil der Tageszeitung und auf der Homepage der Fondsgesellschaft veröffentlicht. Parallel dazu werden mittlerweile jedoch immer mehr Fonds wie Aktien und

INFO **Wichtig für Fondsanleger: Informationsmöglichkeiten im Netz**

Mittlerweile sind mehr als 10 000 verschiedene Fonds in Deutschland erhältlich. Der Platz im Kursteil einer Tageszeitung reicht bei Weitem nicht aus, um deren Ausgabe- und Rücknahmepreise zu veröffentlichen. Die beste Möglichkeit, sich einen Überblick über das große Fondsangebot zu verschaffen und aktuelle Kurse abzufragen, bietet das Internet. Anlaufstellen sind:

- www.comdirect.de
Menüpunkt „Informer", „Fonds"
- www.fondscheck.de
- www. fondsweb.de
- www.onvista.de
Menüpunkt „Fonds"
- www.test.de
Menüpunkt „Geldanlage + Banken"
- www.vwd.de
Menüpunkt „Fonds Services"

Weitere interessante Adressen und Surftipps finden Sie im Serviceteil (siehe Seite 180 ff.).

Anleihen an der Börse gehandelt (siehe Seite 53). In diesem Fall ergeben sich parallel zum „offiziellen" Rücknahmepreis laufende Handelskurse, die davon mehr oder weniger abweichen – je nach aktueller Börsensituation.

Willkür der Manager ist kaum möglich

Als zusätzlichen Schutzmechanismus gibt es im InvG eine Reihe von Grundsätzen zur Risikostreuung des Fondsvermögens und den Informationspflichten der Fondsgesellschaft gegenüber den Anlegern.

TIPP Vor dem Fondskauf gründlich informieren

- Fondsunterlagen studieren: Jeder Anleger hat beim Kauf eines Fonds Anspruch auf eine aktuelle Fassung des Verkaufsprospekts und des letzten Jahres- und Halbjahresberichts. Studieren Sie diese Unterlagen, bevor Sie Ihre Unterschrift unter den Kaufvertrag setzen. Seit dem Jahr 2004 sind die Fondsgesellschaften gesetzlich verpflichtet, einen standardisierten Verkaufsprospekt anzubieten, der in leicht verständlicher Sprache über die wichtigsten Punkte wie etwa Anlagepolitik des Fonds, Kosten und die Risiken genau aufklären muss. Darüber hinaus halten viele Anbieter zusätzliche Kurzporträits, sogenannte Factsheets, für ihre Fonds parat, in denen ebenfalls kompakt beschrieben wird, wie der Fonds sein Geld anlegt und wie der Fonds zuletzt abgeschnitten hat. Diese Unterlagen stehen meist zum Download auf der Homepage der jeweiligen Gesellschaft bereit oder werden auf Anfrage per Post zugeschickt.
- Über die Schulter schauen! Viele Anbieter versprechen ihren Kunden den „gläsernen Fonds". Das heißt, die Anleger können via Internet ebenso sämtliche aktuellen Positionen des Fondsdepots einschließlich Umschichtungen verfolgen wie die Entwicklung der Barreserven. Allerdings: Nicht jede Fondsgesellschaft stellt diese Daten unmittelbar ins Netz. Häufig passiert dies mit einer mehr oder weniger großen Verzögerung. Darüber hinaus besteht keine Verpflichtung auf Vollständigkeit. Verlustreiche Transaktionen könnten also auch mal unter den Tisch gekehrt werden. Dennoch ist eine aktuelle Berichterstattung über die Entwicklung eines Fonds allemal besser als wenn ein Anbieter seiner Veröffentlichungspflicht lediglich in Form der Jahres- und Halbjahresberichte nachkommt.
- Zentrale Anlaufstelle nutzen: Wer Basisinformationen rund um die Fondsanlage sucht, wird auf der Homepage des Bundesverbands Investment und Asset Management (BVI, www.bvi.de) fündig. Dort gibt es Links zu den Seiten fast aller deutschen und einiger ausländischen Fondsgesellschaften (weitere Internetadressen siehe Seite 180 ff.).

Zwar ist das Fondsmanagement für die Anlage des ihm anvertrauten Geldes zuständig, aber die Aufteilung des Fondsvermögens kann es nicht nach eigenem Gutdünken vornehmen. Jeder Fonds wird nach bestimmten Grundsätzen gemanagt. Sie sind im InvG und dem Verkaufsprospekt, den die Fondsgesellschaft mit der Auflage eines Fonds erstellen muss, ausdrücklich aufgeführt. In diesen Anlagegrundsätzen wird die Ausrichtung des Fonds festgelegt. Dort ist zum Beispiel geregelt, ob sein Geld überwiegend in Aktien, Anleihen, Rohstoffen oder Immobilien investiert und in welchen Märkten beziehungsweise Regionen er anlegen darf. Außerdem werden die laufenden Verwaltungskosten (siehe Seite 13 ff.), die dem Fondsvermögen belastet werden, im Fondsprospekt ausgewiesen.

Der Segen der Finanzaufsicht

Nicht zuletzt prüft die Finanzaufsicht Bafin bei jedem neuen Fonds Prospekt und Anlagekonzept, bevor er zum Kauf angeboten werden darf. Erst wenn sie sich mit beidem einverstanden erklärt, ist der Fonds zum öffentlichen Vertrieb zugelassen. Zudem hat der Gesetzgeber den Fondsanbietern eine Reihe von Folgepflichten auferlegt. So ist die Anlagegesellschaft verpflichtet, zum Ende eines jeden Geschäftsjahres für jeden Fonds einen Rechenschaftsbericht sowie dazwischen einen Halbjahresbericht zu erstellen – also sozusagen eine Bilanz beziehungsweise eine Zwischenbilanz.

Ausländische Fonds

Für ausländische Fonds gelten darüber hinaus noch ein paar Sonderregelungen. Sie müssen zusätzlich einen Repräsentanten bestellen, der sie in Deutschland vertritt, und eine inländische Bank als Zahlstelle benennen. Außerdem müssen sämtliche Unterlagen wie Verkaufsprospekt oder Jahresbericht in deutscher Sprache vorliegen. Ausnahme: Der Fonds kommt aus einem Land der Europäischen Union. In diesem Fall reicht es, wenn er in seinem Heimatland zugelassen ist. Damit besitzt er automatisch auch die Vertriebszulassung für Deutschland und jedes andere EU-Land. Die Fondsgesellschaft muss der Bafin lediglich den Vertrieb anzeigen und eine Prüfbescheinigung der zuständigen Aufsichtsbehörde einreichen.

Bei ausländischen Fonds ist zwar zu beachten, dass jedes Land seine eigenen Regelungen hat, was die Sicherheit und Beaufsichtigung von Fonds angeht. Allerdings unterscheidet sich der Sicherheitsstandard in den meisten Ländern der Europäischen Union oder in den USA aufgrund verschiedener Richtlinien qualitativ nicht sehr von dem in Deutschland.

MIT FONDS ZUM VERMÖGEN

Nicht alle Eier in einen Korb legen – dies ist, sinnbildlich gesprochen, eine der wichtigsten Regeln der Geldanlage. Diesen Grundsatz halten Fonds von ihrer Grundidee her besonders gut ein. Dennoch ist es wichtig, dass der Anleger beim Aufbau seines Fondsdepots mit System vorgeht und seine Anlageziele im Blick behält.

DIE GRUNDREGELN DER GELDANLAGE

Fast jeder Sparer hat bestimmte Vorstellungen davon, wie er sein Geld anlegen will. Wenn es dann darum geht, diese Vorstellungen in der Praxis umzusetzen, lassen sich jedoch immer wieder die gleichen, grundlegenden Fehler beobachten. Viele Sparer legen zum Beispiel den Großteil ihres Geldes bei Banken an, etwa auf Tagesgeldkonten, Sparbüchern oder Sparbriefen. Damit gehen sie auf den ersten Blick ganz auf Nummer sicher. Die meisten vergessen allerdings dabei, dass sie sich mit dieser Strategie sehr abhängig vom Auf und Ab der Zinsen machen. Sinken die Zinsen so wie in den vergangenen Jahren auf immer neue Rekordtiefs, müssen sie sich mit sehr niedrigen Renditen zufrieden geben. Wer sein Geld für einen längeren Zeitraum bindet, etwa fünf oder zehn Jahre, bekommt zwar etwas höhere Zinssätze geboten. Doch dann besteht die Gefahr, dass die Inflation in der Zwischenzeit den realen Wert des angelegten Geldes aufzehrt – zumal der Anleger seine niedrigen Zinserträge auch noch versteuern muss (siehe Seite 133 ff.).

Steigen dagegen die Börsenkurse sehr stark wie etwa zu Zeiten des Internetbooms Ende der 1990er Jahre, neigen viele Anleger zum entgegengesetzten Extrem: Sie investierten ihr Geld hauptsächlich in Aktien oder noch spekulativere Anlageformen, um von deren hohen Gewinnchancen zu profitieren. Brechen dann die Kurse so wie in den vergangenen Jahren stark ein, wird ihnen bewusst, welch hohe Verlustrisiken sie mit dieser Strategie eingehen.

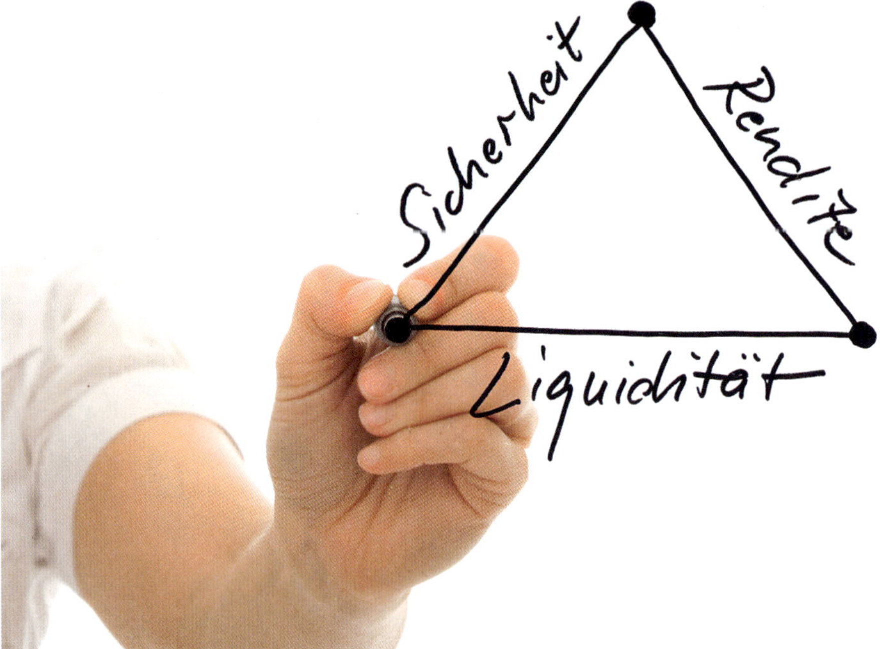

Die Kunst des Vermögensaufbaus besteht also darin, sein Geld nach einer durchdachten Strategie anzulegen, um genau die zuvor beschriebenen Fehler zu vermeiden. Dabei ist der erste Schritt ganz einfach: Es kommt darauf an, das Geld gezielt auf unterschiedliche Anlageformen zu verteilen.

Bausteine für den Erfolg

Für diese systematische Verteilung gibt es einen einfachen Grund: Jedes Investment bietet bestimmte Chancen, birgt aber auch gewisse Risiken. Dabei gilt die Grundregel, dass die Aussicht auf eine hohe Rendite fast immer eng mit hohen Risiken verknüpft ist – und umgekehrt. Risiko und Rendite sind wie zwei Seiten einer Münze untrennbar miteinander verbunden.

Dieser Zusammenhang gilt besonders, wenn man eine einzige Anlageform betrachtet – zum Beispiel Aktien. Streut der Anleger dagegen sein Vermögen breit, also nicht nur auf Aktien, sondern auch auf Anleihen und Immobilien, lässt sich dieser für ihn ungünstige Zusammenhang aufhebeln. In diesem Fall lässt sich das Gesamtrisiko deutlich mindern, ohne dass die Ertragschancen in gleicher Weise ebenfalls sinken.

Der Glaube an diese eiserne Regel der Geldanlage ist in der Finanzkrise zwar ins Wanken geraten, denn im Jahr 2008 erlebten die Anleger, dass fast alle Vermögensanlagen an Wert verloren. Doch vieler der Kritiker der Idee, die vom Ökonom Harry M. Markowitz entwickelt wurde, übersehen eines: Auch in dieser historischen Ausnahmesituation gab es Gewinnmöglichkeiten. Sichere Staatsanleihen erlebten zum Beispiel in dieser Phase einen wahren Boom, da die Anleger geradezu panisch auf der Suche nach möglichst sicheren Investments waren. Folge: Die große Nachfrage trieb die Kurse der in normalen Zeiten als langweilig geltenden Zinspapiere auf ungeahnte Höhen. In einem breit gestreuten Depot glichen so die Wertgewinne, die zum Beispiel mit Bundesanleihen erzielt wurden, die Verluste anderer Vermögensanlagen zumindest teilweise aus.

Wie Fonds punkten

Sein Geld breit zu streuen ist allerdings, wie zuvor erwähnt, selbst für jemanden, der ein paar tausend Euro als Einsatz zur Verfügung hat, sehr problematisch, wenn er es direkt in verschiedene Wertpapiere oder etwa Immobilien investieren will. Und genau an diesem Punkt spielen Fonds ihre Vorteile aus. Durch ihren Kauf ist es Anlegern mit großem wie mit kleinem Geldbeutel möglich, die gewünschte Streuung zu erzielen. Fazit: Fonds bieten fast ideale Möglichkeiten für einen systematischen Vermögensaufbau.

Das magische Dreieck der Geldanlage

Geht es darum, eine Geldanlage zu charakterisieren, lassen sich dafür drei wesentliche Kriterien verwenden: Sicherheit, Rendite und Liquidität, also die Frage, wie schnell sich eine Anlage zu Geld machen lässt. Eine hohe Liquidität bedeutet dementsprechend die jederzeitige Verfügbarkeit des angelegten Kapitals.

Der Haken ist, dass keine Anlageform alle drei Kriterien in gleicher Weise erfüllt. Im Gegenteil: Je mehr sich der Anleger auf eines der Kriterien konzentriert, desto größere Abstriche muss er meist bei einem der anderen oder gar beiden machen. Aus diesem Grund sprechen Fachleute auch vom magischen Dreieck der Geldanlage.

Sicherheit versus Risiko

Grundsätzlich gilt: Unterschiedliche Anlageformen bergen unterschiedliche Arten von Risiken. Dieser Grundsatz ist auch für Fondsanleger relevant, denn jeder Fonds hat einen bestimmten Anlageschwerpunkt (siehe Seite 61 ff.) und darin spiegelt sich auch trotz der Streuung des Geldes auf viele verschiedene Wertpapiere ein unterschiedliches Risiko wider. Am einfachsten lässt sich das anhand der Höhe und der Möglichkeit von Verlusten erläutern. Niemand würde wahrscheinlich sein Geld in eine Anlageform investieren, bei der es mit 80- oder 90-prozentiger Wahrscheinlichkeit zu Verlusten kommt. Zugegeben: Das ist ein Extremfall. Ein solcher Totalverlust ist bei der Anlage in einem klassischen Investmentfonds, der sich an breite Anlegerschichten wendet, normalerweise nicht möglich – unter anderem wegen der vorgeschriebenen Sicherheitsmaßnahmen (siehe Seite 18 ff.). Dennoch gibt es spezielle Fonds, bei denen das Risiko besteht, dass das gesamte eingesetzte Kapital in kurzer Zeit verloren ist, weil sie es äußerst spekulativ anlegen – etwa Hedgefonds (siehe Seite 96).

Allerdings heißt das nicht, dass sich die Anleger bei einem „normalen" Fonds in jedem Fall komplett in Sicherheit wiegen können. Trotz aller Anstrengungen des Fondsmanagers und der Tatsache, dass er die ihm anvertrauten Gelder breit streut, sind auch bei ihnen Verluste möglich. Wenn die Kurse auf breiter Front einbrechen, macht sich dies auch bei den im Fondsdepot enthaltenen Wertpapieren bemerkbar. Davon sind in erster Linie Aktienfonds (siehe Seite 62 ff.) betroffen, denn die Kurse von Aktien sind besonders schwankungsanfällig. Aber auch bei Fonds, die ihr Geld ausschließlich in Zinspapiere investieren, kann es zu Kursverlusten kommen. Denn eine Änderung der allgemeinen Marktzinsen führt dazu, dass sich die Preise von Anleihen auf oder ab bewegen (siehe Seite 67 ff.). Fachleute sprechen in diesem Zusammenhang auch vom Zinsänderungsrisiko. Zu guter Letzt können Verschiebungen der Wechselkurse dazu führen, dass die Anlagen im Fondsdepot, die nicht auf „Euro" lauten, den Wert des Fondsdepots mindern. Dies ist das sogenannte Währungsrisiko. Selbst wenn der eigentliche Kurs des entsprechenden Papiers stabil bleibt, verliert ein Anleger in Deutschland Geld, wenn gleichzeitig die entsprechende Währung gegenüber dem Euro an Wert verliert.

Anlagewährung ist nicht gleich Fondswährung

Ob der Preis eines Fondsanteils auf Euro lautet oder einer anderen Währung: Für das Währungsrisiko des Fonds ist das nicht entscheidend. Denn die Fondswährung, also die Währung, in der das Vermögen und der Anteilspreis berechnet werden, hat, anders als dies viele Anleger vermuten, keinen Einfluss auf den Anlage-

FONDS MIT AUSLÄNDISCHEN AKTIEN BERGEN EIN WÄHRUNGSRISIKO

Beispiel: Fonds, der in US-Aktien investiert, Fondswährung Euro

	Tag 1		**Tag 2**	
	Der Fondsmanager kauft am US-Markt verschiedene Aktien. Der Euro steht zum Dollar 1:1		Der Euro steigt auf 1,10 Dollar, die Aktienkurse bleiben konstant	
Aktie	Kurs	Gegenwert in Euro (Kurs 1:1)	Aktiengegenwert in Dollar	Gegenwert in Euro (Kurs 1:1,10)
IBM	110,– Dollar	110,– Euro	110,– Dollar	100,00 Euro
Microsoft	80,– Dollar	80,– Euro	80,– Dollar	72,73 Euro
Coca-Cola	55,– Dollar	55,– Euro	55,– Dollar	50,00 Euro
Anteilspreis	245,– Dollar	245,– Euro	245,– Dollar	222,73 Euro

erfolg. Investiert zum Beispiel ein US-amerikanischer Fonds, dessen Anteilswert in Dollar berechnet wird, sein Geld ausschließlich an den Aktienmärkten in Euroland, besteht für einen Anleger aus Deutschland kein Währungsrisiko, da sich der Wert des Fondsanteils stets am Wert der Euro-Aktien bemisst, auch wenn er in US-Dollar ausgedrückt wird. Kauft dieser Anleger umgekehrt von einer deutschen Fondsgesellschaft einen Fonds, der ausschließlich in US-Aktien investiert, aber in Euro berechnet wird, macht sich die tagtägliche Veränderung des Wechselkurses unweigerlich auch im Wert des Fondsanteils und damit in der Endabrechnung bemerkbar, auch wenn der Fonds in Euro notiert. Das Beispiel in der Tabelle unten zeigt, wie sich die Wechselkursveränderungen bei einem solchen Fonds, der US-Aktien handelt, auswirken: Es sei unrealistischerweise angenommen, dass die Kurse der Aktien, die dieser Aktienfonds hält, von einem auf den anderen Börsentag konstant bleiben. Nur der Kurs der US-Währung steigt in dieser Zeit. Dann steigt automatisch auch der in Euro berechnete Wert des Fondsanteils. Denn auch wenn sich die Aktienkurse nicht verändert haben, auf Eurobasis haben die einzelnen Papiere an Wert gewonnen.

Tag 3	
Der Euro fällt. Er ist nun nur noch 0,90 Dollar wert, auch jetzt bleiben die Aktienkurse (unrealistischerweise) konstant	
Aktiengegenwert in Dollar	Gegenwert in Euro (Kurs 1:0,90)
110,– Dollar	122,22 Euro
80,– Dollar	88,89 Euro
55,– Dollar	61,11 Euro
245,– Dollar	272,22 Euro

Verluste bei einem Fondsinvestment können also vorkommen und gehören zum Anlagealltag. Wie groß Kurs-, Zinsänderungs- und Währungsrisiko sind, hängt davon ab, in welchem Markt beziehungsweise Märkten ein Fonds seinen Anlageschwerpunkt setzt (siehe Seite 101 ff). Um dieses Risiko bereits vor einem Investment abschätzen zu können, werten Anlageprofis regelmäßig die Daten aller großen Finanzmärkte aus. Durch eine statistische Analyse der historischen Daten lässt sich die Verlustwahrscheinlichkeit zwar nicht mit hundertprozentiger Sicherheit prognostizieren, aber zumindest recht gut abschätzen. Ein ganz entscheidender Faktor ist dabei, wie lange ein Investment läuft und ob der Anleger zu einem bestimmten Termin auf das Geld angewiesen ist, die Anlage also verkauft oder zurückgibt. Als Faustregel gilt: Je länger der Anleger auf sein Geld verzichtet und je flexibler er in puncto Rückzahlungstermin ist, desto geringer fällt das Verlustrisiko aus. An vielen Aktienbörsen zum Beispiel haben sich die Kurse seit dem Jahr 2000 zwei Mal innerhalb von rund zwölf Monaten mehr als halbiert. Aufgrund der historischen Erfahrung ist die Wahrscheinlichkeit jedoch sehr hoch, dass der Anleger bei einem Aktieninvestment, das über fünfzehn Jahre läuft, zumindest wieder seinen Einsatz herausbekommt, meist sogar aber eine Rendite in Höhe der Inflationsrate erwarten darf, unter dem Strich also real keinen Verlust macht. Zudem darf nicht vergessen werden: Wo Risiken bestehen, stecken in gleicher Weise auch Chancen.

Rendite ist nicht gleich Rendite

Wichtig bei einem Fondsinvestment ist zudem, dass sich der Anleger vor dem Kauf eine realistische Vorstellung über die mögliche Rendite macht. Die Rendite ist ganz allgemein gesprochen der Ertrag, den das eingesetzte Kapital innerhalb einer bestimmten Zeit abwirft.

Üblicherweise wird die Rendite als eine auf das Jahr umgerechnete Prozentzahl angegeben. Was die einzelnen Sparformen voneinander unterscheidet, ist die Tatsache, dass sich ihre Rendite zu

unterschiedlichen Zeitpunkten berechnen lässt.

Bei einem festverzinslichen Wertpapier zum Beispiel wie etwa bei einer Anleihe oder bei einem Sparbrief kann die Rendite bereits vor dem Kauf berechnet werden, denn die dafür notwendigen Angaben wie Preis oder Kurs, Anlagebetrag, laufende Verzinsung und Laufzeit stehen bereits beim Kauf der Papiere fest. Diese Berechnung gilt allerdings nur für den Fall, dass der Sparer die Papiere auch bis zum Fälligkeitszeitpunkt hält, denn dann wird die Anleihe zum Nennwert, das ist der Geldbetrag, der laufend verzinst wird, zurückgezahlt. Verkauft er vorzeitig, hängt seine Rendite vom Kurs ab, zu dem die Anleihe zu diesem Zeitpunkt an der Börse gehandelt wird.

Schwieriger sieht es schon bei einem ganz normalen Sparbuch aus. Zum einen, weil die Bank die laufende Verzinsung jederzeit ändern kann. Und zum zweiten, weil sich der Anleger bei der Frage, wie lange er sein Geld anlegen will, nicht festlegen muss. Beide Faktoren zusammen führen dazu, dass sich zum Zeitpunkt der Einzahlung die Rendite schätzen, aber nicht genau ausrechnen lässt.

Bei Fonds ist das – ebenso wie bei Aktien – noch einmal anders. Sie haben keine feste Laufzeit und ihr Wert oder Kurs verändert sich ständig. Der Anleger steigt irgendwann zu einem bestimmten Preis ein und verkauft seine Papiere zu einem späteren Zeitpunkt, den er selbst festlegt – und zwar zu dem dann gültigen Tageskurs. Folge: Eine genaue Renditeberechnung ist erst im Nachhinein möglich. Für diese Berechnung müssen mehrere Faktoren berücksichtigt werden:

- die bis dahin aufgelaufenen und ausgezahlten Erträge in Form von Dividenden und Zinsen,
- der erzielte Kursgewinn oder -verlust auf Basis des Einstandskurses
- und die Anlagedauer, in der dieser Kursgewinn oder -verlust anfällt.

Unabhängig von der rein schematischen Berechnung: Für die Frage, wie die Rendite einer einzelnen Fondsanlage am Ende ausfällt, ist vor allem entscheidend, wie sich die Märkte, in die der Fonds seine Gelder schwerpunktmäßig anlegt, während des Anlagezeitraums entwickelt haben und welches Anlagegeschick das Fondsmanagement bewiesen hat.

Brutto ist nicht gleich Netto

Wer wissen will, wie rentabel eine Geldanlage wirklich war, darf jedoch nicht nur die Erträge, sondern muss auch die Kosten berücksichtigen, die dabei angefallen sind – zum Beispiel für ein Depot, in dem die Fondsanteile verwahrt werden. Dazu schlagen auch alle eventuellen Aufwendungen für den An- und Verkauf – etwa der Ausgabeaufschlag (siehe Seite 13) – auf der Sollseite zu Buche. Diese Kosten zehren einen Teil der Bruttorendite auf. Was dann noch unter dem Strich bleibt, ist die Nettorendite.

Mit den Kosten alleine ist es meist aber nicht getan. Auch das Finanzamt verlangt

spätestens beim Verkauf der Anteile seinen Anteil (siehe Seite 133 ff.). Der Ertrag, der danach beim Anleger ankommt, ist die Nettorendite nach Steuern. Diese genau zu berechnen, ist eine Wissenschaft für sich, denn der Anleger muss dabei auch seine Freibeträge berücksichtigen.

Liquidität: Die Verfügbarkeit des Geldes

Die meisten Anleger werden die Erfahrung gemacht haben, dass sie unter normalen Umständen eine höhere Rendite erzielen können, wenn sie bereit sind, ihr Geld für einen längeren Zeitraum festzulegen. Ganz typisch ist das bei den Zinsangeboten der Banken und Sparkassen zu beobachten. Für mehrjährige Sparbriefe, die der Kunde nicht vorzeitig kündigen kann, zahlen die Geldhäuser höhere Zinsen als etwa bei einem Sparbuch mit dreimonatiger Kündigungsfrist.

Mit Investmentfonds ist es möglich, diesen Zusammenhang in gewissen Grenzen „auszuhebeln". Denn während der Fonds seine Gelder in zum Teil sehr langfristige Anlagen oder in Anlagen ohne feste Laufzeit investiert – wie etwa langlaufende Anleihen Aktien oder Immobilien –, kann der Anleger seine Fondsanteile an jedem Handelstag zurückgeben und so zu Geld machen. Das heißt aber nicht, dass sie automatisch auch Ertragssicherheit bieten. Denn der Kurs, den der Anleger erhält, wenn er an einem bestimmten Tag auf jeden Fall verkaufen will, ist nicht garantiert. Er muss den Anteilspreis akzeptieren, der sich aus dem aktuellen Wert des Fondsvermögens ergibt (siehe Seite 19). Unter Umständen heißt das, er bekommt weniger Geld zurück, als er ursprünglich eingezahlt hat, womit sich wiederum der Kreis aus Rendite, Sicherheit und Liquidität schließt.

Nicht zuletzt sollte die Anlagedauer bei Fonds aber auch deshalb lang genug gewählt werden, damit die anfänglichen und laufenden Kosten (siehe Seite 15 ff.) durch entsprechende Erträge „herausgeholt" werden können.

DIE MISCHUNG MACHT'S

Das magische Dreieck der Geldanlage zwingt die Anleger also dazu, Prioritäten zu setzen. Legen sie zum Beispiel sehr viel Wert auf Sicherheit, müssen sie sich bei der Renditechance bescheiden. Umgekehrt ist eine höhere Rendite möglich, wenn sie ein größeres Risiko und/oder eine geringere Liquidität in Kauf nehmen. Zinsanlagen wie etwa Anleihen weisen zum Beispiel ein niedrigeres Risiko auf als Aktien, aber auch geringere Renditechancen. Eine passable Rendite nützt allerdings wenig, wenn sie mit überdurchschnittlich hohen Risiken erkauft wird. Auf der anderen Seite sind geringe Kursschwankungen schön und gut, doch haben Anleger nichts davon, wenn sie gleichzeitig eine Rendite auf Sparbuchniveau erzielen. Es bringt also wenig, das eigene Depot wahllos mit Fonds vollzustopfen, in dem Glauben, dass sich die jeweiligen Fondsmanager um den Rest kümmern. Das funktioniert schon deswegen nicht, weil jeder von ihnen seinen Fonds unabhängig von den anderen managt. Deshalb ist auch bei der Zusammenstellung eines Wertpapierdepots systematisches und strukturiertes Vorgehen gefragt. Der erste Schritt besteht darin, das Vermögen auf eher riskante Aktien und eher sichere Anleihen aufzuteilen – so, wie es der eigenen Risikoneigung entspricht. Der Fachmann spricht in diesem Zusammenhang von der Aufteilung auf einzelne Assetklassen. Als Asset wird in der Fachsprache eine einzelne Anlageform bezeichnet – also zum Beispiel Aktien.

Im zweiten Schritt wird das Anlagekapital innerhalb der einzelnen Assetklassen auf verschiedene Fonds verteilt und gewichtet. Dabei kann sich der Anleger überlegen, seine Auswahl auf einen beziehungsweise wenige Fonds zu beschränken, mit denen er die weltweiten Märkte der jeweiligen Assetklasse mehr oder weniger komplett abdeckt (siehe Seite 103 ff.). Oder aber er setzt auf viele Fonds und kann so ganz gezielt in einzelne Börsen beziehungsweise Märkte investieren Und bequeme Sparer können einen Mischfonds (siehe Seite 81) wählen, der sowohl Aktien als auch Anleihen im Depot hat. Um den letzten Schritt, nämlich die Verteilung des Anlagekapitals innerhalb der Assetklassen auf verschiedene Papiere einzelner Branchen und Märkte, braucht sich der Fondsanleger allerdings nicht zu kümmern. Das erledigt der Fondsmanager für ihn. Auf diese Weise wird das Anlagerisiko im Depot zusätzlich gesenkt.

Welche Depotaufteilung entspricht nun meiner Risikoneigung, werden sich einige Anleger sicherlich fragen. Ganz genau lässt sich das nur für den Einzelfall beantworten. Die Stiftung Warentest hat anhand historischer Daten nachgerechnet, mit welchen Renditen und welcher Verlustwahrscheinlichkeit Anleger bei unterschiedlichen Depotmischungen rechnen können.

INFO Die drei Säulen der Asset-Allocation

Struktur	Streuung	Risikokontrolle
■ **Depotaufteilung** Aufteilung zwischen Aktien, Anleihen, anderen Wertpapieren und Währungsanteil ■ **Liquidität** Bemessung der Barreserve und des Börsenbudgets	■ **Titeldiversifikation** Aufteilung auf Einzeltitel und Branchen ■ **Marktdiversifikation** Aufteilung auf verschiedene Märkte	■ **Kapitaleinsatz** Festlegung von Höchstbeträgen pro Investment ■ **Risikobegrenzung** Festlegung von Höchstgrenzen für mögliche Verluste beziehungsweise Schwankungsintensität

Beispiel: Eine Depotaufteilung von 15 Prozent Aktien und 85 Prozent Renten brachte in den vergangenen 30 Jahren (Stand: Ende 2009) eine durchschnittliche Rendite von 7,5 Prozent pro Jahr. Hätte der Anleger allein auf sichere Rentenfonds gesetzt, wäre die Rendite nicht höher ausgefallen, gleichzeitig lag aber das maximale Verlustrisiko in diesem Zeitraum deutlich höher.

Um es klar zu sagen: Diese Berechnungen sind nicht mehr als eine Momentaufnahme und stellen keine Garantie für ähnliche Ergebnisse in der Zukunft dar. Aber sie zeigen exemplarisch, wie sinnvoll es ist, sein Depot mit unterschiedlichen Wertpapieren beziehungsweise Assetklassen zu mischen.

Ein wichtiger Punkt: die Bequemlichkeit

Nicht jeder Anleger wird die Wahl einer Geldanlage allein nach den Kriterien Rendite, Risiko und Liquidität vornehmen. Die Frage, wie intensiv er sich nach dem Kauf um sein Investment kümmern muss, spielt in vielen Fällen eine Rolle: Die Bequemlichkeit einer Anlage ist vielen Sparern wichtig. Eine Anlageform sollte für sie einfach zu handhaben sein und nur wenig Aufmerksamkeit während der Laufzeit benötigen.

Vom Grundgedanken her erfüllen Fonds diesen Wunsch bequemer Sparer eigentlich optimal, sodass sie sich auch in diesem Punkt als Anlagealternative anbieten. Schließlich kümmert sich ein Fondsmanager um die Anlage des Vermögens. Doch in der Praxis gibt es einen Haken: Das Angebot an Fonds ist mittlerweile riesig. Entsprechend vielfältig sind die Anlageschwerpunkte und -konzepte der unterschiedlichen Fonds. So gibt es Fonds, die ihren Anlegern eine komplette Vermögensverwaltung aus einer Hand bieten (siehe Seite 81 ff.).

Auf der anderen Seite des Marktspektrums werden immer mehr Fonds mit sehr speziellen Anlagekonzepten angeboten (siehe Seite 88 ff.). Das erschwert nicht nur die Auswahl eines Fonds, der zu den eigenen Anlagebedürfnissen passt.

Auch Fondsanleger tragen Verantwortung

Der Anleger muss sich dabei bewusst sein, dass er sich mit solch vergleichsweise spekulativen Fonds mehr und mehr vom Ursprungsgedanken der Fonds-Philosophie entfernt. Statt einer pflegeleichten Anlageform, bei der er sich kaum Gedanken machen muss, übernimmt der Anleger immer mehr selbst das Ruder und er muss Chancen und Risiken, ebenso den Ein- und Ausstiegszeitpunkt, also das richtige Timing, in bestimmten Grenzen genauso wie beispielsweise bei der Anlage in einzelnen Aktien eigenständig steuern.

Anleger können den Aufwand, den bestimmte Fondstypen erfordern, in den nachfolgenden Abschnitten ab Seite 61 ff. ersehen. Dort werden die einzelnen Fonds ausführlich dargestellt. Die Pfeile in den Profilkästen unter dem Punkt Bequemlichkeit zeigen an, ob ein Fonds keine Kontrolle benötigt oder ob seine Wertentwicklung jährlich oder gar monatlich kontrolliert werden sollte.

Eine weitere Frage ist, inwieweit sich der Anleger um die Wiederanlage der ausgeschütteten Erträge kümmern will. In allen Fondsgruppen gibt es ausschüttende und thesaurierende Fonds. Ausschüttende Fonds zahlen – meistens einmal pro Jahr – aufgelaufene Erträge an die Anteilseigner aus. Sparer, die auf dieses Geld nicht angewiesen sind, müssen dann selbst überlegen, wie und wo sie diese Beträge investieren wollen. Wer sich diese Mühe sparen will, sollten sich überlegen, zu einem thesaurierenden Fonds zu greifen. Dieser legt die laufenden Erträge automatisch wieder mit an. So kann der Anleger bequem den günstigen Zinseszinseffekt ausnutzen, ohne dass er etwas dazu tun muss. Allerdings haben thesauriende Fonds, die im Ausland aufgelegt wurden, oftmals steuerliche Nachteile. Dies müssen Anleger bei der Auswahl berücksichtigen (siehe Seite 139 ff.).

Alternative: Indexfonds

Sparer sollten dabei allerdings grundsätzlich bedenken, dass derjenige, der ein bequemes Fondsprodukt sucht und sich dazu noch wenig Mühe bei der Auswahl machen möchte, in der Regel Abstriche bei der Rendite in Kauf nehmen muss. Es gibt jedoch dank vieler neuer Produkte, die die Fondsbranche kreiert, jedoch eine beachtenswerte Alternative: Indexfonds (siehe Seite 70 ff.). Das Angebot an diesen speziellen Fonds, die die Zusammensetzung und damit die Wertentwicklung eines bestimmten Index (siehe Seite 73 ff.) nachverfolgen, ist mittlerweile riesengroß geworden. Davon profitieren auch „bequeme" Anleger, denn sie finden mit Indexfonds einfach zu handhabende und zudem kostengünstige Produkte, mit denen sich ein Fondsmix zusammenstellen lässt, der gute Chancen verspricht und dennoch nur wenig laufende Aufmerksamkeit vom Anleger erfordert. Er muss lediglich bestimmen, wie er sein Depot auf Aktien und Anleihen aufteilen will und wie groß der Markt sein soll, den der Indexfonds abbildet (siehe Seite 73 ff.).

Wer bei der Auswahl und Zusammenstellung seines Depots etwas mehr an Aufwand betreiben will, findet ab Seite 149 ff. Vorschläge für unterschiedliche Anlagesituationen und -mentalitäten. Dort werden auch die Hilfsmittel vorgestellt, die es Anlegern erleichtern, aus dem breiten Feld der aktiv gemanagten Fonds die besten und geeigneten herauszupicken. Ferner finden bequeme Sparer dort Anregungen, mit denen sie in Sachen Fondsanlage etwas engagierter zu Werke gehen können, um mehr aus ihrem Geld herauszuholen.

GUT GEPLANT IST HALB GESPART

Aus den Tücken des magischen Dreiecks der Geldanlage ergibt sich: Der Sparer muss Prioritäten setzen, was die Auswahl und Zusammenstellung einzelner Anlagen angeht.

Wer zum Beispiel sein angespartes Geld in einem Jahr für eine größere Anschaffung oder den Kauf einer Immobilie benötigt, muss sich – auch wenn er auf Fonds setzt – waghalsige Experimente verkneifen und bei der Rendite bescheiden. Sparer, die dagegen langfristig für ihren Lebensabend vorsorgen, können der Rendite einen höheren Stellenwert einräumen, weil sich eventuelle Kursdellen bei einem Anlagezeitraum von 30 oder 40 Jahren am Ende kaum bemerkbar machen. Vor diesem Hintergrund sind sie in der Lage, ein Fondsdepot aufzubauen, bei dem sie Verlustrisiken wenig fürchten müssen, sofern sie zu den dafür geeigneten Fonds greifen (siehe Seite 150 ff.).

Der Weg zur Vermögensplanung

Diese Überlegungen zeigen: Wer erfolg- und ertragreich Vermögen aufbauen will, kommt an einer systematischen Planung nicht vorbei. Dabei müssen ganz zentrale Fragen beantwortet werden: Wie zum Beispiel sieht eine sinnvolle Sparstrategie aus? Wie viel Geld kann Monat für Monat angespart werden? In welche Anlageformen, Märkte und damit Fonds sollen die Spargelder fließen? Und wie sollen die einzelnen Fondstypen in einem Gesamtkonzept gewichtet werden sollen?

Um es vorab zu sagen: Eine pauschale Antwort darauf ist nicht möglich; denn

TIPP **So gelingt der Kassensturz**

- **Hilfsmittel nutzen.** Viele Banken, Sparkassen und auch die Verbraucherzentralen halten für ihre Kunden ein Haushaltsbuch bereit: Bei der Verbraucherzentrale Nordrhein-Westfalen können Sie zum Beispiel „Das Haushaltsbuch" für 5,90 Euro online ordern (www.vz-nrw.de).
- **Sparpotenziale ausloten.** Durchforsten Sie Ihre Ausgaben kritisch danach, auf welche Posten Sie unter Umständen verzichten können oder welche Ausgaben sich senken lassen.
- **Finanzcheck durchführen.** Prüfen Sie, welche Versicherungen Sie abgeschlossen haben und kündigen Sie gegebenenfalls überflüssige Policen – beispielsweise, wenn Sie mit Ihrem Partner zusammengezogen sind und bestimmte Versicherungen doppelt vorliegen. Kontrollieren Sie bei den anderen Verträgen ebenso wie bei Ihrem Girokonto, ob es günstigere Anbieter am Markt gibt. Oft lassen sich so mehrere hundert Euro pro Jahr sparen. Hinweise und die aktuellen Vergleiche werden regelmäßig in Finanztest veröffentlicht. Sie finden sie auch gesammelt im Finanztest SPEZIAL Versicherungen und im Internet unter www.test.de.

wie jemand spart und Vermögen aufbaut, ist eine sehr persönliche Angelegenheit. Die Anlageziele spielen hierfür ebenso eine Rolle wie die individuelle Einkommens- und Familiensituation. Dennoch gibt es einige harte Fakten, an denen keiner vorbeikommt, der durchdacht Geld anlegen möchte. Dazu gehört die Analyse der Einkommens- und Familiensituation ebenso wie die Auflistung der laufenden finanziellen Verpflichtungen.

Der erste Schritt: Kassensturz

In einem ersten Schritt geht es darum, zunächst einmal herauszufinden, wie viel Geld zum Sparen übrig ist. Dazu muss sich der Sparer zunächst einen Überblick über die eigenen Finanzen verschaffen, indem er sämtliche monatlichen oder besser jährlichen Einnahmen den Ausgaben gegenüberstellt und die Differenz ermittelt. Mit einem Haushaltsbuch lässt sich diese Arbeit enorm vereinfachen. Was am Ende der Auflistung (hoffentlich) als Plus übrig bleibt, ist zunächst die Ausgangsbasis für weitere Überlegungen zum Sparen und zum Vermögensaufbau.

Der zweite Schritt: Vermögen sichten

Auf den Überblick über die laufenden Einnahmen und Ausgaben folgt die Bestandsaufnahme sämtlicher vorhandener Vermögenswerte und Verbindlichkeiten. Dabei sollten jedoch nicht alle Vermögenswerte in gleicher Weise berücksichtigt werden.

Denn über einige Gegenstände kann der Anleger unter Umständen gar nicht so flexibel verfügen, dass er sie im Rahmen der eigenen Vermögensstrategie aktiv einbeziehen könnte; zum Beispiel wird kaum jemand eine selbstgenutzte Immobilie verkaufen, um das Geld in Fonds zu investieren.

Andere Dinge sind im weiten Sinne zwar durchaus als Vermögen zu betrachten, lassen sich jedoch in einer Notlage so gut wie gar nicht oder nur zu einem sehr niedrigen Preis zu Geld machen. Hierzu zählen etwa Antiquitäten, Briefmarken- und Münzsammlungen. Und dann gibt es zu guter Letzt noch Gegenstände, die der Sparer gar nicht veräußern kann, weil er auf sie angewiesen ist – der Großteil des Hausrats (Möbel, Kleidung etc.) wäre hier in erster Linie zu nennen, aber auch das Auto, das ein Anleger vielleicht braucht, um zur Arbeit zu kommen.

Für den Anleger kommt es daher darauf an, auf der Habenseite nur solche Positionen einzubeziehen, die im Sinne einer Geldanlage einen Wert verkörpern, wie zum Beispiel alle Guthaben auf Spar-, Tagesgeld- und Festgeldkonten, Bausparverträgen, Sparbriefen, unter Umständen auch auf dem Girokonto, wenn dort größere Summen geparkt werden. Dazu kommt der Wert sämtlicher Wertpapiere (zum aktuellen Kurs), Lebensversicherungen (zum Rückkaufswert, Auskunft darüber erteilt das jeweilige Versicherungsunternehmen) und vermieteter Immobilien (zum ungefähren Verkehrswert; einen Anhaltspunkt dafür geben Immobilienanzeigen in der Tageszeitung oder eine Nachfrage bei einem Makler oder der Hausbank). Sämtliche Gebrauchsgegenstände bleiben hingegen unberücksichtigt. Das gilt auch für eine selbst genutzte Immobilie.

Berücksichtigen sollte der Sparer bei dieser Bilanz aber auch die Tatsache, dass er über seine Vermögensgegenstände unterschiedlich schnell verfügen kann. An das Guthaben auf einem Sparkonto kommt er zum Beispiel viel leichter heran als an das angesparte Kapital, das in einer Lebensversicherung steckt.

AUCH DIE VERBINDLICHKEITEN ZUSAMMENRECHNEN

Noch laufende Darlehen werden zum aktuellen Schuldenstand von der Gesamtsumme abgezogen. Und auch die Schulden sollten nach ihrer Fälligkeit geordnet werden. Während etwa ein in Anspruch genommener Dispositionskredit auf dem Girokonto täglich zurückgezahlt werden kann, enthält ein Hypothekendarlehen oftmals eine langfristige Rückzahlungsvereinbarung, die den Sparer entsprechend lange bindet, die auf der anderen Seite aber auch die finanzielle Belastung kalkulierbar macht.

Der dritte Schritt: Ziele abstecken

Als Ergebnis der beiden vorangegangenen Schritte haben die Sparenden nun einen Überblick über zwei wichtige Größen:

- die Höhe des Betrags, der ihnen pro Jahr oder Monat zum Vermögensaufbau überhaupt zur Verfügung steht,
- ihr derzeitiges Nettovermögen und die Anlageformen, auf die es sich verteilt.

Jetzt lässt sich recht einfach ablesen, welche Vermögensziele ein Wunschtraum bleiben – etwa Millionär zu werden – und welche einigermaßen realistisch innerhalb einer bestimmten Zeitspanne erreichbar sind wie die Finanzierung des Studiums der Kinder oder ein Eigenheim. Davon ist dann auch abhängig, wann und in welchem Umfang sich einzelne Konsumwünsche (neues Auto, längere Urlaubsreise etc.) erfüllen lassen. Auch der umgekehrte Weg ist möglich: Die Sparenden legen ihre Wünsche und Vermögensziele fest und bestimmen, bis zu welchem Zeitpunkt diese verwirklicht sein sollen. Dann können sie errechnen, wie viel Kapital sie dafür ansparen müssen und welche Rendite ihnen ihre Fondsinvestments dafür einbringen müssen. Daraus ergibt sich wiederum ein wichtiger Baustein bei der angepeilten Sparstrategie.

AUF DIE ANLAGEDAUER KOMMT ES AN

Diesen Betrag müssen Sie monatlich sparen, um nach x Jahren 100 000 Euro zu haben

Anlagehorizont	Zins					
	2 %	3 %	4 %	5 %	6 %	7 %
45 Jahre	115	88	67	51	38	28
40 Jahre	136	109	86	67	52	40
35 Jahre	165	136	111	90	72	58
30 Jahre	203	172	145	122	102	85
25 Jahre	257	225	196	170	147	127
20 Jahre	339	305	274	245	219	196
15 Jahre	477	441	407	376	347	320
10 Jahre	753	715	679	645	613	581

WELCHER ANLEGERTYP BIN ICH?

Geht es daran, aus den gewonnenen Daten und Fakten ein Konzept zu entwickeln, muss der Sparer auch seine „Anlagementalität" berücksichtigen. Wer eher vorsichtig und auf Sicherheit bedacht ist, dem ist mehr damit gedient, zu wertstabilen Fonds wie etwa Rentenfonds zu greifen als zu spekulativen Aktienfonds. Das bedeutet im Gegenzug aber auch, dass er im Zweifelsfall auf eine überdurchschnittlich hohe Rendite verzichten muss. Das ist sozusagen der Preis für die Sicherheit. Ein Sparer hingegen, der stets auf der Suche nach den Fonds mit den höchsten Renditen ist, muss sich fragen, ob er auch bereit ist, die damit verbundenen Risiken zu tragen. Allein das Wissen um die Möglichkeit von Verlusten bedeutet schließlich noch nicht, dass er auch abschätzen kann, wie gelassen er reagiert, wenn diese Situation eintritt. Die Erfahrung zeigt nämlich, dass viele Anleger nur auf den schnellen Gewinn fixiert sind. Doch wenn es anders kommt und der Kurs 5 oder 10 Prozent unter dem gezahlten Einstandspreis liegt, bringt es sie um den Schlaf, auch wenn dieses Minus zunächst nur auf dem Papier steht.

MUSTERDEPOTS HELFEN BEI DER ORIENTIERUNG

Fazit: Die Anlagementalität ist eine sehr individuelle Eigenschaft, sodass pauschale Empfehlungen kaum möglich sind. Zur besseren Orientierung hat die Stiftung Warentest allerdings drei Musterdepots gebildet, die im letzten Kapitel dieses Buchs vorgestellt werden. Sie liefern einen Anhaltspunkt dafür, welche Aktienanteil ein Anleger zum Beispiel in seinem Depot in etwa halten sollte, wenn er bestimmte Vorstellungen davon hat, welche Rendite er anstrebt und welches Risiko er bereit ist dafür einzugehen (siehe Seite 157 ff.).

TIPP **Die Anlagementalität bestimmen**

Im Internet haben Sie die Möglichkeit, Ihren Anlagetyp zumindest grob zu bestimmen – zum Beispiel unter folgender Adresse: www.postbank.de, Menüpunkt „Wissen und Services", „Anlagetypbestimmung". Unter der Adresse www.behavioral-finance.de/Risikotool bieten die Experten der Universität Mannheim einen Test an, mit dem Anleger ihre Risikoeinstellung bestimmen können. Denken Sie allerdings daran, dass diese Tests zwangsläufig sehr schematisch vorgehen und die Ergebnisse lediglich Anhaltspunkte für das individuelle Anlageverhalten liefern. Eine ausführliche und gute Anlageberatung durch einen gut ausgebildeten Wertpapierexperten ersetzen sie nicht.

GUTE BERATUNG DRINGEND GESUCHT

Obwohl Investmentfonds grundsätzlich eine einfach zu handhabende Anlageform sind, mit der sich auch unerfahrene Sparer gut zurechtfinden können, wird nicht jeder nach der Lektüre dieses Ratgebers alle Dinge sofort selbst in die Hand nehmen wollen. Manch ein Anleger wird darüber hinaus fachmännischen Rat suchen, um seine Fondsgeschäfte erfolgreich abwickeln zu können. Erste Anlaufstelle ist dabei in vielen Fällen der Berater der eigenen Hausbank.

Der Berater ist bereits mit der Eröffnung eines Depots gesetzlich verpflichtet, eine erste, einführende Anlageberatung vorzunehmen. Diese Regelung ist seit dem Jahresbeginn 2010 durch das Gesetz „zur verbesserten Durchsetzbarkeit von Ansprüchen von Anlegern aus Falschberatung" sogar noch verschärft worden. Das neue Gesetz ergänzt die Regeln des Wertpapierhandelsgesetzes (WpHG) und die EU-Richtlinie über die Märkte für Finanzinstrumente, kurz Mifid genannt, zur Anlageberatung und den Aufklärungs- und Sorgfaltspflichten, die Banken ebenso wie freie Finanzberater und Vermögensverwalter gegenüber ihren Wertpapierkunden erfüllen müssen.

Das Beratungsprotokoll

Ein schriftliches Protokoll ist jetzt zwingender Bestandteil jedes Beratungsgesprächs, wenn es um Wertpapiere wie Fonds, aber auch Aktien und Anleihen geht. Eine Ausnahme gibt es dabei: Geht der Kunde auf eigene Initiative in die Filiale beziehungsweise zu einer Direktbank oder ruft seinen Berater an und erteilt ihm ohne vorherige Beratung den Auftrag zum Kauf etwa eines Fonds, ist das Protokoll nicht notwendig. Doch was kann als eigene Initiative gelten? Und warum diese Ausnahme? Nicht nur aufgrund solcher Unklarheiten ist die Unsicherheit im Umgang mit den neuen Regeln in vielen Fällen groß. Ein weiterer Grund dafür ist, dass sich die Bankenverbände und die deutsche Finanzdienstleistungsaufsicht Bafin bisher nicht auf ein einheitliches Formular oder Formblatt einigen konnten, das die wichtigsten Standardfragen auflistet und auf dem der Verlauf des Beratungsgesprächs dokumentiert wird.

Keine Konkreten Vorgaben

Konkrete Vorgaben zum Verlauf und Inhalt des Beratungsgesprächs macht der Gesetzgeber nämlich nicht. Er hat lediglich einige Mindestanforderungen festgelegt. Danach müssen im Protokoll unter anderem

- der Anlass der Beratung,
- die Dauer des Gesprächs,
- die finanzielle Situation des Kunden,
- seine Anlageziele und
- die Empfehlungen der Bank inklusive Begründung

festgehalten werden. Diese Pflicht entfällt, wenn der Kunde mit seinem Berater lediglich über ein neues Sparprodukt wie beispielsweise Tagesgeld oder Festgeld spricht. Gleiches gilt, wenn der Kunde seiner Bank ein Vermögensverwaltungsmandat erteilt hat, in dessen Rahmen das Geldhaus eigenständige Anlage-Entscheidungen im Sinne des Kunden trifft. Laut Gesetzestext muss der Berater dem Kunden eine Ausfertigung des Protokolls „unverzüglich" nach Abschluss der Anlage-

CHECKLISTE: Beratungsprotokoll

Diese Punkte muss das Beratungsprotokoll beinhalten:

Das neue Beratungsprotokoll ist für Bankkunden und Berater eine ungewohnte Sache. Daher ist die Verunsicherung auf beiden Seiten groß und Fehler beim Ausfüllen waren nach Recherchen von Finanztest in den Monaten nach der Einführung eher die Regel denn die Ausnahme. Grundsätzlich ist das neue Protokoll gesetzlich vorgeschrieben und muss nach jeder persönlichen Beratung dem Kunden ausgehändigt werden. Folgende Informationen müssen darin enthalten sein:

- ☐ Wer das Gespräch veranlasst hat – die Bank oder der Anleger?
- ☐ Wie lange das Gespräch gedauert hat
- ☐ Welche Angaben der Kunde zu seinen persönlichen und finanziellen Verhältnissen gemacht hat
- ☐ Welche Kenntnisse und Erfahrungen der Kunde mit Geldanlagen hat
- ☐ Welche Anlageziele der Kunde hat
- ☐ Welche Empfehlungen der Berater gegeben hat – auch die, von denen der Kunde direkt Abstand nimmt
- ☐ Vollständige Anlagen über die empfohlenen Anlageprodukte, dazu gehören vor allem Erläuterungen zu den Renditechancen und Verlustrisiken
- ☐ Warum der Berater die einzelnen Produkte gerade diesem Kunden empfohlen hat beziehungsweise warum er der Meinung ist, dass sie zu den Wünschen des Kunden passen

Der Berater – nicht etwa der Kunde – muss das Protokoll unterschreiben und nach der Beratung, auf jeden Fall aber vor dem Abschluss einer Geldanlage, aushändigen. Bei einer telefonischen Beratung reicht es, das Protokoll per Post zu verschicken. Findet der Kunde in der Unterlage nachweislich Unstimmigkeiten oder Fehler vor, kann er von einem möglicherweise am Telefon geschlossenen Kaufvertrag innerhalb von sieben Tagen zurücktreten.

Mit dem Protokoll verwechselt wird in Diskussionen häufig das Produktinformationsblatt. Es soll – ähnlich wie ein Beipackzettel bei Medikamenten – den Anleger darüber informieren, wie eine bestimmte Kapitalanlage funktioniert und welche Chancen sowie Risiken sie beinhaltet. Eine gesetzliche Regelung dieser „Beipackzettel" will die Bundesregierung im Laufe des Jahres 2011 auf den Weg bringen.

beratung zur Verfügung stellen, auf jeden Fall aber vor einem „auf der Beratung beruhenden Geschäftsabschluss" – und der Berater muss das Dokument zu guter Letzt auch unterschreiben.

Dass der Kunde das Schriftstück ebenfalls unterschreibt, sieht das Gesetz nicht vor. Im Beratungsalltag bestehen jedoch einzelne Geldinstitute darauf. Das Problem dabei: Bei einer möglichen Auseinandersetzung kann sich die Bank auf den Standpunkt stellen, die Unterschrift sei so zu deuten, dass der Kunde das Protokoll inhaltlich anerkannt habe. Doch genau das dürfte im konkreten Fall strittig sein. Daher ist jeder Bankkunde gut damit beraten, die Eingaben des Beraters genau nachzuverfolgen und eine Änderung des Protokolls zu verlangen, wenn er den Eindruck hat, dass einzelne Punkte nicht besprochen wurden oder der Berater sehr schnell darüber hinweggegangen ist.

Auch die Fondsgesellschaften können schludern

Möglichkeiten zu schludern haben aber nicht nur die Banken und Sparkassen, die eine Beratung übernehmen. Auch der Service der Fondsgesellschaften lässt in vielen Fällen zu wünschen übrig, wie die Stiftung Warentest vor einigen Jahren festgestellt hat. Denn oftmals weisen die Unterlagen, die die Gesellschaften auf Anforderung zuschicken oder die sich im Internet herunterladen lassen, gravierende inhaltliche Defizite auf. So suchen interessierte Leser nicht selten aktuelle Daten zur Wertentwicklung eines Fonds einschließlich eines passenden Vergleichsmaßstabes ebenso vergebens wie Informationen zu dem Risiko, das sie mit dem Kauf eines bestimmten Fonds eingehen.

Schwächen in der Praxis

Zu hohe Erwartungen sollten Bankkunden an das neue Instrument des Anlegerschutzes daher nicht haben. Die Stiftung Warentest hat in den vergangenen Jahren regelmäßig – zuletzt im Sommer 2010 – die Anlageberatung der Banken getestet und hat dabei immer wieder zum Teil erhebliche Schwächen bei den Leistungen der Geldhäuser festgestellt. So hangeln sich viele Berater mit Standardformulierungen ebenso durch die Dokumentation wie durch den sogenannten Suitability-Test. Dieser sperrig klingende Test schreibt dem Berater vor, dass er nur Produkte

CHECKLISTE: Materialien der Fondsgesellschaften

Welche Informationen sollten die Materialien der Fondsgesellschaft sinnvollerweise enthalten?

- ☐ **Wertentwicklung:** Die meisten Fondskäufer werden erwarten, dass der Anbieter Angaben dazu macht, wie ein Fonds in unterschiedlichen Zeiträumen abgeschnitten hat – etwa als Durchschnittsangaben in Prozent pro Jahr. Um diese Daten einordnen zu können, sollte im Vergleich dazu auch gesagt werden, wie der Fonds im Vergleich zu einem passenden Marktindex und zu den anderen Fonds innerhalb seiner Fondsgruppe (siehe Seite 61 ff.) abgeschnitten hat. Bei Fremdwährungsfonds interessiert die Frage: Wie ist das Anlageergebnis in Euro ausgefallen?
- ☐ **Anlagekonzept:** Ebenso von Interesse ist, wo der Anlageschwerpunkt des Fonds liegt – also eher bei Anleihen oder zum Beispiel bei Aktien – und in welchen Märkten er dabei anlegt. Handelt es sich um einen Aktienfonds, ist es nicht unwichtig, ob der Manager bei der Auswahl eher auf kleine oder große Titel setzt. Bei Rentenfonds hingegen interessiert, welche Bonitäten und Laufzeiten der Manager bevorzugt (siehe Seite 68). Und nicht zuletzt werden eher auf Sicherheit bedachte Anleger wissen wollen, wie hoch der Fremdwährungsanteil (siehe Seite 68) im Fondsdepot ist.
- ☐ **Risiko:** Apropos Sicherheit: Auskunftsfreudige Gesellschaften sagen, ob es eine hausinterne Risikoklasse gibt, in die der Fonds eingeordnet wird, und wie sich diese Risikoklasse definiert. Dazu wird angegeben, wie hoch die Wertschwankungen des Fondsanteils über einen bestimmten Zeitraum sind.
- ☐ **Depotstruktur:** Nicht in allen, aber sehr vielen Fällen bekommen Anleger auf der Internetseite der Fondsgesellschaft Informationen darüber, wie das Fondsvermögen aufgeteilt und wie hoch der Barbestand ist. Dazu werden meistens auch die zehn am stärksten gewichteten Positionen aufgelistet. Außerdem wird das Depot nach Ländern, Branchen, Sektoren und – bei Rentenfonds – nach Emittenten aufgeteilt. Seltener werden Interessenten allerdings fündig, wenn sie wissen wollen, wie viele verschiedene Positionen insgesamt das Depot enthält.
- ☐ **Kosten:** Selbstverständlich möchte jeder Anleger wissen, was er für die Arbeit der Fondsgesellschaft zahlt. Wie hoch sind zum Beispiel der Ausgabeaufschlag (siehe Seite 13 ff.) und die laufenden internen Kosten? Und gibt es eine Erfolgsvergütung, und wenn ja, woran orientiert sich der Bonus?
- ☐ **Steuern:** Für immer mehr Anleger ist nach der Einführung der neuen Abgeltungsteuer (siehe Seite 133 ff.) auch interessant: Werden die Erträge ausgeschüttet oder wieder mit angelegt?

empfehlen darf, die für den jeweiligen Kunden „geeignet" sind. Um beurteilen zu können, was als „geeignet" gelten kann, muss sich der Berater zuvor nach den Kenntnissen und Erfahrungen mit Geldanlagen, den finanziellen Verhältnissen und den individuellen Anlagezielen seines Kunden erkundigen.

Die Bank ordnet den Anleger auf Basis dieser Unterlagen einer bestimmten Risiko- oder Anlagekategorie zu, die wiederum bestimmte Anlageformen umfasst, für die der Anleger dann „zugelassen" ist. Das gilt vor allem für den Punkt „Risiken" (der vorgeschlagenen Anlageform), über die der Berater aufklären muss.

Auf die Defizite in Sachen Anlageberatung hat der Gesetzgeber mittlerweile reagiert. Banken und unabhängige Finanzberater müssen ihren Kunden nunmehr zu jedem Anlageprodukt ein Informationsblatt aushändigen. Darin werden – vereinfacht gesagt – neben der Funktionsweise und den Ertragschancen vor allem die Kosten und Anlagerisiken des Investments dargestellt – ähnlich dem Beipackzettel bei einem Medikament. Eine Verpflichtung, unabhängig zu informieren ist angesichts der Untersuchungsergebnisse der Stiftung Warentest positiv zu beurteilen. Doch in der Praxis führen solche Standards oft zu einer Art Schubladendenken. Fatale Folge: Wer beispielsweise als unerfahren gilt, kann meist nicht so ohne weiteres Aktien kaufen. Jeder Neueinsteiger sollte deshalb von seinem Anlageberater eine individuelle, persönliche Beratung verlangen und bekommen – oder es anderswo versuchen.

Sonderfall: Direktbanken

Die meisten Direktbanken bieten (siehe Seite 49, 50) keine Beratung an. Bei ihnen muss sich der Kunde die entsprechenden Formulare aus dem Internet herunterladen und selbst ausfüllen.

CHECKLISTE: Beratungsgespräch

So wird's ein gutes Beratungsgespräch

- ☐ **Anlageziele abstecken.** Bereiten Sie sich auf das Beratungsgespräch vor. Überlegen Sie sich, warum Sie Ihr Geld an der Börse anlegen wollen und welche Zwecke Sie damit verfolgen – etwa einen langfristigen Vermögensaufbau oder die Finanzierung der Ausbildung für Ihre Kinder in beispielsweise 15 Jahren.
- ☐ **Termin vereinbaren.** Eine Anlageberatung gibt es meist schon in der Bankfiliale um die Ecke. Viele Kreditinstitute haben aber spezielle Vermögensberatungs- oder Wertpapiercenter, in denen besonders geschulte Mitarbeiter bereitstehen. Nutzen Sie solche Angebote und vereinbaren Sie dort einen Beratungstermin, sodass sich der Bankmitarbeiter ausreichend Zeit für Sie nehmen kann.
- ☐ **Aufrichtig bleiben.** Füllen Sie den Fragebogen beziehungsweise das Protokoll der Bank zusammen mit dem Anlageberater nach bestem Wissen und Gewissen aus. Geben Sie nicht, etwa aus Eitelkeit, vor, mehr über die Börse und Aktien zu wissen, als es tatsächlich der Fall ist. Und betonen Sie nicht Ihre Risikobereitschaft. Auf diese Weise stellen Sie am ehesten sicher, dass eine realistische Einordnung in diejenige Risikokategorie erfolgt, die Ihren Anlagezielen und Ihrem Kenntnisstand entspricht. Anderenfalls verschlechtern Sie Ihre Chancen, Ihre Bank oder Sparkasse bei einer möglichen Falschberatung haftbar machen zu können. Denken Sie aber auch daran, dass Sie nicht verpflichtet sind, alle Fragen zu beantworten.
- ☐ **Einblick fordern.** Fordern Sie Einblick und eine gründliche Erläuterung des Kategoriesystems Ihrer Bank und darüber, warum Sie in welche Risikostufe eingeordnet worden sind. Sie haben ein gesetzlich verankertes Recht, dies zu erfahren.
- ☐ **Dokumentieren.** Lassen Sie sich alles schriftlich geben. Verlangen Sie eine Kopie des Beratungsprotokolls und lassen Sie sich auch die Anlagevorschläge des Beraters schwarz auf weiß geben. Machen Sie sich außerdem Notizen während des Gesprächs – zum Beispiel, welche anderen Anlagevarianten Ihnen vorgeschlagen, wovon unter Umständen ausdrücklich abgeraten und welche Kosten genannt wurden.
- ☐ **Hart bleiben.** Schließen Sie keine Geldanlage ab, ehe Sie nicht das Beratungsprotokoll bekommen und geprüft haben. Lassen Sie sich nicht einschüchtern, falls der Berater Sie auffordert, das Protokoll vorher zu unterschreiben. Sie sind dazu gesetzlich nicht verpflichtet. Gleiches gilt für Empfangsbestätigungen. Sollen Sie zu einem späteren Zeitpunkt Ansprüche vor Gericht wegen Falschberatung geltend machen wollen, müssen Sie damit rechnen, dass Ihre Unterschrift gegen Sie verwendet wird.
- ☐ **Zeugen mitnehmen.** Gehen Sie, wenn möglich, nicht allein zum Beratungsgespräch. Mit der Aussage eines neutralen Zeugen verbessern Sie Ihre Ausgangslage, sollte es zu einem späteren Zeitpunkt zu einer Auseinandersetzung mit der Bank kommen.

Richter stärken Anlegerrechte

Der Kunde wiederum tut gut daran, seine Bank darüber zu informieren, wenn sich später einmal seine Vermögensverhältnisse verändert haben oder er den Wunsch hat, risikoreichere Anlagen zu kaufen. Dann kann nach einer weiteren Beratung eine Umgruppierung vorgenommen werden. Mit zwei Urteilen Anfang 2007 hat zudem der Bundesgerichtshof (BGH) die Rechte von Bankkunden und Privatanlegern deutlich verbessert. Bis zu diesem Zeitpunkt hatten Anleger, die das Gefühl hatten, von ihrer Bank oder ihrem Finanzvermittler falsch beraten worden zu sein – etwa weil eine angeblich sichere Anlage plötzlich Verluste machte –, maximal drei Jahre nach dem Beratungsgespräch Zeit, um juristische Schritte einzuleiten. Danach war die Sache verjährt. Die Karlsruher Richter haben mit ihrem Spruch diese Praxis geändert (Az. XI ZR 44/06). Dem Urteil zufolge beginnt diese Verjährungsfrist nunmehr erst mit Anspruchsentstehung und der Kenntnis des Geschädigten, also erst dann, wenn das Investment tatsächlich rote Zahlen schreibt.

In einem zweiten Urteil kurz danach hat der BGH einem Käufer von Investmentfonds Recht gegeben. Danach muss der Berater, der den Kauf vermittelt, gegenüber seinem Kunden sämtliche Provisionen, die er von der Fondsgesellschaft bekommt, ausdrücklich nennen und auflisten (Az. XI ZR 56/05) – so wie es mittlerweile auch die EU-Finanzrichtlinie verlangt.

Außerdem haben Kunden danach Anrecht auf eine klare Auflistung sämtlicher Kosten, die mit einer Geldanlage verbunden sind, und sie haben Anspruch darauf, dass zum Beispiel die Bank Wertpapiertransaktionen immer zum jeweils günstigsten Marktpreis abwickelt.

ALTERNATIVE FÜR DEN KLEINEN GELDBEUTEL: FONDSSPARPLÄNE

Wer mit dem Fondssparen anfangen will, benötigt also kein großes Anfangskapital. Bei vielen Investmentfonds beträgt die Mindestanlage nur 50 Euro, wenn der Sparer Monat für Monat Geld im Rahmen eines Sparplans anlegt. Bei Einmalanlagen werden höhere Mindestsummen, in der Regel 200 Euro oder mehr, vorausgesetzt. Manche Fondsgesellschaften haben einzelne Produkte ihrer Angebotspalette zudem nur für vermögende Kunden vorgesehen. Diese Fonds werden entsprechend den gesetzlichen Anforderungen zwar grundsätzlich an jedermann verkauft; Mindestanlagesummen in sechs- oder gar siebenstelliger Höhe sorgen jedoch dafür, dass der Kundenkreis, der dafür infrage kommt, „exklusiv" bleibt.

Flexibilität ist Trumpf

Dennoch: Für ein systematisch zusammengestelltes Fondsdepot, das sich in der Grundform bereits mit zwei verschiedenen Fonds zusammenstellen lässt (siehe Seite 150 ff.), sind aufgrund der niedrigen Mindestanlagesummen selten mehr als 1 000 Euro notwendig. Selbst Sparer, die nicht so viel Geld zur Verfügung haben, können diesen Betrag in überschaubarer Zeit zum Beispiel auf einem Sparkonto oder Tages-

INFO

Die Preise von Fondsanteilen sind flexibel

Ein Blick ins Internet oder den Kursteil einer Tageszeitung zeigt, dass Fondsanteile fast durchweg „krumme" Preise haben, die zudem teilweise über den genannten Mindestanlagebeträgen liegen. Fondssparer, die ihre Anteile direkt bei der Fondsgesellschaft oder etwa über eine Fondsbank kaufen und dort verwahren lassen (siehe Seite 50 ff.), brauchen sich in vielen Fällen jedoch daran nicht zu stören. Denn anders als bei Aktien und Anleihen sind sie nicht gezwungen, nur „ganze" Anteile eines Fonds zu ordern. Fast alle Fondsgesellschaften verkaufen ihre Fonds auch in Bruchteilen, sodass sich jeder beliebige Betrag problemlos anlegen lässt.

Beispiel: Ein Anleger will 500 Euro in einen Fonds anlegen. Dessen Anteile kosten 127,87 Euro. In diesem Fall bekommt der Sparer für sein Geld rund 3,91 Anteile (500 : 127,87 = 3,91), wobei die Anteilsberechnung in der Regel bis auf die vierte Stelle hinter dem Komma genau vorgenommen wird, also 3,9102. Anders sieht die Situation aus, wenn der Anleger einen Fonds über die Börse kauft (siehe Seite 53 ff.). Dann muss er den Auftrag wie bei Aktien auch über ganze Stücke erteilen. Im genannten Beispiel kann der Anleger also via Börse für sein Geld höchstens drei Anteile kaufen; oder er erteilt einen Auftrag über vier Stück, muss dann aber seinen Anlagebetrag um 11,48 Euro aufstocken (4 x 127,87 = 511,48).

Auch wenn der Anleger seine Anteile direkt bei der Fondsgesellschaft kauft, aber im Depot bei seiner Hausbank verwahren lässt, sind Bruchteil-Orders selten möglich, da die meisten Geldhäuser den damit verbundenen Aufwand scheuen. Zu einem (kleinen) Problem kann das für den Sparer werden, wenn er den Bestand eines Fondsdepots auf sein Bankdepot übertragen lässt. Es werden dann nur die ganzen Stücke transferiert. Den Bruchteilsbestand verkauft die Fondsgesellschaft und überweist den Erlös an den Anleger.

TIPP

Informationen für regelmäßige Fondssparer

Eine mögliche Anlaufadresse im Internet für Fondssparplananleger ist die Homepage des Bundesverbands Investment und Asset Management (BVI): www.bvi.de. Unter dem Menüpunkt „Statistikwelt" und dann „Sparpläne" veröffentlicht der Fondsverband Zahlen darüber, was einzelne Fonds bei einer monatlichen Einzahlung von 100 Euro am Ende abgeworfen haben.
Diese Daten sollten allerdings nur zur Orientierung dienen, denn nicht alle Investmentgesellschaften sind Mitglied im BVI. In den Statistiken fehlen vor allem die Fondsangebote einiger großer und mitunter sehr profitabler Anbieter.

geldkonto ansparen und dann umschichten. Doch in solchen Fällen ist zu überlegen, ob ein Sparplan oder mehrere Sparpläne auf verschiedene Fonds nicht von Anfang an die bessere Alternative sind. Denn die Qualitätsunterschiede einzelner Fonds in Sachen Rendite sowie Wertschwankung sind zum Teil enorm (siehe Seite 124 ff.).

Ein Fondssparplan bietet dem Anleger fast unbegrenzte Flexibilität. So muss er, anders als etwa bei vergleichbaren Banksparplänen, weder Kündigungsfristen einhalten noch eine feste Laufzeit bei Vertragsabschluss vereinbaren. Er zahlt einfach so lange ein, wie er möchte. Darüber hinaus kann er auch problemlos größere Beträge zusätzlich zu den monatlichen Raten als Einmalzahlung anlegen. Über Bonuszinsen – typisch bei Bankangeboten – braucht er sich dabei ebenso wenig Gedanken zu machen wie über die Frage, was passiert, wenn er mit der Sparrate aufgrund eines persönlichen finanziellen Engpasses einen oder gar mehrere Monate aussetzen muss oder den Betrag zumindest reduzieren möchte. Den Anlagerhythmus können Fondssparer in bestimmten Grenzen ebenso frei bestimmen und ändern wie den Anlagebetrag. Lediglich die Mindestsumme müssen sie stets einhalten.

Über das Fondsguthaben, das über die Jahre hinweg zusammenkommt, kann der Sparer beliebig verfügen. Das heißt, er kann es entweder ganz oder in Teilbeträgen abheben oder er lässt das gesamte Kapital zunächst stehen, bis er es benötigt. In dieser Zeit wird es weiter angelegt und verzinst.

WO KANN ICH FONDS KAUFEN?

Einen Fonds zu kaufen ist ganz einfach – jedenfalls, wenn es kein bestimmter sein soll, denn dann haben Anleger gleich mehrere Kaufquellen zur Auswahl. Diese haben wiederum bestimmte Vor- und Nachteile. Welche sich davon am besten eignen, hängt von unterschiedlichen Faktoren ab: Wie groß soll das Spektrum der Fonds sein, aus dem Anleger auswählen möchten? Ist die Möglichkeit einer persönlichen Beratung gewünscht? Und nicht zuletzt, welchen Stellenwert räumen die Anleger den Kosten ein, die bei den einzelnen Kaufquellen in Rechnung gestellt werden.

Banken und Sparkassen

Die meisten Anleger, die Fondsanteile erwerben wollen, tun dies über ihre Hausbank. Weit über die Hälfte aller Fonds werden auf diesem Wege verkauft. Der Vorteil für den Sparer: Er muss nicht seine Bankverbindung wechseln oder eine zweite eröffnen. Zudem bekommt er eine persönliche Beratung bei der Auswahl eines Fonds. Der Schwachpunkt der Geldhäuser vor Ort ist, dass die Berater von sich aus in vielen Fällen nur instituts- oder gruppeneigene Fonds anbieten und sich oft – wenn überhaupt – nur zu diesen Fonds auskennen. Jedes große Kreditinstitut beziehungsweise jede Bankengruppe besitzt eine eigene Fondsgesellschaft, darüber hinaus sind in den vergangenen Jahren einige Gesellschaften verkauft oder fusioniert worden und so unter dem Dach eines neuen Finanzkonzerns gelandet. Die größte deutsche Fondsgesellschaft, die DWS, gehört allerdings schon seit Jahrzehnten zur Deutschen Bank, die Cominvest, frühere Commerzbank-Tochter, ist mittlerweile in das Eigentum der Allianz-Versicherung übergegangen, die Deka-Bank steht für den Sparkassensektor und die Union-Investment ist den Genossenschaftsbanken zuzurechnen.

HAUSEIGENE ANGEBOTE: DAS BESTE VOM BESTEN?

Das Problem für den Anleger: Nicht jedes hauseigene Angebot ist das Beste innerhalb einer Fondsgruppe. Vergleichsweise verlockend klingt da das Angebot einiger Banken und Fondsvermittler, die das sogenannte Best-choice-Prinzip (= das beste Angebot ermitteln beziehungsweise wählen) verfolgen. Das heißt, der Berater sucht institutsübergreifend aus einer großen Menge von Fonds die qualitativ (siehe Seite 124 ff.) besten heraus, die zu dem jeweiligen Kunden passen. Inwieweit dieser Anspruch in jedem Fall eingelöst wird, sei dahingestellt. Aber es ist zumindest ein Ansatz, der zu mehr Transparenz, Qualitätswettbewerb und Anlegerorientierung beim Fondskauf über eine Bank oder Sparkasse führt. Schönheitsfehler: Die Zahl der Banken, die sich dieses Geschäftsprinzip auf die Fahnen geschrieben haben, lässt sich weiterhin an ein paar Fingern

abzählen. Im Einzelfall bleibt dem Anleger nichts anderes übrig, als in der Erstberatung offen danach zu fragen, nach welchen Kriterien und aus welcher Gesamtmenge der Berater die empfohlenen Fonds auswählt?

Wer bei einer Filialbank einen institutsfremden Fonds kauft, muss damit rechnen, dass er dabei ordentlich zur Kasse gebeten werden kann. Denn zu dem üblichen Ausgabeaufschlag (siehe Seite 13) werden für Fremdfonds meistens höhere Gebühren für die Verwahrung auf dem Depotkonto in Rechnung gestellt. Auch sonst schneiden die Filialbanken in puncto Kosten schlechter ab, denn über den Ausgabeaufschlag können Anleger mit dem Bankberater in der Regel nur bei hauseigenen Fonds verhandeln. Offiziell zumindest räumen die Filialbanken im Gegensatz zu anderen Kaufquellen nur selten einen Nachlass bei diesem Kostenposten ein. Ein Versuch ist aber stets lohnend.

Direktbanken und Discountbroker

Für Anleger, die ihre Fonds möglichst kostengünstig kaufen möchten, können Direktbanken und Discountbroker eine überlegenswerte Alternative sein. Diese Institute

INFO **Bestellnummer für Investmentfonds**

Damit es im Fondshandel nicht zu kostspieligen Verwechselungen oder Missverständnissen kommt, erhält jeder Fonds eine zwölfstellige Kennnummer, die Isin (International Securities Identification Number). Obwohl die Isin die bis dahin gebräuchliche Wertpapierkennnummer (WKN) bereits im Jahr 2003 abgelöst hat, verwenden manche Institute immer noch die WKN.

verzichten auf ein teures Netz von Geschäftsstellen und sind vorzugsweise per Telefon und vor allem über das Internet zu erreichen. Was diese Institute besonders für Fondskäufer interessant macht, ist die Tatsache, dass sie bei den meisten Anbietern aus einem breiten, institutsübergreifenden Angebot auswählen können. Der Clou dabei ist jedoch, dass diese Geldhäuser für eine je nach Anbieter mehr oder weniger große Zahl von Fonds ganz offiziell Rabatte auf den Ausgabeaufschlag gewähren – meist sind es 50 Prozent, in Ausnahmefällen oder bei einem zeitlich befristeten Sonderangebot sind auch schon mal 100 Prozent drin. Und sie führen das Wertpapierdepot zu wesentlich günstigeren Konditionen als die Filialbanken, bei einzelnen Anbietern ist es sogar kostenfrei. Interessant ist dabei der Aspekt, dass der Anleger in dem Depot – ebenso wie bei den Filialbanken – auch andere Wertpapiere wie etwa Aktien oder Anleihen verwahren lassen kann.

Das große Manko der Discountbroker und Direktbanken ist indes: Sie bieten in den meisten Fällen keine persönliche Beratung an. Der Anleger muss sich weitgehend alleine zurechtfinden und selbst wissen, welche Fonds und gegebenenfalls andere Wertpapiere er kaufen will. Er ist aber dabei nicht auf sich allein gestellt. Empfehlungen und Orientierung bieten hier beispielsweise die Fondsanalysen der Stiftung Warentest, eine individuelle Beratung können allerdings auch diese Informationen nicht ersetzen.

Fondsgesellschaften

Direktbanken und Discountbroker sind nicht die Einzigen, die Fonds günstig verkaufen. Für Anleger, die langfristig planen und daran interessiert sind, nicht nur am Anfang preiswert einzusteigen, sondern ihr Geld zu einem späteren Zeitpunkt auch zu niedrigen Kosten in einen anderen Fondstyp umschichten zu können, gibt es eine Alternative: Den Kauf und die Verwahrung direkt bei der Fondsgesellschaft (siehe Seite 8).

Allerdings hat auch dieser Kaufweg einen Haken: Die Fondsgesellschaften bieten überwiegend nur Fonds aus dem eigenen Programm an und leisten, ebenso wie die Direktbanken, keinerlei Beratung. Interessierte Anleger müssen, wie beim „Fabrikverkauf" üblich, auf eigene Faust das Angebot durchforsten. Der große Pluspunkt ist allerdings, dass die Kunden meistens günstige Konditionen beim sogenannten „Switchen" bekommen. Das heißt, wenn sie zu einem anderen Fonds innerhalb des Hauses wechseln, zahlen sie nur einen reduzierten oder mitunter gar keinen Ausgabeaufschlag (siehe Seite 13).

Banken, Sparkassen und Discounter behandeln dagegen jede Umschichtung wie eine Neuanlage und berechnen demzufolge jedes Mal die vollen Kosten. Dafür bitten die Fondsanbieter ihre Privatkunden immer öfter für die Depotführung zur Kasse. Lange Zeit war dieser Service durchweg kostenlos, mittlerweile gibt es jedoch kaum noch eine Gesellschaft, die für die Verwahrung ihrer Anteile keinen Obolus verlangt.

Ein weiteres Ärgernis: Die Art und Weise, wie viele Fondsgesellschaften die Provision für die Depotkontoführung – meist zwischen 10 und 35 Euro pro Jahr – einkassieren. Die meisten Anbieter wählen einen für den Kunden einfachen Weg: Sie verkaufen Fondsanteile aus dem Depot, sodass mit dem Erlös die Kosten beglichen werden können. Diese Gebührenpraxis ist für den Anleger im Grunde sehr teuer. Denn dadurch mindert sich sein Kapitalstock und damit der Zinseszinseffekt. Füllt der Anleger den Bestand wieder auf, fallen schließlich erneut Kaufkosten an. Einziger Trost: Bei geringen Depotkosten ist dieser Effekt in der Endabrechnung zu vernachlässigen.

Geregelt ist diese Kostendeckung durch Anteilsausbuchung, wie es im Kleingedruckten der Allgemeinen Geschäftsbedingungen (AGB) heißt. Dort gibt es auch allgemeine Regeln für den Fall, dass der Fondssparer mehrere Fonds in seinem Depot hat und die Frage geklärt werden muss, mit welchem dieser Fonds die Depotkosten anteilig beglichen werden sollen.

Fondsvermittler

„Ich kann auf Beratung verzichten und möchte dafür fast jeden Fonds zum unschlagbar günstigen Preis kaufen" – Anleger, die diese Strategie verfolgen, sollten überlegen, Kunde bei einem Fondsvermittler zu werden. Wer die Dienste von Fondsvermittlern, auch Fondsshops genannt, in Anspruch nimmt, bekommt nicht selten den vollen Rabatt auf den Ausgabeaufschlag. „Ist denn der Einkauf dort überhaupt sicher?", mag sich der eine oder andere misstrauische Anleger fragen. Die Sorge scheint auf den ersten Blick angebracht. Die Vermittler haben häufig nicht mehr als eine Büroadresse und dazu ihre Internetpräsenz (Internet-Adressen seriöser Vermittler siehe Seite 180 ff.). Dennoch arbeiten die meisten Fondsvermittler seriös, nur läuft der Kauf dort etwas anders ab als beispielsweise bei der Hausbank.

So arbeiten die Fondsvermittler

Die Vermittler arbeiten mit Banken zusammen, die sich ausschließlich auf das Geschäft mit Fonds spezialisiert haben. Dabei gibt es eine klare Aufgabenteilung: Der Vermittler stellt den Kundenkontakt her und die Bank verbucht die Fondsanteile auf ein Depot des Anlegers. Mitunter wickelt der Vermittler aber das Geschäft direkt über die jeweilige Fondsgesellschaft ab, und die Anteile werden dort verwahrt. In beiden Fällen kann der Anleger meist nur Fonds über das jeweilige Depot ordern, nicht aber andere Wertpapiere.

Bei deutschen Fondsgesellschaften, die in der Regel über ein breites Filialnetz des Mutterkonzerns ihre Fonds vertreiben wollen, sind Fondsshops nicht gerade beliebt. Wenn überhaupt, dann gestatten sie ihnen offiziell einen Preisnachlass von 50 Prozent auf den Ausgabeaufschlag.

Dem Vermittler bleibt es überlassen, seinen (verbleibenden) Anteil an der Vertriebsprovision an den Kunden weiterzugeben. Den konkreten Rabatt kann der

Anleger auf gezielte Nachfrage herausfinden.

Um alle Formalitäten wie Depoteröffnung und Kaufauftrag kümmert sich der Vermittler. Ist dann das Depot eröffnet, tritt er in den Hintergrund. Direkter Vertragspartner des Anlegers ist die Fondsbank oder die Fondsgesellschaft. Der Vermittler bekommt dadurch im Normalfall keinen Zugriff auf das Geld seiner Kunden, denn diese wickeln alle Zahlungen direkt mit der depotführenden Stelle ab. Bedenken wegen der Seriosität sind nur angebracht, wenn der Betreiber des Fondsshops Überweisungen auf sein eigenes Konto verlangt. Bei der Fondsbank liegt das Geld sicher. Die Überweisung landet auf einem Treuhandkonto, bis der Gegenwert des Kaufauftrages abgebucht wird. Die im Gegenzug erworbenen Fondsanteile gehören dem Anleger. Sollte die Fondsbank Konkurs anmelden, hat der Insolvenzverwalter weder Zugriff auf das Treuhandkonto noch auf das Fondsdepot.

Zusätzlich bei den Depotkosten sparen

Beim Vermittler können Anleger nicht nur beim Ausgabeaufschlag sparen. Einige der Verkaufsspezialisten erstatten ab einem bestimmten Depotwert am Jahresende ihren Kunden sogar die Kosten, die die Bank oder die Fondsgesellschaft für das Depot verlangt.

Keine Provisionen, keine Gebühren, dazu Kostenerstattung – woran verdienen die Vermittler überhaupt, wird sich manch einer fragen. Zum einen an der „Bestandsprovision" – einer Art Treuegebühr, die ihnen die Fondsgesellschaft zahlt. Sehr viel springt dabei für den Vermittler allerdings nicht raus. Richtig lukrativ ist für ihn der provisionsträchtige Verkauf von geschlossenen Fonds (siehe Seite 91) und Versicherungsverträgen. Die Rabatte auf offene Fonds sind da oftmals nicht mehr als ein Werbemittel, um Kunden in diese Anlagen zu locken. Wer über einen Vermittler kauft, muss sich also darauf einstellen, dass er später des Öfteren Anrufe und E-Mails von ihm erhält. Das kann nervig sein, aber wer standhaft bleibt, kann beim Fondskauf richtig sparen. Eine ausführliche Beratung in Sachen Fonds bieten viele Vermittler nicht.

Es gibt jedoch Ausnahmen. Einige verstehen sich als Vermögensmanager ihrer Kunden. Sie erklären auf Wunsch nicht nur ausführlich die ausgewählten Fonds, sondern überwachen auch hinterher das Depot in regelmäßigen Abständen und informieren den Kunden, wenn sich eine Umschichtung anbietet – oftmals mit dem nicht ganz uneigennützigen Hintergedanken, dann auch andere, provisionsträchtigere Anlageformen verkaufen zu können.

Fondshandel über die Börse

Neben den „normalen" Orderwegen können Anleger inzwischen Tausende von Fonds wie Aktien über eine deutsche Börse ordern. Das gilt nicht nur für die börsengehandelten Indexfonds, die ETFs (siehe Seite 70), sondern auch für viele herkömmlichen Fonds. Die an der Börse notierten Fonds werden während des ganzen Tages fortlaufend gehandelt. Das ist ein Unterschied zum Kauf und Verkauf über die Fondsgesellschaft, die nur einmal am Tag einen Kurs feststellt (siehe Seite 50). An der Börse hingegen kann der Anleger am selben Tag kaufen und wieder verkaufen. Das heißt, im Extremfall kann er mit Fonds wie mit Aktien kurzfristig spekulieren – was sich aber allein schon wegen der Kosten selten lohnen dürfte. Dafür kann der Anleger bei seinen Börsenorders eine Preisober- oder -untergrenze festlegen, bis zu der er bereit ist zu kaufen oder zu verkaufen, in der Fachsprache auch Limit genannt.

Und er kann per Internet die aktuellen Kurse abfragen, sodass er schon vor Erteilung seines Auftrags in etwa absehen kann, was er pro Anteil zahlen muss. Beim Kauf über die Fondsgesellschaft erfährt er das erst nachträglich, wenn er die Kaufabrechnung bekommt.

Pluspunkt: die niedrigen Kosten

Für den Anleger kann sich der Weg an die Börse aber aus einem viel wichtigeren Grund lohnen: Der Kauf dort ist billiger als bei anderen, traditionellen Kaufquellen, allerdings nicht so günstig wie bei einem Fondsvermittler. An der Börse kann der Anleger zwar nicht selbst tätig werden. Er ist auf die Dienste einer Bank angewiesen, die den Kauf und gegebenenfalls den Verkauf abwickelt. Dafür verlangt das Geldhaus wie bei jedem Wertpapierhandel eine Provision von ihren Kunden – meist ist das 1 Prozent vom Auftragswert, dazu kommen (geringe) Makler- und Börsengebühren.

HANDELSWEGE STRATEGISCH NUTZEN

Direktbanken und Discountbroker sind auch beim Kauf an der Börse eine Alternative zu den Filialbanken. Sie wickeln eine Order oft um die Hälfte günstiger ab. In beiden Fällen muss der Anleger allerdings mit bestimmten Mindestkosten kalkulieren (siehe Seite 9). Beim Börsenkauf sind im Gegensatz zum Kauf über die Fondsgesellschaft zwar keine Mindestanlagesummen zu beachten. Aber dieser Vorteil verliert durch die Gebühren erheblich an Gewicht. Denn auch für den Kauf über die Börse sollte der Anleger etwa 1000 Euro mitbringen. Sonst schlagen die Bankgebühren als Fixkosten so stark zu Buche (siehe Seite 53), dass sämtliche Kostenvorteile aufgezehrt werden.

Beim Verkauf Kosten sparen

Wer später seine Anteile wieder über die Börse verkaufen will, zahlt sämtliche Gebühren und Provisionen ein zweites Mal. Doch in dem Fall gibt es einen Kniff: Der Fondssparer kann zwar günstig über die Börse kaufen, muss aber nicht wieder dort verkaufen. Er kann stattdessen seine Anteile auch direkt an die Fondsgesellschaft zurückgeben – und zahlt dafür keinen Cent.

Wer die Wahl hat, hat die Qual

An der Börse lauert allerdings noch ein weiterer Kostenposten: der Spread. So heißt die Differenz zwischen dem Verkaufskurs des Börsenhändlers und dem Kurs, zu dem er Anteile gleichzeitig zurückkauft. In der Fachsprache heißt der Verkaufskurs Briefkurs, der Kaufkurs wird Geldkurs genannt.

Die Tücke besteht darin, dass der Spread keine feste Größe ist. Er unterscheidet sich je nach Fonds, Handelssituation und Börsenplatz. Denn Fonds werden nicht nur an der Deutschen Börse in Frankfurt gehandelt, sondern auch an den kleineren Regionalbörsen etwa in Stuttgart und Berlin. Diese kleinen Regionalbörsen bieten zum Teil eine größere Auswahl und mehr Service als die deutsche Leitbörse. So können Anleger zum Beispiel über die Homepages einiger Börsen (Adressen ab Seite 180) nicht nur die aktuellen Kurse, sondern auch den Spread für einen Fonds abfragen. Einschließlich der Bankprovisionen lässt sich dann genau ausrechnen, ob der Kauf über die Börse oder – zu einem reduzierten Ausgabeaufschlag – über einen Fondsvermittler günstiger ist. Als Faustregel gilt: Bei Fonds, die sich mit einem Rabatt von mehr als 75 Prozent über einen Vermittler oder eine Direktbank kaufen lassen sowie bei Geldmarktfonds und No-Load-Fonds (siehe Seite 15) lohnt eine Börsenorder nicht.

Doch wie so oft kommt es auf den Einzelfall an. Der Weg an die Börse bietet dem Anleger schließlich auch die Möglichkeit, die Beratung (siehe Seite 39 ff.) durch den Mitarbeiter einer Filialbank in Anspruch zu nehmen, dann aber günstig am Kapitalmarkt zu ordern, anstatt das teure Hausprodukt zu kaufen. Dies ist nur dann nicht möglich, wenn der Fonds (noch) nicht an der Börse gehandelt wird.

Welchen Handelsweg wählen?

Welcher der beschriebenen Vertriebswege – Filialbank, Direktbank, Fondsgesellschaft, Fondsvermittler, Börse – in welcher Situation und für wen der geeignete ist, hängt vor allem vom individuellen Beratungsbedarf des Anlegers und seiner Erfahrung ab. Wer zum ersten Mal einen Fonds kauft und keine genauen Vorstellungen davon hat, welcher Fondstyp zum eigenen Anlageziel passt, der ist bei seiner Hausbank wahrscheinlich zunächst am besten aufgehoben, sollte die Ratschläge des Bankberaters aber nicht völlig unkritisch befolgen, denn die Beratungsqualität ist häufig nicht optimal (siehe Seite 41 ff.).

Direktbanken und Fondsvermittler sind in puncto Kaufkosten eine günstigere Alternative, doch bieten nur wenige eine persönliche Beratung an, was nicht jedermanns Sache ist.

Der Einstig in die Fondswelt mit einem Depot bei der Bank um die Ecke hat außerdem den Charme, dass derjenige, der nach einiger Zeit etwas Erfahrung in Sachen Fondsanlage gesammelt hat und seine Fonds mit diesem „Einsteigerpaket" selbst aussucht, dann über die Börse ordern kann. So lassen sich die Kosten deutlich drücken,

TIPP

Darauf sollten Sie beim Fondskauf achten

- Geben Sie sich nicht mit dem erstbesten Angebot zufrieden, sondern informieren Sie sich bei verschiedenen Anbietern nach den Kaufkonditionen, wenn Sie sich für einen bestimmten Fonds entschieden haben.
- Wichtiger als Rabatte beim Kauf ist immer die Qualität des Fonds. Wichtige Hinweise zu diesem Thema finden Sie ab Seite 124 ff.).
- Fragen Sie beim Kauf über Vermittler stets nach den aktuellen Rabatten beim Ausgabeaufschlag und den Depotkosten. Denken Sie daran, dass der Rabatt verhandelbar ist – auch bei Ihrer Hausbank. Falls Sie eine Beratung vom Vermittler wollen, sollten Sie auch die Kosten dafür vorab klären. Seriöse Anbieter weisen von sich aus darauf hin.
- Wenn Sie sich für den Kauf beim Fondsvermittler entscheiden, hüten Sie sich davor, auf deren teilweise aggressive Werbung für andere Produkte wie geschlossene Immobilienfonds einzugehen.
- Vorsicht, wenn Zahlungen direkt an den Vermittler geleistet werden sollen. Seriöse Vermittler (Surftipps siehe Seite 180 ff.) bahnen nur den Abschluss bei der Fondsgesellschaft oder der Fondsbank an. Auch wenn eine Vollmacht für das bei der Gesellschaft eröffnete Investmentkonto verlangt wird, sollten Sie einen Rückzieher machen.
- Der Kauf über die Börse lohnt erst ab höheren Beträgen und nur, wenn es den Fonds bei einer anderen Kaufquelle nicht ohne vollen Rabatt auf den Ausgabeaufschlag gibt.

ohne dass die Bankverbindung gewechselt werden muss – wobei diese Alternative zusätzlich noch offensteht.

Ein Depot und der Kauf direkt bei der Fondsgesellschaft ist vor allem für Anleger interessant, die ihre gesamten Fonds von einem Anbieter kaufen wollen, weil sie für spätere Umschichtungen keine oder nur sehr geringe Ausgabeaufschläge zahlen wollen. Wer genau weiß, in welche Fonds er anlegen will, zum Beispiel, weil er sich in den laufend aktualisierten Untersuchungen von Finanztest kundig gemacht hat (siehe Seite 128 ff.), sollte entweder über die Börse ordern oder zu einem Fondsvermittler gehen. Dort sind Fonds sehr häufig am billigsten zu bekommen.

Schnäppchenangebote sowie Rabatte bieten auch Direktbanken und Discountbroker an. Sie sind eine gute Wahl, wenn der Anleger neben Fonds noch Aktien und Anleihen günstig kaufen will. Diese kann

VIER WEGE ZUM FONDS

Anleger können zwischen mehreren Bezugsquellen für den Fondskauf wählen. Dieser kleine Einkaufsführer stellt die gängigsten vor.

	Gibt es Rabatte auf den Ausgabeaufschlag?	Wie hoch sind die jährlichen Depotverwaltungskosten?	Wie sind die Konditionen beim Umschichten?
Banken und Sparkassen	Gelegentlich auf Nachfrage. Börsenkauf prüfen.	Mittel bis hoch, meist abhängig vom Depotwert.	Meist voller Ausgabeaufschlag.
Direktbanken/ Discountbroker	Meist ja, bei Einmalanlagen häufiger. Börsenkauf prüfen.	Günstig bis mittel: zwischen 0 und 35 Euro	Häufig Rabatte auf den Ausgabeaufschlag
Fondsgesellschaften	Sehr selten.	Oft keine. Sonst bis 35 Euro, selten mehr.	Meist günstig, weil kein neuer Ausgabeaufschlag anfällt.
Fondsvermittler in Zusammenarbeit mit Fondsbanken	Meist ja, häufig bis zu 100 Prozent, auch auf viele Sparpläne.	Günstig bis mittel: meist zwischen 12 und 40 Euro.	Meist günstiger, da häufig hohe Rabatte auf den Ausgabeaufschlag.

Quelle: Finanztest Spezial: Geldanlage mit investmentfonds

er ebenfalls dort verwahren lassen. Bei einem Fondsvermittler geht das nicht. Selbstverständlich gibt es auch die Möglichkeit, zweigleisig zu fahren: Fondskauf beim Vermittler und Aktien sowie Anleihen über eine Direktbank ordern. Zwei Bankverbindungen beziehungsweise Depots bedeuten aber auch doppelte Verwaltungsarbeit – beispielsweise bei den Freistellungsaufträgen (siehe Seite 137).

	Ist das Depot offen für andere Wertpapiere?	**Wie funktioniert der Fondskauf?**	**Geeignet für Anleger, ...**
	Ja	Meist persönlich. Geldtransfer meist über Lastschrift vom Girokonto.	... die persönliche Beratung wollen und ihre Fonds nicht online oder per Telefon kaufen möchten.
	Ja	Per Telefon, Fax oder online. Es gibt ein Abrechnungskonto, von dem Geld abgebucht wird.	... die nicht auf Beratung angewiesen sind und auch andere Wertpapiere im Depot haben wollen.
	Nein	Per Telefon, Fax oder online. Geldtransfer mit Lastschrift oder Überweisung vom Konto.	... die ihre Fonds häufig wechseln, aber bei einer Gesellschaft bleiben wollen. Sie sollten keine Beratung benötigen.
	Meist nein	Per Telefon, Fax oder online. Geldtransfer meist per Lastschrift vom Girokonto.	... die nicht auf Beratung angewiesen sind.

TYPKUNDE FÜR FONDSANLEGER

Fast jede Bank bietet heutzutage Fonds an – und kaum einer gleicht dabei dem anderen. Es gibt Dutzende von Anlagekonzepten und -strategien. Vorsortieren heißt deshalb die Devise. Denn wer weiß, wie einzelne Fonds funktionieren, wie sich Anlagestrategien unterscheiden lassen und deren Vor- und Nachteile kennt, kann viel besser abschätzen, welche Angebote zum eigenen Depot passen.

FONDS STRATEGISCH SORTIEREN

Bereits ein Blick in den Kursteil einer Tageszeitung zeigt, dass das Angebot an Fonds unüberschaubar groß ist. Aus weit über 10 000 verschiedenen Fonds können Anleger hierzulande wählen. Dazu gibt es Dutzende von Anlagekonzepten und -strategien. Fondseinsteiger können da schnell ins Grübeln geraten: „Welchen Fonds soll ich denn nun kaufen"?

Wie beim Vermögensaufbau insgesamt lautet auch hier die Devise: Mit System kommt der Anleger am schnellsten zum Ziel. Der erste Schritt besteht darin, das große Feld der Fondsangebote grob vorzusortieren. Dazu wird jeder Fonds entsprechend seinem Anlageschwerpunkt in einer bestimmten Fondsgruppe zugeordnet. Die beiden größten Fondsgruppen sind Aktienfonds und Rentenfonds. Aktienfonds legen ihr Geld, wie der Name bereits sagt, hauptsächlich in Aktien, also Unternehmensanteilen an. Bei Rentenfonds sind es Zinspapiere. Mischfonds, als dritte große Gruppe, sind nichts anderes als eine Kombination aus Aktien- und Rentenfonds. Damit ist eine Grobeinteilung abgeschlossen.

Innerhalb dieser drei Gruppen werden wiederum anhand bestimmter Kriterien weitere Unterteilungen vorgenommen, die auf den folgenden Seiten näher beschrieben werden.

TRAU, SCHAU, WEM! VORSICHT BEI EXOTEN

Zusätzlich gibt es eine Reihe weiterer Fondsgruppen mit zum Teil sehr speziellen Anlagekonzepten. Sie werden am Ende

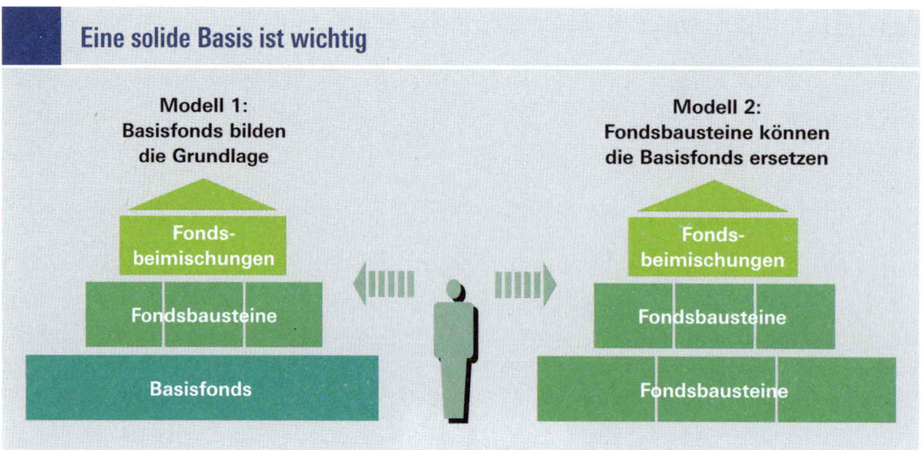

dieses Kapitels vorgestellt (siehe Seite 88). Oftmals handelt es sich dabei um hochspekulative Investments, die für sich allein genommen für den Vermögensaufbau völlig ungeeignet sind, andere wiederum kommen prinzipiell als Ergänzung infrage, wenn bereits ein größerer Kapitalstock angespart wurde.

Aus dieser Einteilung ergibt sich bereits ein sehr differenziertes Bild, mit dessen Hilfe der Anleger spezielle Chancen und Risiken eines Fonds abschätzen kann. Damit ist jedoch noch nicht die Frage beantwortet, wie sich Fonds miteinander sinnvoll kombinieren lassen, wie also aus Teilen ein Ganzes wird. Aufgrund des Anlageschwerpunktes und der daraus resultierenden Chancen und Risiken ergeben sich aber die Einsatzmöglichkeiten im Depot. Das Ganze lässt sich mit einer Art Pyramiden-Baukastensystem beschreiben, das die Stiftung Warentest entwickelt hat, damit Sparer eine Vorstellung davon bekommen, wie sie Fonds in ihrem Depot zusammenstellen können:

- Basisfonds sind Fonds, die eine durchdachte und damit gute Risikostreuung aufweisen. Bei Basisfonds muss der Anleger am wenigsten Erfahrung und am wenigsten Eigeninitiative mitbringen. Sie bilden sozusagen das Fundament in einem Fondsdepot.
- Fondsbausteine können die Basisfonds ersetzen, wenn sie sinnvoll kombiniert werden (siehe Grafik, Modell 2). Sie eignen sich aber auch für Anleger, die ihr Fondsdepot entsprechend ihrer Risikoneigung und ihren Anlagezielen individueller zusammenstellen wollen als nur mit Basisfonds (Modell 1).

- Fondsbeimischungen bilden sozusagen die Spitze der Pyramide beziehungsweise des Depots. Wegen des oftmals höheren Risikos, das diese Fonds besitzen, sind sie in erster Linie etwas für erfahrene Anleger, die in bestimmten Anlagesituationen eine gezielte Abrundung für ihr Depot suchen. Vorsicht ist aber auch hier geboten: Sie sollten dem Depot höchstens zu 10 Prozent beigemischt werden.

WIE FONDS IHR GELD ANLEGEN

Jeder Fonds hat also einen Anlageschwerpunkt. Damit bekommt der Fondsmanager eine Vorgabe, wie und wo er die Gelder des Fonds investieren darf – zum Beispiel, indem er ausschließlich Anleihen (siehe Seite 65 ff.) ins Depot nimmt. Zusätzliche Regeln können den Handlungsspielraum des Anlageprofis immer weiter einschränken. Etwa dadurch, dass er nur Zinspapiere kaufen darf, die auf Euro lauten oder von Staaten der Euro-Zone herausgegeben wurden. Dass die Fondsgesellschaft den Anlagekosmos ihres Managers und damit des Fonds einschränkt, ist durchaus im Interesse des Anlegers.

Das Anlageprofil eines Fonds kann auf diese Weise geschärft werden, was wiederum Chancen und Risiken beeinflusst und klarer definiert. Die folgenden Abschnitte zeigen, was dies im konkreten Fall für den Anleger bedeutet.

Aktienfonds

Aktienfonds bilden die größte Gruppe innerhalb des gesamten Fondsmarktes. Um den Grund für diese Tatsache besser verstehen zu können, lohnt es sich, einen kurzen Blick auf den Aktienhandel allgemein zu werfen. Aktien bieten große Gewinnchancen, bergen aber auch hohe Risiken – das wissen meist auch diejenigen Sparer, die sich ansonsten an der Börse nicht sonderlich gut auskennen.

Aber was ist das Besondere an Aktien?

Eine Aktie stellt einen Anteil am sogenannten Grundkapital, also dem Eigenkapital einer Aktiengesellschaft (AG) dar. Mit dem Kauf beteiligt sich der Anleger an einem Unternehmen und nimmt fortan als Miteigentümer an der wirtschaftlichen Entwicklung „seiner" Gesellschaft teil, indem er am Gewinn, aber auch an einem etwaigen Verlust beteiligt ist. Denn beides hat mittelbar Auswirkungen auf Dividendenzahlungen und auf den Kursverlauf der Aktie an der Börse.

Vereinfacht lässt sich sagen: Erwarten die Investoren, dass die Geschäfte des Unternehmens prächtig laufen werden, steigen auch die Aktien im Wert. Umgekehrt geht der Kurs auf Talfahrt, wenn die Prognosen für Umsatz und Gewinn des Unternehmens zurückgehen.

Aktien sind nicht pflegeleicht

Die meisten Anleger kaufen Aktien, weil sie sich einen hohen Gewinn daraus versprechen. Der Ertrag eines Aktieninvestments wird von zwei Faktoren bestimmt: der Dividende und dem (erhofften) Kursgewinn.

Als Dividende wird die jährlich stattfindende Ausschüttung des Gewinns an die Aktionäre bezeichnet. Die Höhe der Dividende schlägt die Verwaltung des Unternehmens den Aktionären vor, die darüber auf der Hauptversammlung, ihrem jährlichen Treffen, abstimmen. Es versteht sich von selbst, dass die Frage, ob und in welcher Höhe eine Dividende gezahlt wird, in erster Linie von der Ertragslage des Unternehmens abhängig ist. Schreibt die Firma rote Zahlen, kann die Dividendenzahlung sogar ausfallen.

Die zweite Ertragsquelle ist die Chance auf Kursgewinne. Der Kurs ist der Preis, zu dem eine Aktie erworben beziehungsweise verkauft werden kann. Er schwankt von Tag zu Tag und richtet sich in erster Linie nach Angebot und Nachfrage an der Börse. Im Kurswert spiegeln sich verschiedene Faktoren wider:

- der Vermögenswert des Unternehmens,
- seine Ertragskraft,
- die Erwartungen, die sich längerfristig mit dem Unternehmen und seinen Produkten verbinden,
- die erwarteten zukünftigen Dividendenzahlungen.

Dies zeigt, dass sich jeder Anleger bei diesen Einflussfaktoren auf die Kurse stets auf dem Laufenden halten muss, wenn er Kursgewinne erzielen möchte. Denn Aktien reagieren sehr sensibel auf jede neue Nachricht und jedes Ereignis im Weltgeschehen. Zudem ist der Aktienmarkt insgesamt empfänglich für Stimmungen und Emotionen.

Durch geschicktes Kaufen und Verkaufen zum richtigen Zeitpunkt lassen sich mit Aktien also durchaus hohe Gewinne erzielen, allerdings sind im umgekehrten

Fall auch die Verlustrisiken entsprechend groß. Aktien sind daher keine pflegeleichte Anlageform, sondern – wenn sie in Eigenregie, also ohne Hilfe eines Vermögensverwalters gekauft werden, etwas für sehr erfahrene Anleger, die das Geschehen an der Börse ständig verfolgen.

Aktienfonds sind auch für Einsteiger interessant

Dennoch brauchen auch Einsteiger, die mit ihren „Spargroschen" eine gute Rendite erzielen möchten, nicht völlig auf Aktienanlagen zu verzichten. Die Lösung: Sie kaufen keine einzelnen Aktien, sondern investieren in Aktienfonds. Auch Anleger, die nicht über profundes Börsenwissen verfügen oder sich nicht ständig mit ihren Papieren beschäftigen möchten, können so an den Gewinnchancen der Aktienmärkte teilhaben.

Aktienfonds ganz außen vor zu lassen, wäre außerdem auch aus strategischen Gesichtspunkten nicht besonders klug. Schließlich kann kein anderer Fondstyp der Gruppe der Aktienfonds in Sachen Renditechancen auf lange Sicht das Wasser reichen. Der gute Ruf dieser Fondsgattung hat jedoch nach einem Jahrzehnt mit insgesamt zwei ausgeprägten Börsenkrisen ernsthaften Schaden gekommen. Nimmt man das Jahresende 2009 als Stichzeitpunkt, konnten rückblickend betrachtet viele Aktienfonds nur noch auf einen Anlagezeitraum von 25 oder gar 30 Jahren ihren Renditevorsprung gegenüber Zinsanlagen verteidigen. Für kürzere Anlagezeiträume sieht das Bild dagegen düster aus, mitunter mussten die Anleger sogar herbe Verluste verkraften. Doch für schlechte Börsenzeiten gilt gottlob das Gleiche wie für gute: Kein Trend währt ewig. Die Wahrscheinlichkeit, dass auch die zukünftigen zehn oder zwanzig Börsenjahre ähnlich turbulent und unzufrieden für die Anleger verlaufen, ist vergleichsweise gering. Dann können Fonds wieder besser ihre Stärken ausspielen, denn die Aktienbörsen gelten als ihre eigentliche Domäne, weil sie die Möglichkeit bieten, mit einer Vielzahl von Strategien und Konzepten zum Erfolg zu kommen.

Aktienfonds legen ihr Geld in den verschiedensten Märkten und unterschiedlichsten Branchen rund um den Globus an (siehe nachfolgender Abschnitt). Durch den Kauf von 50, 100 oder noch mehr verschiedenen Titeln aus verschiedenen Währungsräumen stellt der Manager ein Depot zusammen, dessen Mischung eine gute Balance von Sicherheit und Risikofreude verspricht. Der Effekt dieser gezielten Streuung auf viele Anlageformen, Titel, Märkte und Währungen wird in der Fachsprache Diversifikation genannt. Ziel ist eine Vermögensstruktur, bei der im Idealfall die Risiken, also die Kursschwankungen, der einzelnen Positionen untereinander ausgeglichen werden. Geht das Konzept auf, schwankt der Wert des Fondsdepots, und damit des einzelnen Fondsanteils, weit weniger als die jeweiligen Kurse der im Fonds enthaltenen Aktien, ohne dass der Anleger deswegen

Abstriche bei der Rendite in Kauf nehmen muss.

Die Rendite von Aktienfonds

Das Anlageergebnis eines Aktienfonds ist in erster Linie davon abhängig, wie sich die jeweiligen Aktienbörsen, in die der Fonds investiert, entwickeln. Da die Kurse von Aktien von einem auf den anderen Tag mehr oder weniger stark schwanken, fallen auch die Anlageergebnisse dementsprechend „unregelmäßig" aus. Nimmt man einmal das Kalenderjahr als Maßstab, sind zweistellige prozentuale Kursgewinne in

INFO

Ärgerlicher Abschied

Die Finanzkrise hat zu einem regelrechten Massensterben vor allem unter den Aktienfonds gesorgt. Nach Angaben des Fondsdatenanbieters Morningstar wurden in Europa allein im Jahr 2009 mehr als 2000 Fonds aufgelöst oder mit einem anderen verschmolzen Der Grund: Nach den Kurseinbrüchen an den Weltbörsen in den vergangenen Jahren ist das Millionenvermögen vieler Fonds rasant geschmolzen. Dazu haben viele Anleger ihre Anteile zurückgegeben beziehungsweise verkauft und ihr Geld in andere Anlageformen investiert. Folge: So mancher Fondsmanager, der ehemals Millionen verwaltete, ist plötzlich nur noch Herr über ein paar hunderttausend Euro.

Eine solche Fondsgröße lohnt sich weder für die Fondsgesellschaft noch für den Anleger, denn die fixen Verwaltungskosten, etwa für das Drucken der Prospekte und Rechenschaftsberichte, schlagen in diesem Fall überproportional zu Buche und drücken die Rendite empfindlich. Zudem kann der Verwalter das Depot oftmals nicht mehr so breit streuen, wie es notwendig ist. Grundsätzlich werden die meisten Fonds ohne feste Laufzeit aufgelegt, dennoch gibt es für den Anbieter eine Art Notbremse. Das Investmentgesetz sieht die Möglichkeit vor, den Fonds zu schließen und aufzulösen. Voraussetzung ist allerdings, dass die Gesellschaft dies gegenüber ihren Kunden rechtzeitig ankündigt. Bei Fonds, die vor dem 1. Januar 2004 aufgelegt wurden, mit einer Frist von 3 Monaten, für Fonds neueren Datums mit einem Vorlauf von 13 Monaten.

Trotz der langen Frist: Die meisten Anleger werden durch eine Auflösung überrascht. Sie müssen sich in kurzer Zeit Gedanken über eine Umschichtung oder andere Anlage für ihr Geld machen. Doch das hat auch sein Positives. Meist ist ein radikaler Schnitt eine gute Gelegenheit, im Fondsdepot aufzuräumen. Mit dem Tausch in neue Fonds mit anderem Anlageschwerpunkt oder einer anderen Strategie kann der

guten Zeiten keine Seltenheit. Darauf folgen allerdings nicht selten „Dürreperioden" mit mehr oder weniger ausgeprägten Verlusten. In dieser Zeitspanne schaffen es Fonds erfahrungsgemäß nur in Einzelfällen, ihren Anlegern gegen den allgemeinen Trend ein Plus zu bescheren.

Anleger eine – unter Umständen notwendige – Kurskorrektur in seinem Depot vollziehen. Welchen neuen Fonds dann wählen? Das hängt vom Einzelfall ab. Die Fondsgesellschaften sind verpflichtet, den kostenlosen Tausch in andere, hauseigene Fonds anzubieten. Der Anleger sollte dieses Angebot jedoch nicht vorschnell annehmen, sondern zunächst prüfen, welche Fonds zur Auswahl stehen und wie es um deren Qualität steht (siehe Seite 124). Eventuell ist es besser, ganz die Gesellschaft zu wechseln, auch wenn der Kauf bei einem anderen Anbieter Kosten verursacht. Zudem sollte der Anleger beim neuen Fonds einen Blick auf das Volumen werfen. Diese Information lässt sich im Normalfall im Internet auf der Homepage des Anbieters finden. Faustregel: Das Fondsvolumen sollte höher als 10 Millionen Euro liegen. Dann ist die Gefahr gering, dass dem Anleger das Schicksal einen Schließung ein paar Monate später noch einmal widerfährt.

Rentenfonds

Rentenfonds gelten als die Klassiker und gleichzeitig als sehr solides Fondsinvestment, denn die meisten Rentenfonds investieren die Kundengelder zu einem großen Teil in sichere Zinstitel. Dazu gehören zum Beispiel Staatsanleihen großer Industriestaaten, Pfandbriefe und Anleihen großer Unternehmen – kurzum: Herausgeber, deren Zahlungsfähigkeit erstklassig oder zumindest zweifelsfrei ist und deren Anleihen daher sehr sicher sind.

DAS BEISPIEL GRIECHENLAND MAHNT ZUR VORSICHT

Die drohende Zahlungsunfähigkeit Griechenlands im Frühjahr 2010 hat zwar gezeigt, dass auch vermeintlich solvente Staaten finanziell ins Schlingern geraten können. Dennoch sollte dabei nicht vergessen werden, dass auch Rentenfonds ihre Gelder auf unterschiedliche Herausgeber von Anleihen breit streuen. Kann einer oder gar mehrere davon den finanziellen Verpflichtungen nicht nachkommen, sodass Zinszahlungen ausfallen und womöglich die Anleihe am Ende der Laufzeit nicht zurückzahlt wird, ist der Schaden und damit das Verlustrisiko für den Anleger ähnlich wie bei einem Aktienfonds sehr gering.

Was sind Anleihen?

Vom Grundsatz her schließt der Anleger beim Kauf einer Anleihe genau das gleiche Geschäft ab wie bei einer Einzahlung auf sein Sparkonto: Er leiht dem Herausgeber der Anleihe, einer Bank, einem Industrie-

unternehmen oder einem Staat, Geld. Der Herausgeber, auch Emittent genannt, zahlt das geliehene Kapital zu einem bestimmten Zeitpunkt und mit einem festgelegten Zinssatz wieder zurück; deshalb wird diese Art des Wertpapiers auch festverzinsliches Wertpapier genannt. Üblich sind jedoch auch Bezeichnungen wie Schuldverschreibung, Obligation, der aus dem Angelsächsischen entliehene Begriff Bond und der Name Rentenpapier, kurz Rente.

Jede Anleihe besitzt eine Reihe charakteristischer Eigenschaften:

- Nennwert: Der Nennwert gibt den Geldbetrag an, der laufend verzinst und am Ende der Laufzeit nebst Zinsen zurückgezahlt wird. Zum Nennwert untrennbar dazu gehört auch die Währung, zum Beispiel 1000 Euro.
- Laufzeit: Anleihen haben – im Gegensatz zu Aktien – feste Laufzeiten. Zur besseren Orientierung werden sie nach diesen Laufzeiten unterteilt. Anleihen mit weniger als drei Jahren Laufzeit bezeichnet man als Kurzläufer, die Spanne von drei bis sieben Jahren gilt als Zeitraum für mittelfristige Papiere; danach beginnen die Langläufer, deren Laufzeit bis zu 30 Jahre betragen kann.
- Verzinsung: Klar geregelt ist auch, wann und in welchem Rhythmus der Anleger Zinsen bekommt. Der Zinssatz (auch Kupon genannt) ist neben dem Kurs entscheidend für die Rendite, die der Anleger erzielt.
- Kurs: Ein Anleger kann eine Anleihe während der Laufzeit kaufen oder verkaufen. Für Anleihen werden, anders als für Aktien, keine absoluten Preise gezahlt, zum Beispiel 27,40 Euro pro Stück. Sie werden in Prozent ihres Nennwerts gehandelt. Ein Kurs von 100 Prozent heißt, dass der Käufer genau den Nennwert für eine Anleihe bezahlt. Ein Kurs von 99 Prozent bedeutet dann, dass ihn eine Anleihe im Nennwert von beispielsweise 1000 Euro nur 990 Euro kostet. Folglich erzielt er bei der Einlösung am Ende der Laufzeit einen kleinen Kursgewinn, was wiederum die Gesamtrendite positiv beeinflusst.

Im Gegensatz zu Aktien spielt für den Kurs einer Schuldverschreibung das Verhältnis von Angebot und Nachfrage kaum eine große Rolle. Entscheidend für die Preisentwicklung eines Rentenpapiers ist in erster Linie die Veränderung des allgemeinen Zinsniveaus. Steigen die Marktzinsen, geht es mit den Anleihekursen auf breiter Front bergab. Umgekehrt legen sie zu, wenn das allgemeine Zinsniveau sinkt. Dieser Zusammenhang erscheint vielen Börsenneulingen zunächst unlogisch, lässt sich aber leicht erklären: Angenommen, die allgemeinen Marktzinsen steigen, dann werden die neue Anleihen zu einem höheren Nominalzins herausgegeben als die an der Börse bereits gehandelten. Da aber der nominelle Zinssatz der bereits laufenden Papiere feststeht und nicht – um beim Beispiel zu bleiben – ebenfalls nach oben angepasst werden kann, gibt es keine andere Möglichkeit als über einen niedrigeren Preis der veränderten Marktlage Rechnung zu tragen. Sonst würde sich kein Abnehmer mehr für die bereits herausgegebenen Papiere finden. Umgekehrt würde bei sinkenden Zinsen kaum ein Anleger seine Papiere verkaufen wollen, da er für den Zinsvorteil, den seine Anleihe bietet, nicht entschädigt wird.

Folge: Wer seine Anleihen vor dem Ende der Laufzeit an der Börse verkaufen möchte, geht das Risiko von Kursverlusten ein, auf der anderen Seite besteht die Chance von Kursgewinnen. Wer dagegen sein Papier bis zum Ende der Laufzeit behält, braucht sich prinzipiell nicht um den Kurs zu kümmern: Er erhält den Nennwert zurück.

Die Risiken von Rentenfonds

Rentenfonds gelten zwar als vergleichsweise sicheres Investment. Doch das heißt nicht, dass sie – entgegen den Behauptungen so mancher Bankberater – vor Verlustrisiken gefeit sind. Die Rendite von Rentenfonds ergibt sich nämlich aus zwei Komponenten:

- aus den laufenden Zinserträgen der Anleihen und
- aus ihren Kursveränderungen.

Die Kurse der Anleihen steigen nämlich, wenn die allgemeinen Zinssätze fallen (siehe nachfolgende Beispiele) – so, wie das zum Beispiel von Ende 2008 bis zum Frühjahr 2010 im Euro-Raum zu beobachten war. Der Grund dafür: Die Kurse der „alten", im Fondsdepot enthaltenen Anleihen werden höher verzinst als neu herausgegebene Papiere und werden damit „wertvoller". Das macht sich auch im Anteilspreis des Fonds bemerkbar.

Beispiel: Die Durchschnittsverzinsung aller im Fonds enthaltenen Anleihen beträgt 5 Prozent, das Zinsniveau am Markt fällt jedoch auf 4 Prozent, dann liegt es auf der Hand, dass die Anleihen im Fondsdepot vergleichsweise mehr wert sind. Umgekehrt heißt das, dass ein Rentenfondsanleger mit einer Schmälerung der Rendite rechnen muss, wenn die Zinssätze am Markt steigen. Fällt dieser Anstieg in kurzer Zeit besonders stark aus, kann das unter Umständen sogar dazu führen, dass ein Fonds in einem Jahr Verlust macht – auch wenn der Fonds nur in erstklassige Anleihen investiert. Allerdings ist das Verlustrisiko aufgrund von Marktzinsveränderungen weitaus geringer als das Kursrisiko bei Aktien. Zudem ist es auf den Einzelfall bezogen zeitlich begrenzt. Schließlich wird die Anleihe spätestens bei Fälligkeit wieder zu ihrem Nennwert, also zu 100 Prozent, zurückgezahlt. Bis dahin allerdings drückt die vergleichsweise niedrige laufende Verzinsung auf den Kurs des Fonds.

Auswahlkriterium Laufzeitstruktur

Wie sensibel ein Fonds auf Zinsschwankungen reagiert, hängt von der Laufzeitstruktur der im Fondsdepot enthaltenen Anleihen ab. Als Faustregel gilt dabei: Der Anteilspreis reagiert umso heftiger auf das Auf und Ab der Marktzinsen, je länger die im Depot enthalten Anleihen (noch) laufen. Meist mischen die Fondsmanager Papiere mit unterschiedlichen Laufzeiten. Unter Berücksichtigung der einzelnen Anlagebeträge lässt sich jedoch eine durchschnittliche Restlaufzeit für das gesamte Anleihedepot errechnen.

Ein flexibel agierendes Management kann natürlich durch Umschichtungen die Laufzeitstruktur und den Investitionsgrad des Fonds ständig verändern – je nachdem, wie es den zukünftigen Zinstrend einschätzt. Rechnet es mit steigenden Zinsen, wird es die durchschnittliche Restlaufzeit herunterfahren. Umgekehrt nimmt der Manager bevorzugt Anleihen mit langer Laufzeit ins Depot, wenn er auf sinkende Renditen spekuliert. Allerdings gibt es auch Rentenfonds, die an einer starren Laufzeitstruktur festhalten, zum Beispiel indem es dem Manager quasi verboten ist, Anleihen mit weniger als drei Jahren Laufzeit, sogenannte Kurzläufer, zu kaufen. Umgekehrt gibt es Fonds, bei denen der Verwalter dazu verpflichtet ist, durch ständige Depotumschichtungen und den Ankauf von lang laufenden Papieren die Restlaufzeit hoch zu halten.

EIN INVESTMENT AUF (LAUF)ZEIT

Es empfiehlt sich für den Anleger, sich vor dem Kauf über die Laufzeitstrategie des gewünschten Rentenfonds zu informieren und an die eigene Anlagedauer anzupassen, um unangenehme Überraschungen zu vermeiden. Generell sollten Anleger mit einem Anlagezeitraum von mindestens fünf Jahren kalkulieren, wenn sie ihr Geld in Rentenfonds investieren. Das Risiko, Verlust zu machen, ist dann fast ausgeschlossen, und die Kosten für den Kauf und die laufende Verwaltung (siehe Seite 16 ff.) machen sich ab diesem Zeitraum nicht mehr allzu stark in der (Netto-)Rendite (siehe Seiten 29, 30) bemerkbar.

Rentenfonds mit Währungspapieren

Neben dem Zins- und Emittentenrisiko lauert bei Rentenfonds mitunter auch noch ein Währungsrisiko. Einige Fonds aus dieser Gruppe nutzen nämlich nicht nur die Renditechancen am heimischen Kapitalmarkt. Sie wagen auch den Sprung über die (Währungs-)Grenze und legen ihre Gelder an den Kapitalmärkten außerhalb der Eurozone an, um sich dort höhere Renditen zu sichern als vor der eigenen Haustüre. Mit speziellen Währungsfonds kann der Anleger sogar gezielt in eine einzelne Währung investieren. Statt

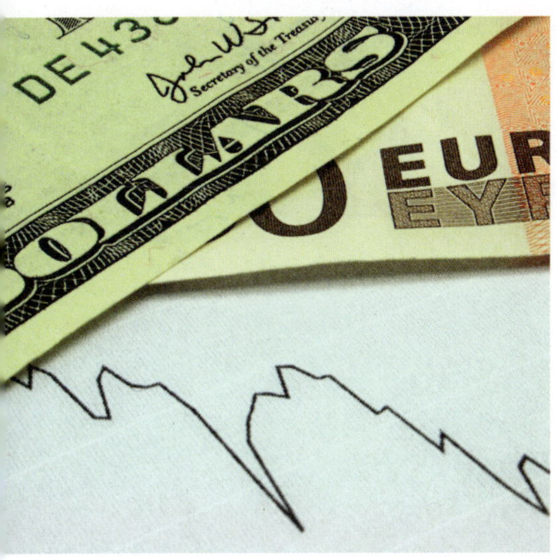

Anleihen aus unterschiedlichen Währungsräumen zu mischen, kaufen diese Fonds nämlich ausschließlich nur Papiere einer Währung – zum Beispiel US-Dollar, Schweizer Franken oder britisches Pfund. Diese Fonds sind vor allem dann geeignet, wenn ein Anleger in erster Linie auf Devisenkursgewinne spekulieren, dennoch soll seine Einlage laufend verzinst werden. Denn während die Renditen am deutschen Kapitalmarkt in den vergangenen Jahren stetig bergab gegangen sind, boten Anleihen und Kontenanlagen beispielsweise in britischen Pfund und US-Dollar über lange Zeit hinweg deutlich bessere Zinsen. Bis vor ein paar Jahren lockten Papiere, die auf polnische Zloty oder ungarische Forint lauteten, sogar mit Zinssätzen, die zum Teil doppelt so hoch waren wie hierzulande.

Die Risiken von Währungsanlagen

Der Haken von Währungsanlagen ist: Das Zinsplus droht durch eine gegenläufige Währungskursentwicklung gemindert oder gar aufgezehrt zu werden. Und wenn der Euro nach dem Einstieg gegenüber der Anlagewährung deutlich an Wert gewinnt, kann der Sprung über die Währungsgrenze für den Anleger sogar schnell mit einem dicken Verlust enden. Vom Frühjahr 2009 bis Ende 2009 zum Beispiel stieg der Euro gegenüber dem US-Dollar binnen 12 Monaten von rund 1,25 auf 1,50 Dollar pro Euro. Für den deutschen Anleger bedeutete das unter dem Strich eine Dollarabwertung – und damit einem Verlust – von 20 Prozent, die durch das vergleichsweise geringe Zinsplus von etwa einem Prozentpunkt bei Weitem nicht ausgeglichen wurde. Natürlich ist auch der umgekehrte Fall möglich. Vom Herbst 2009 bis zum Sommer 2010 legte die US-Währung gegenüber dem Euro zu. Folge: Für Anleger aus Deutschland, die in dieser Zeit Dollar-Papiere gehalten haben, brachte allein die günstige Wechselkursentwicklung ein Plus von rund 15 Prozent.

Anders als bei Aktienfonds senkt eine breite Streuung auf viele verschiedene Währungen die Gefahr, ein Minus zu machen, nicht. Steigt gleichzeitig auch noch das Marktzinsniveau, kommt parallel zu einem Währungsverlust auch noch ein Kursverlust bei den Anleihen. Dagegen sorgen sinkende Zinsen für Auftrieb bei den Bondkursen (siehe Seite 67), was den Gesamtertrag verbessert. Was die Einschätzung dieses Wechselspiels aus Zinsen und Währungsentwicklung so kompliziert macht, ist die Tatsache, dass beide Größen ein Eigenleben führen. Vordergründig erscheint es plausibel, dass steigende Zinsen zwangsläufig auch einen steigenden Devisenkurs nach sich ziehen, denn höhere Renditen machen eine Währung für Anleger attraktiver, was die Nachfrage beflügeln sollte. Das stimmt zum Teil. Doch in der Praxis gibt es auch Perioden, in denen sich beide Größen entgegengesetzt entwickeln.

Dazu kommt speziell beim Kauf einer Währungsanleihe das Problem, dass das Papier zu einem festen Termin zurückgezahlt und das Kapital dann in Euro gewechselt wird. Der Anleger muss sich bei einer negativen Währungskursentwicklung also unter Umständen überlegen, sein Geld zu diesem Termin wieder neu in der entsprechenden Fremdwährung anzulegen, um zu vermeiden, dass der Wechselkursverlust realisiert wird.

Wann Währungsfonds lohnen

Währungsfonds stellen eine Alternative zur Anlage auf Währungskonten, also zum Beispiel einem Tagesgeldkonto, das in US-Dollar geführt wird, bei Banken dar. Sie legen ihr Geld auf Konten und in Zinspapieren mit kurzer Laufzeit an. Damit bieten sie die Möglichkeit, kurzfristig in eine Währung ein- und auszusteigen, und dennoch wird der Anlagebetrag laufend verzinst. Fremdwährungs-Rentenfonds bieten sich vor allem dann an, wenn sich der Anleger für einen längeren Zeitraum den Zinsvorteil einer Währung sichern will, ohne dass er sich mit der Wahl einer bestimmten Laufzeit und eines Herausgebers beschäftigen muss, wie das beim direkten Kauf einzelner Währungsanleihen der Fall ist. Reinrassige Währungsfonds kommen daher nur für spekulative Anleger infrage, die die Bewegungen am Devisenmarkt ausnutzen wollen.

Der neue Publikumsliebling: Indexfonds

Vor allem Aktienfonds haben in den vergangenen Jahren einen schweren Stand bei den Anlegern gehabt. Im Zuge der Finanzkrise gaben vor allem Aktiensparer aus Deutschland in Scharen ihre Anteile zurück, wie ein Blick auf Absatzstatistiken belegt. Ein erheblicher Teil dieser Gelder wurde jedoch in einen vergleichsweise neuen Fondstyp umgeschichtet, der seit einigen Jahren einen wahren Boom verzeichnet: börsengehandelte Indexfonds, kurz ETF genannt (Abkürzung für Exchange Traded Funds). Über zehn Jahre nach ihrer Einführung in Europa verwalteten europäische Indexfonds trotz Börsenkrise ein Gesamtvermögen von mittlerweile rund 225 Milliarden Euro – Tendenz steigend (Stand Mitte 2010). In den USA sind es sogar über 800 Milliarden Dollar.

Parallel dazu ist die Auswahl an ETFs sprunghaft gestiegen. Konnten die Anleger am Anfang gerade mal aus gut einem Dutzend verschiedener Fonds wählen, so werden allein an der Deutschen Börse in

Frankfurt annähernd 700 ETFs verschiedener Anbieter gehandelt.

Wie funktionieren Indexfonds?

Fast jeder Manager eines herkömmlichen Investmentfonds orientiert sich bei der Verwaltung seines Depots an einem Index (siehe Seite 79 ff.) und versucht diesen in puncto Wertentwicklung zu schlagen – was allerdings zum Verdruss der Fondsanleger nur etwa einem Drittel der Manager gelingt. Indexfonds machen aus dieser Not eine Tugend. Sie orientieren sich nicht einfach an einem Index, sondern bilden ihn so gut wie möglich nach. Fachleute bezeichnen Indexfonds deshalb auch als passiv gemanagte Fonds, weil der Verwalter keinen eigenen Anlageideen folgt, sondern versucht, den Indexverlauf möglichst exakt nachzuverfolgen. Das heißt im Umkehrschluss allerdings auch, dass er keine Möglichkeit hat, dem Depot Titel beizumischen, die er selbst für lukrativ hält, oder sogar Aktien in Bargeld umzuschichten, wenn er sinkende Kurse befürchtet.

Die Rendite eines Indexfonds liegt also stets in der Nähe der Indexentwicklung. Auf diese Weise muss sich der Anleger keine Gedanken über die Qualität seines Fonds machen. Allein deswegen sind ETFs aber nicht automatisch eine gute Wahl. Denn mit einem solchen Fonds macht der Anleger das Auf und Ab des Gesamtmarktes voll mit. Nur wenn der entsprechende Markt steigt, kommt der Anleger auf seine Rendite. Schlecht sieht es dagegen in Phasen aus, in denen der Markt auf der Stelle tritt oder wie im Zuge der Finanzkrise stark abstürzt.

Dass der Anleger mit einem ETF kaum jemals besser abschneidet als der entsprechende Markt beziehungsweise Index, liegt daran, dass die laufenden Kosten (siehe Seite 16) vom Fondsvermögen abgezogen werden und so die Rendite mindern. Diese Tatsache darf allerdings nicht über einen wesentlichen Pluspunkt hinwegtäuschen,

INFO **Ausgewählte Anbieter von Indexfonds:**

- BNP Paribas:www.easyetf.com
- ComStage: www.comstage.de
- DB Platinum: www.dbxtrackers.de
- ETFlab: www.etflab.de
- iShares: http://de.ishares.com
- Lyxor: www.lyxoretf.de

den ETFs gegenüber aktiv verwalteten Fonds haben: sie sind deutlich kostengünstiger. In vielen Fällen sind die laufenden Verwaltungskosten nicht mal halb so hoch wie die der etablierten Konkurrenz, mitunter betragen sie gerade mal ein Zehntel. Wie viel Anleger an Verwaltungskosten zahlen, können sie schwarz auf weiß im Emissionsprospekt oder auf Factsheets nachlesen, die die Gesellschaften auf ihrer Homepage zum Download anbieten.

ETFs werden außerdem ohne Ausgabeaufschlag gehandelt. Anleger kaufen ihre Anteile zum Nettokurs – er entspricht quasi dem Rücknahmepreis bei einem herkömmlichen Fonds – über die Börse (siehe Seite 53) und zahlen dafür die Transaktionsgebühren wie beim Kauf von Aktien (siehe Seite 53) plus den – meist geringen – Kursaufschlag zum Verkaufskurs, den Spread (siehe Seite 54).

Die Vorteile von Indexfonds

Auch in puncto Sicherheit können ETFs punkten: Die dort investierten Gelder sind vor Verlust durch eine Insolvenz der Fondsgesellschaft oder Unterschlagung genauso geschützt wie bei herkömmlichen Fonds (siehe Seite 18 ff.). ETFs werden zudem laufend an der Börse gehandelt, wobei ein oder sogar zwei Betreuer, meist sind das Banken, für die notwendige Liquidität sorgen. Auf diese Weise ist ein Kauf und Verkauf zu den üblichen Börsenhandelszeiten (siehe Seite 53 ff.) praktisch jederzeit möglich, sodass die Investoren auch in turbulenten Börsenphasen zeitnah auf aktuelle wirtschaftliche Ereignisse reagieren und ihr Anlagekapital schnell umschichten können. Zudem wissen Anleger bei einem ETF genau, wie ihr Geld verwaltet wird, denn die Wertentwicklung des Fonds entspricht in etwa immer dem Index, auf den sich der Fonds bezieht.

Und nicht zuletzt sorgt das breite Angebot dafür, dass sich mit ETFs mittlerweile auch ausgeklügelte Anlagestrategien am Aktienmarkt verfolgen lassen. Denn neben ETFs auf bekannte Aktienindizes wie etwa den Dax und den Euro Stoxx (siehe Seite 73 ff.) gibt es mittlerweile eine Fülle von Fonds, die sich auf einzelne Branchen- oder Regionenindizes beziehen. Kaum ein Feld, das sich nicht abdecken lässt. So gibt es spezielle ETFs auf Emerging-Markets-Indizes (siehe Seite 104 ff.) ebenso wie für ganze „Anlagethemen" – etwa den Klimawandel oder nachhaltige Investments (siehe Seite 84 ff.). Auch komplette Investmentstile wie etwa Value-Investing (siehe

INFO **Kleine Index-Weltkunde: Dax, Dow & Co.**

An Indizes herrscht in der internationalen Börsenwelt kein Mangel. Jeder Handelsplatz rund um den Globus besitzt seinen eigenen, selbst entwickelten Index – fast immer, damit die Anleger die Tendenz der Aktienkurse leichter nachverfolgen können. An den großen Aktienmärkten wie etwa in New York und Tokio gibt es sogar mehrere davon. Meist setzt sich jedoch einer als allgemein bekannter und beachteter Leitindex durch. Für deutsche Aktien ist das zum Beispiel der Deutsche Aktienindex, kurz Dax genannt. Er wird er sowohl als Performance- als auch als Kursindex ermittelt (siehe Seite 81 ff.). Allgemeine Bedeutung etwa in den Nachrichten der Tagesschau hat aber nur die Performance-Variante.

Der Dax umfasst insgesamt 30 Aktien, die nach den Kriterien Umsatz und Marktkapitalisierung (sie ergibt sich aus dem aktuellen Börsenkurs multipliziert mit der Anzahl aller Aktien) herausgefiltert werden, wobei nur der sogenannte Streubesitz, also der Anteil der Aktien, die nicht im Besitz eines Großaktionärs sind, berücksichtigt wird.

Der Dax hat über die Jahre hinweg eine mittlerweile umfangreiche Index-Familie zur Seite gestellt bekommen. Der MDax gilt dabei in der Börsenwelt als wichtigster Bruder des Dax. Er misst den Kursverlauf von 50 Werten aus der sogenannten „zweiten Reihe", also den Unternehmen, deren Aktien in puncto Marktwert und Umsatz den großen Unternehmen im Dax folgen. Nach demselben Prinzip bildet der SDax die auf die MDax-Titel folgenden Aktien ab, also sozusagen die dritte Liga, während der TecDax die wichtigsten Technologieaktien an der Deutschen Börse umfasst.

Als Klassiker und Urgestein auf internationalem Parkett gilt trotz seines hohen Alters von fast hundert Jahren noch immer der Dow-Jones-Industrial-Average-Index, wie er ausführlich heißt. Was der Dow Jones für die New Yorker Börse, ist der Nikkei-Index für den Aktienmarkt in Tokio und der FTSE-100-Index für die Londoner Börse. Von den Börsen in den europäischen Metropolen haben neben dem Dax vor allem der französische CAC-40 und der Schweizer SMI-30-Index größere Bedeutung in der Finanzwelt.

Neben den Börsen selbst gibt es eine Reihe weiterer Finanzunternehmen, die eigene Indizes aufgelegt haben. Auf internationaler Bühne tonangebend und vor allem bei Anlageprofis beliebt sind die Indizes von Morgan Stanley Capital International – kurz MSCI genannt. Die Tochter der bekannten US-Investmentbank hat für fast jedes Land mit einer

Börse einen eigenen Index aufgelegt. Dazu kommen Dutzende länderübergreifende Regionenindizes. Der bekannteste MSCI-Index ist jedoch der weltumfassende MSCI World, der mehr als 1600 Titel umfasst.

Der Vorteil der MSCI-Indizes: Da die Mitglieder der Indexfamilie alle nach den gleichen Regeln aufgebaut und berechnet werden – in erster Linie nach dem Börsenwert von Aktien –, lässt sich die Wertentwicklung einzelner Märkte beziehungsweise Regionen auf Basis der MSCI-Indizes fair einander gegenüberstellen. Dagegen ist ein Vergleich etwa von Dax und Dow Jones kaum möglich, da beide Indizes nach vollkommen unterschiedlichen Konzepten aufgebaut sind.

Andere wichtige Indexanbieter neben Morgan Stanley sind Dow Jones und Stoxx. Das US-Unternehmen Dow Jones berechnet nur den bekannten, gleichnamigen Index der New Yorker Börse.

Die bekanntesten Indexprodukte von Stoxx sind der Euro-Stoxx-50- und der Stoxx-50-Index. Sie gelten als wichtigster Maßstab für die europäischen Aktienmärkte. Beide Marktbarometer sind als Auswahlindizes konstruiert. Der Euro Stoxx 50 enthält, wie die Zahl im Namen bereits andeutet, die 50 größten und wichtigsten Aktien aus der Euro-Zone. Der nach dem gleichen Prinzip aufgebaute „Zwillingsbruder" Stoxx-50-Index bezieht sich auf ganz Europa, enthält also auch Schweizer und britische Unternehmen. Dagegen sind der Euro-Stoxx-600- sowie der Stoxx-600-Index marktbreit ausgelegt. Sie umfassen jeweils 600 Titel.

Daneben hat der Dow Jones Global Titans größere Bedeutung erlangt. Er ist zwar ein globaler Aktienindex, bietet mit lediglich 50 Titeln aber eine viel geringere Streuung als etwa der MSCI-World-Index, was ein Investment in diesem Index entsprechend risikoreicher macht.

Es gibt allerdings nicht nur Aktien-, sondern auch Dutzende von Rentenindizes. Sie spiegeln zum Beispiel die Wertentwicklung von Staats- und Unternehmensanleihen (siehe Seite 115 ff.) wider. Anleger sollten sich dabei vor allem die Ländergewichtung und Laufzeitstruktur einzelner Rentenindizes anschauen. Weil die Restlaufzeit einer Anleihe im Zeitablauf immer geringer und das Papier irgendwann schließlich fällig wird, beziehen sich die meisten dieser Indizes auf ein fiktives Musterdepot, dessen Zusammensetzung stets gleich ist. Der eb.rexx Government Germany zum Beispiel enthält nur deutsche Staatsanleihen. Der iBoxx Euro Liquid Souvereign Cap. Papiere mit Restlaufzeiten zwischen 1,5 und 10,5 Jahren.

Seite 110 ff.) und Dividendenstrategien lassen sich über entsprechende konzipierte Indexfonds abbilden. Fonds auf Anleihe-, Rohstoff- und Immobilienindizes komplettieren das Feld. So lässt sich mit ETFs ein Depot aufbauen, das alle wichtigen Anlageklassen abdeckt (siehe Seite 31 ff.).

Die Schattenseiten des Erfolgs

Kostengünstig, transparent und sicher – diese Punkte haben ETFs in den vergangenen Jahren trotz des schlechten Börsenumfelds zu einem Kassenschlager gemacht. Doch dieses gute Image hat in jüngster Zeit Risse bekommen. Der Grund ist, dass immer mehr Fondsgesellschaften bei ihren ETFs moderne Finanzinstrumente einsetzen – was für die Anleger nicht unproblematisch ist.

Um die Hintergründe dieser Entwicklung zu verstehen, ist es sinnvoll, sich etwas eingehender mit dem Management eines ETF zu beschäftigen. Die ETF-Anbieter versprechen ihren Kunden, dass der Fonds eine Rendite in der Nähe der jeweiligen Indexentwicklung erzielt. Allerdings treffen sie in den Fondsbedingungen meist keine Aussage darüber, mit welchen Mitteln sie diese Rendite erwirtschaften. Die für den Laien sicherlich naheliegendste Möglichkeit, dieses Ziel zu erreichen, besteht darin, dass der Manager den Indexkorb eins zu eins mit seinem Fondsdepot nachbildet. Doch was in der Theorie scheinbar mühelos funktionieren müsste, ist in der Praxis mit einer Reihe technischer und organisatorischer Probleme verbunden.

So ist die Wiederanlage der laufenden Zins- und Dividendenzahlungen oftmals nicht so möglich wie es in den meisten Indexformeln unterstellt wird – zum Beispiel, weil darin mit Bruchteilen von Aktien gerechnet wird, während an der Börse nur ganze Stückzahlen gehandelt werden oder weil bei Ertragszahlungen mit den Bruttobeträgen kalkuliert wird, tatsächlich jedoch Quellen- und/oder Kapitalertragsteuern (siehe Seite 133 ff.) einbehalten werden. Diese und andere Faktoren führen dazu, dass die Rendite des Fondsdepots im Zeitablauf immer weiter hinter der Indexrendite zurückbleibt.

Viele Fondsgesellschaften gehen daher einen anderen Weg: Statt das Indexdepot mehr oder weniger genau zu kopieren, schließen sie komplizierte Leihgeschäfte ab, in der Finanzsprache Swaps genannt.

Dabei werden einzelne Indexpapiere oder gleich das gesamte Fondsdepot, vereinfacht gesagt, gegen Gebühr, aber zu jeweils festen Kursen gegen vollkommen andere Titel getauscht. Erstaunlicherweise führt das ziemlich genau und im Zeitablauf sehr stabil zu dem gewünschten Ergebnis, nämlich der Indexrendite, hat bisweilen aber

INFO Zertifikate: Anlageform mit Tücken

Neben Fonds gibt es für Anleger noch einige andere Möglichkeiten, mit denen sie in die Finanzmärkte investieren können. Ein wahrer Verkaufsschlager waren lange Zeit Zertifikate. Diese vergleichsweise junge Anlageform schickte sich zeitweise sogar an, zu einer ernsthaften Konkurrenz für Fonds zu werden. Der generelle Charme von Zertifikaten liegt in ihren vielfältigen Anlagemöglichkeiten. So bieten zum Beispiel einige dieser Papiere die Aussicht, auch dann eine gute Rendite zu erzielen, wenn die Kurse am Aktienmarkt auf der Stelle treten, mit anderen können Anleger dagegen gezielt auf sinkende Kurse setzen. Zertifikate haben allerdings auch eine Reihe von speziellen Nachteilen gegenüber Fonds:

Bonitätsrisiko. Ein ganz erheblicher Nachteil von Zertifikaten ist die Tatsache, dass bei ihnen neben dem Anlagerisiko auch ein Bonitätsrisiko besteht. Rein rechtlich zählen sie nämlich als Anleihe (siehe Seite 65), also eine Schuldverschreibung desjenigen, der sie ausgibt – in der Regel ist das eine Bank. Bis Herbst 2008 schenkten Anleger diesem Punkt wenig Beachtung, denn meist handelte es sich dabei um Geldhäuser mit erstklassigem Ruf. Mit der Pleite des US-Instituts Lehman Brothers wurde den Anlegern jedoch schlagartig bewusst, dass die Bonität des Emittenten enorm wichtig ist bei der Auswahl eines Papiers. Denn wenn das Institut in finanzielle Schwierigkeiten gerät, wird die Rückzahlung des Zertifikats zum Roulettespiel – was für die Anleger im Fall der Lehman-Papiere mit einem Totalverlust endete.

Modifizierte Wetten. Anders als Fondsanteile verbriefen Zertifikate kein konkretes Vermögensrecht. Sie sind eine Art modifizierte Wette auf die Kursentwicklung anderer Anlageobjekte – Basisinstrument genannt. Geht die Wette auf, bekommt der Anleger am Fälligkeitstag des Papiers einen bestimmten Betrag in bar ausgezahlt, mitunter bekommt er aber auch das Anlageobjekt, auf das sich das Zertifikat bezieht, ausgeliefert – beispielsweise eine Aktie. Mit Zertifikaten investiert der Anleger sein Geld im Einzelfall also mitunter alles andere als breit gestreut.

Breites Spektrum. Es gibt unterschiedliche Typen von Zertifikaten. Mit Index-

skurrile Folgen: So stecken zum Beispiel im Depot einiger ETFs, die sich auf den Deutschen Aktienindex beziehen, mehr japanische Aktien als deutsche.

Für den Fondsmanager mögen diese nur schwer durchschaubaren Strategien die Arbeit erleichtern. Doch Kritiker wie die Bank of England monieren, dass die Anle-

zertifikaten zum Beispiel nehmen Anleger – genauso wie mit Indexfonds (siehe Seite 70 ff.) – an der Wertentwicklung eines bestimmten Börsenbarometers teil. Für pessimistische Anleger gibt es sogar eine Sondervariante, die genau spiegelverkehrt die Indexentwicklung nachzeichnet: Fallen die Kurse, steigt der Wert des Indexzertifikats – und umgekehrt. Strategiezertifikate beziehen sich auf einen Korb von Aktien, der ähnlich wie bei einem herkömmlichen Aktienfonds nach bestimmten Kriterien zusammengestellt und verwaltet wird. Und Bonuspapiere bieten Anlegern die Chance auf eine hohe Auszahlung bei Fälligkeit des Papiers, wenn bis dahin der Kurs des Basisinstruments einen bestimmten Schwellenwert nicht unterschreitet.

Das Anlagekonzept von Fonds ist dagegen vergleichsweise eindimensional. Von Ausnahmen wie etwa ETFs, die sich auf den ShortDax (siehe Seite 79) beziehen, abgesehen, setzt der Anleger mit den meisten Fonds auf steigende Kurse.

Undurchsichtige Konstruktionen. Nicht nur die Anlagemöglichkeiten, sondern auch das Angebot bei Zertifikaten ist gewaltig. Weit über 300 000 Zertifikate mit unterschiedlichen Laufzeiten, Basisinstrumenten, Namen und Anlagekonzepten machen es Anlegern schwer, wenn nicht gar unmöglich, den Überblick zu behalten. Angesichts zum Teil sehr verwinkelter Konstruktionen und individueller Ausstattungsmerkmale riskieren sie, wichtige Details zu übersehen, was in der Endabrechnung zu teuren Missverständnissen führen kann. Häufig können nicht einmal Fachleute die komplizierten Produkte erklären.

Zertifikate scheinen zudem auf den ersten Blick deutlich kostengünstiger zu sein als Fonds. Doch auch hier lauert die Tücke im Detail. So beziehen sich Indexpapiere oft auf Kursindizes (siehe Seite 81), und die Käufer etwa von Bonuspapieren müssen auf die Dividenden verzichten, die der Basiswert während der Laufzeit ausschüttet. Auch bei Fonds ist die Auswahl nicht gerade klein, dennoch ist es möglich, einen passenden Fonds zu finden, auch, weil das eigentliche Anlagekonzept vergleichsweise leicht durchschaubar ist.

ger, die in dem Glauben sind, einen einfachen und leicht verständlichen Fonds gekauft zu haben, mit einem Swap-basierten ETF ein im Grunde hochkompliziertes Produkt im Depot haben. Zudem sind die Tauschgeschäfte nicht ohne Risiko. So kann sich der Fondsmanager damit schlicht und ergreifend verspekulieren oder der Tauschpartner geht in der Zwischenzeit pleite, so dass das Geschäft nicht mehr rückabgewickelt werden kann. Die Fondsbranche betont zwar, dass für die Swap-Transaktionen nur erste Adressen mit einwandfreier Bonität infrage kommen. Doch die zurückliegende Finanzkrise hat gezeigt, dass in einem entsprechenden Marktumfeld auch große, bekannte Finanzkonzerne von heute auf morgen in Schwierigkeiten geraten können und nicht mehr in der Lage sind, ihren finanziellen Verpflichtungen nachzukommen. Wegen der umfangreichen Schutzmechanismen sind Fondsanleger davon zwar nicht direkt betroffen, denn sie haben mit den getauschten Papieren schließlich eine Sicherheit im Depot, an die kein Gläubiger herankommt. Diese Papiere müsste der Fondsmanager im Fall der Fälle allerdings erst am Markt verkaufen – und der Preis, den er dafür dann bekommt, ist ungewiss, mit Sicherheit aber ein anderer als der, der mit dem Tauschpartner ursprünglich vereinbart war.

Ein zweiter Kritikpunkt ist, dass die zum Teil aufwendigen Tauschoperationen mit Gebühren und Provisionen verbunden sind. Diese Kosten muss die Fondsgesellschaft allerdings nicht offen ausweisen so wie etwa die laufenden Verwaltungskosten, da sie nicht regelmäßig anfallen und von Dritten berechnet werden. Solange unter dem Strich die Rendite stimmt, werden viele Anleger diesem Punkt nicht sonderlich viel Bedeutung schenken, doch in Sachen Transparenz ist das ein Rückschritt. Um für mehr Klarheit beim Anleger zu sorgen und die Orientierung zu erleichtern, kennzeichnet daher die Stiftung Warentest in ihren Fondsübersichten alle Swap-basierten ETF.

Das ständig steigende Angebot führt zudem dazu, dass viele Anleger in dem immer größeren Feld der ETFs zunehmend die Orientierung verlieren. Dazu trägt bei, dass neue ETFs auf immer komplexere Indizes aufgelegt werden. So berechnet zum Beispiel die Deutsche Börse eine Reihe von Strategieindizes, die sich vom

Dax (siehe Seite 73) ableiten. Risikofreudige Investoren können etwa mit einem ETF auf den LevDAX doppelt an den täglichen Aufwärtsbewegungen des deutschen Leitindex partizipieren – im Gegenzug sind sie an Abwärtsbewegungen ebenfalls doppelt beteiligt. Doch Achtung: Beim LevDAX wird nur die Tagesrendite verdoppelt, nicht die Rendite über die gesamte Haltedauer. Das heißt: Schwankt das deutsche Börsenbarometer stark, ist also die Volatilität (siehe Seite 126) hoch, kann der Anleger mit seinem Investment im Minus landen, obwohl der Index selbst über den entsprechenden Zeitraum per saldo gestiegen ist.

Der DAXplus Protective Put hat dagegen ein ganz anderes Konzept, was wiederum auch die Chancen und Risiken einer Anlage in diesem Index beeinflusst. Bei einem ETF, der sich auf diesen Index bezieht, sorgt ein spezieller Risikopuffer dafür, dass die Anleger vor sinkenden Kursen in bestimmten Grenzen geschützt sind. Und mit sogenannten Short-ETFs können Anleger schließlich auf eine Baisse, also einen marktbreiten Kurseinbruch, spekulieren (siehe Seite 174). Das eigentlich einfache und durchschaubare Konzept der Indexfonds wird dadurch mehr und mehr aufgeweicht. Und wie problematisch einige dieser neuen Produkte sind, zeigt die Tatsache, dass sie in den Fokus der Finanzaufsicht geraten sind, da ihre Wertentwicklungen über längere Zeit auch für Profis teilweise nur schwer nachvollziehbar sind.

Exkurs: Indizes – die Fieberkurven der Börse

Manch Anleger wird sich fragen, warum Indizes nicht nur als Bezugsgröße für Fonds (siehe vorangegangener Abschnitt) und Zertifikate (siehe Seiten 76,77), sondern auch insgesamt an den Finanzmärkten eine so große Bedeutung bekommen haben. Um den Zusammenhang, der dahintersteckt zu verstehen, ist es notwenig, sich eine Vorstellung davon zu verschaffen, was ein Index ist, wie er funktioniert und wie er sich nutzen lässt. Das soll in diesem Exkurs erklärt werden. Leser, die sich mit diesen Finanzinstrumenten auskennen, können ab Seite 81 weiterlesen.

Der Gedanke, der bei der Konstruktion des ersten Index Pate stand, ist im Grunde naheliegend, wenn man als interessierter Beobachter das Geschehen an den Aktien- und Anleihemärkten eine Zeit lang verfolgt. Dann wird man nämlich schnell feststellen, dass die Kursveränderungen der einzelnen Papiere an einem Tag sehr unterschiedlich ausfallen. Was die Profis jedoch interessiert, ist eine Information über den generellen Trend an der Börse, denn in dem mitunter hektischen Handelsgeschehen ist es wichtig für sie, den Überblick zu behalten. Sie benötigen daher eine Art Maßstab oder Barometer, an dem sie sich orientieren können.

Genau solch einen Maßstab bietet ein Index. Mit seiner Hilfe kann jeder Anleger schnell und einfach ablesen, wie sich ein bestimmter Markt über einen bestimmten Zeitraum hinweg entwickelt hat. Das kann ein einzelner Handelstag ebenso sein wie das gesamte Kalenderjahr.

Der Aufbau eines Indexes

Der Grundgedanke eines Index ist ebenso einfach wie erfolgreich: Eine bestimmte Anzahl von Aktien werden zu einem Korb zusammengestellt. Dann summieren die Betreuer des jeweiligen Index, oft ist das ein Börsenbetreiber oder eine Bank, die Einzelkurse der in diesem Korb enthaltenen Papiere auf und errechnen daraus einen Durchschnittskurs: den Indexwert. Mit diesen systematisch über Tage und Monate hinweg gewonnenen Daten lässt sich eine Kurve aufzeichnen – ähnlich der Fieberkurve auf einem Krankenblatt.

Auf diese Weise entstand der erste Index: der Dow-Jones-Industrial Average (benannt nach dem US-amerikanischen Börsenblatt Dow, Jones & Co.). Er ist noch heute, weit über 100 Jahre nach seiner Erfindung, das wichtigste Stimmungsbarometer für US-Aktien. Natürlich wurde das ursprünglich recht grobe Indexkonzept über die Jahre hinweg verfeinert.

So ist es heute bei vielen Indizes üblich, die Kurse der einzelnen Indexmitglieder in Abhängigkeit von ihrem Börsenwert zu gewichten. Auf diese Weise wird verhindert, dass sich beispielsweise Kursveränderungen etwa einer „kleinen" Aktie in der Indexberechnung genauso stark niederschlagen wie die einer schwergewichtigen Standardaktie (siehe Seite 112). Somit gibt der Index nicht nur ein realistisches Bild von der allgemeinen Markttendenz, sondern spiegelt auch die Marktrelationen wider.

Fast jeder Index startet, wenn er erstmals offiziell errechnet und veröffentlicht wird, zu einem mathematischen Normwert. Meist sind das 100 oder 1 000 Punkte. Von diesem Ausgangspunkt werden dann alle weiteren Wertveränderungen fortlaufend berechnet. So lässt sich auch ohne Taschenrechner relativ einfach die Wertentwicklung des Index für einen beliebigen Zeitraum nachrechnen.

Ein Beispiel: Ein Index startet am 31. Dezember 2000 mit 100 Punkten, am 31. Dezember 2010 liegt er bei 200 Punkten. Das bedeutet, dass sich der Wert aller im Korb enthaltenen Wertpapiere innerhalb dieser zehn Jahre verdoppelt hat. Allerdings kann die Kursentwicklung einer einzelnen Indexaktie von diesem Durchschnittswert zum Teil deutlich abweichen.

Die Funktionen eines Indexes

Der große Vorteil des Indexkonzepts ist, dass es universell einsetzbar ist. Für fast alles, was an der Börse gehandelt wird, lassen sich Indizes bilden: für Aktien ebenso wie für Anleihen, Edelmetalle und Rohstoffe. Dazu kommen spezielle Sub-Indizes, die innerhalb einer Anlageform die Wertentwicklung einzelner Segmente und Teilbereiche messen. Branchenindizes etwa geben einen Anhaltspunkt für die Wertentwicklung der Aktien von Unternehmen mit gleichem Tätigkeitsschwerpunkt – zum Beispiel Automobilhersteller.

Der Index als Erfolgsmaßstab

Der Vorteil einer solchen Unterteilung ist, dass Indizes nicht nur den Trend einzelner Märkte oder Teilmärkte nachzeichnen. Mit ihrer Hilfe kann zum Beispiel auch die Wertentwicklung eines Fonds mit dem Gesamtmarkt als auch mit unmittelbaren Anlagealternativen verglichen werden. So kann der Anleger schwarz auf weiß nachverfolgen, ob sein Investment besser oder schlechter gelaufen ist als der allgemeine Markt. Indizes dienen somit als neutraler Vergleichsmaßstab, mit dem sich der Erfolg einer Anlage messen lässt.

Fachleute bezeichnen diesen Maßstab auch als Benchmark. Wichtig ist dabei jedoch, nicht Äpfel mit Birnen zu vergleichen. Ein Index bildet nur einen bestimmten Teilbereich ab. Wer zum Beispiel einen Aktienfonds Europa besitzt, muss einen marktbreiten, europäischen Aktienindex als Vergleichsmaßstab heranziehen. Der Deutsche Aktienindex (Dax) wäre dafür ungeeignet, da er nur die Kursentwicklung der größten deutschen Aktien nachverfolgt. Nur so kann er fair beurteilen, ob sein Fonds besser oder schlechter als der Gesamtmarkt abgeschnitten hat und wie dementsprechend die Leistung „seines" Fondsmanagers ausgefallen ist.

Kurs- oder Performanceindex?

Neben der spezifischen Gewichtung der einzelnen Indexmitglieder spielt bei der Indexkonzeption auch die Frage eine Rolle, in welcher Form die Erträge der im Index enthaltenen Wertpapiere in die Berechnung einfließen. Dabei gibt es die Möglichkeit, einen Index entweder als Kurs- oder als Performanceindex zu berechnen. In der Kursindex-Variante gehen lediglich die reinen Kursveränderungen der im Index enthaltenen Titel in den Indexwert ein. Mit anderen Worten: Die laufenden Erträge, also Zins- und Dividendenzahlungen, werden nicht berücksichtigt. Wer jedoch den Anlageerfolg eines Investments realistisch mit der allgemeinen Marktentwicklung vergleichen will, muss auch diesen Faktor in seine Rechnung einbeziehen. Indizes neueren Datums sind daher oftmals als Performanceindizes konstruiert. In diesem Fall wird bei der Berechnung so getan, als würden sämtliche Erträge sofort wieder mit angelegt – und zwar rein rechnerisch jeweils in dasselbe Papier, aus dem die Erträge stammen. Auf diese Weise berücksichtigen Performanceindizes den Zinseszinseffekt. Aufgrund dieses konstruktiven Unterschieds haben Performanceindizes eine bessere Wertentwicklung als reine Kursindizes.

Mischfonds

Warum, so mag sich der eine oder andere Leser nach den beiden vorangegangenen Abschnitten fragen, muss ich mich eigentlich bei der Auswahl für Aktien- oder Rentenfonds entscheiden? Warum gibt es nicht angesichts Tausender von Fonds eine Art Zwei-in-eins-Lösung? Tatsächlich gibt es solche Fonds, die beide Anlageformen unter einen Hut bringen: Mischfonds. Dieser Fondstyp greift den Ursprungsgedanken eines Investmentfonds am stärksten auf, denn bei ihm kann der Fondsmanager entscheiden, ob er mehr auf Aktien, Währungen oder sichere Zinspapiere setzt – je nachdem, wie er die jeweilige Situation an den weltweiten Kapitalmärkten einschätzt. Und nicht nur das: Seit ein paar Jahren erlaubt der deutsche Gesetzgeber auch Mischfonds, die einen Teil ihres Geldes in Immobilien und/oder offene Immobilienfonds (siehe Seite 89 ff.) anlegen. Ein solcher Fonds hat im Idealfall theoretisch den Charakter einer kompletten Vermögensverwaltung auf Fondsbasis. Der Anleger muss sich nur Gedanken darüber machen, welches Risiko er eingehen möchte und wie viel und wie lange er sein Geld anlegen möchte – den Rest erledigt das Fondsmanagement für ihn.

Starres Korsett für Fondsverwalter

Wenn ein Anleger beispielsweise nur einen einzigen Fonds kaufen kann oder will, so hat er bei Mischfonds dennoch die Möglichkeit, ein Anlagekonzept zu wählen, das auf seine persönliche Risikoneigung zugeschnitten ist. Denn viele Fondsgesellschaften bieten ihre Mischprodukte in unterschiedlichen Ausprägungen an: offensive Mischfonds bieten höhere Anlagechancen, da sie im Einzelfall mehr als 50 Prozent des Fondsvermögens am Aktienmarkt investieren können. Sie besitzen allerdings auch ein größeres Risiko, da Aktien stärker schwanken; defensive Mischungen haben ein vergleichsweise geringes, eher rentenähnliches Risiko, denn sie investieren den überwiegenden Teil ihres Geldes in Anleihen. Bei ausgewogenen Mischfonds hal-

MISCHFONDS (OFFENSIV, SCHWERPUNKT AKTIEN)

↗ **Renditechance**

↘ **Sicherheit**

Anlageziel: langfristige Geldanlage

Fondscharakter: Basisfonds

Geeignet für: Risikofreudige Anleger, die eine universelle und relativ bequeme Fondsanlage aus einer Hand suchen.

(Bewertungskriterien dazu siehe Seite 183.)

MISCHFONDS (DEFENSIV, SCHWERPUNKT RENTEN)

↘ **Renditechance**

↗ **Sicherheit**

Anlageziel: mittel- bis langfristige Geldanlage

Fondscharakter: Basisfonds

Geeignet für: Sicherheitsorientierte Anleger, die eine universelle und relativ bequeme Fondsanlage aus einer Hand suchen.

(Bewertungskriterien dazu siehe Seite 183.)

ten sich die Anteile beider Anlageformen in etwa die Waage.

In der Anlagepraxis bedeutet dies, dass bei den meisten Fonds festgelegt ist, wie hoch der Aktien- beziehungsweise Anleiheanteil maximal sein darf. Der Fondsverwalter kann also nicht nach Belieben schalten und walten wie er will und so viele Anleihen oder Aktien kaufen, wie er aufgrund der aktuellen Börsensituation für sinnvoll hält. Er muss sich stattdessen an die zum Teil sehr strikten Vorgaben halten, die im Prospekt (siehe Seite 20) stehen. Häufig ist darin zusätzlich auch noch festgelegt, dass ein Fonds immer einen bestimmten Mindestanteil Aktien beziehungsweise Anleihen enthalten muss, den der Manager nicht unterschreiten darf. Dadurch wird auf der einen Seite sein Spielraum weiter eingegrenzt. Auf der anderen Seite wird so verhindert, dass der Anleger einen Fonds kauft, bei dem er überhaupt nicht weiß, welche Anlagerisiken er damit eingeht. Denn es ist ein Unterschied, ob ein Mischfonds zum Beispiel maximal 20 oder etwa 90 bis 100 Prozent Aktien im Depot halten darf. Schließlich ist nicht ausgeschlossen, dass der Fondsmanager die Börsensituation vollkommen falsch einschätzt oder er legt das Geld seiner Kunden unter Umständen viel spekulativer an, als ihnen lieb ist.

MISCHFONDS (AUSGEWOGEN)

Renditechance

Sicherheit

Anlageziel: mittel- bis langfristige Geldanlage

Fondscharakter: Basisfonds

Geeignet für: Anleger mit ausgewogener Risikoneigung, die eine relativ bequeme und universelle Fondsanlage aus eigener Hand suchen.

(Bewertungskriterien dazu siehe Seite 183.)

Fondstyp in verschiedenen Varianten

Angesichts des starren Anlagekorsetts verwundert es kaum, dass in Sachen Rendite in der Vergangenheit mal die eine und dann wieder die andere Variante vorne lag – je nachdem, ob in diesem Zeitraum an den Börsen eher Aktien oder Anleihen besonders gut liefen.

Ein generelles Problem ist jedoch: Viele offensive Mischfonds schaffen es nicht, in guten Aktienjahren „Dellen" der Vergangenheit auszubügeln, während die meisten Fonds in der defensiven Variante ein ungünstigeres Chance-Risiko-Profil haben als lupenreine Euro-Rentenfonds (siehe Seite 116). Ein Grund dafür ist, dass das Umschichten und Wechseln zwischen den einzelnen Anlageformen und Märkten Geld kostet, was die Rendite schmälert. Dazu kommt das vielfach zyklische Anlageverhalten der Fondsmanager. Das heißt, sie verwalten das Fondsdepot häufig so, dass es das Auf und Ab an den Börsen in vollem Umfang mitmacht. Mischfonds bieten allerdings auch einen Vorteil: Sie sind eine sehr einfache und bequeme Möglichkeit, auch kleine Beträge über verschiedene Anlageformen breit gestreut anzulegen. Und sie sind eine überlegenswerte Alternative für diejenigen Anleger, die zwar eine rentable Geldanlage suchen, sich aber nicht die Mühe machen wollen, ein gut sortiertes Fondsdepot zusammenzustellen. Dieser Service hat aber letztendlich seinen Preis. Denn: An der Börse wird einem nichts geschenkt.

EXKURS: „GRÜNE" GELDANLAGE MIT FONDS

Für immer mehr Menschen spielen neben den Renditeaussichten und der Wahrscheinlichkeit von Verlusten auch soziale sowie ökologische Gesichtspunkte bei der Auswahl einer Geldanlage eine große Rolle. Mittlerweile werden die beiden Kriterien „ethisch" und „ökologisch" auch unter der Bezeichnung „nachhaltige Geldanlagen" zusammengefasst.

Der Begriff der Nachhaltigkeit ist aus der Forstwirtschaft entliehen. Damit ist gemeint, dass ein Forstwirt, der dauerhaft von seiner Arbeit leben will, in einem Jahr immer nur so viele Bäume schlagen und vermarkten darf, wie er gleichzeitig neu anpflanzt. Anderenfalls drohen ihm in zehn oder zwanzig Jahren empfindliche Einnahmeeinbußen.

Nachhaltig orientierte Anleger suchen nach Unternehmen, die ökologischen und/oder ethischen Kriterien entsprechen und somit in Form von Aktien und/oder Anleihen für ein Investment überhaupt infrage kommen. Die Schwierigkeit ist allerdings, dass „nachhaltig", „ökologisch" und „ethisch" keine allgemeingültig definierten und abgegrenzten Begriffe sind. Darunter versteht im Einzelfall jeder Anleger etwas anderes. Für den einen reicht es bereits, dass ein Unternehmen seine Produktion so weit wie möglich ökologisch gestaltet, andere wiederum lehnen nicht nur Unternehmen kategorisch ab, die Rüstungsgüter, Kernkraftwerke, Tabakprodukte oder Automobile produzieren – egal, wie umweltschonend dies passiert. Sie ziehen den Kreis sehr viel breiter, etwa indem auch Zulieferer dieser Unternehmen oder Banken, die Kredite an solche Firmen vergeben, nicht für ein Investment infrage kommen.

Damit stellt sich die Frage, welche Vorgehensweise bei der Suche nach einer ökologisch korrekten Anlage sinnvoll oder empfehlenswert ist? Die meisten Anleger werden wohl weniger Probleme mit der Zusammenstellung eines Kriterienkatalogs haben. Viel anstrengender ist es für viele, Emittenten der ins Auge gefassten Papiere daraufhin zu überprüfen, ob und inwieweit sie diesen Anforderungen tatsächlich gerecht werden. Klar ist: Wer im Gegensatz zum Fondsinvestment einzelne Aktien kauft, ist besonders gefordert, sorgfältig auszuwählen. Als Aktionär wird man Miteigentümer eines Unternehmens und ist so mitverantwortlich dafür, wie die „eigene" Firma wirtschaftet. Aber auch Zinsanleger müssen sich fragen, was mit dem Geld geschieht, das sie einem Unternehmen oder einer Bank leihen. Handelt es sich womöglich um eine Firma, die in Entwicklungsländern unter miserablen Arbeitsbedingungen fertigen lässt, oder dient das Geld dazu, ein Rüstungsgeschäft mitzufinanzieren?

Ein Fondsinvestment verschärft genau genommen die Problematik für diejenigen, die sich mit diesen Fragen beschäftigen. Denn als Miteigentümer am Fondsvermögen sind sie lediglich mittelbar Aktionäre beziehungsweise Gläubiger der Unternehmen, deren Papiere im Fondsdepot landen, ohne dass sie einen direkten Einfluss darauf haben, welche das sind. Der Anleger muss also, wenn er Geld ethisch/ökologisch per Fonds anlegen will, darauf vertrauen, dass der Fondsverwalter bei der Auswahl ähnliche Kriterien anlegt wie er selbst. Einziger Trost für Fondsanleger ist, dass ein Anlageprofi viel eher als sie selbst prüfen kann, ob der Herausgeber eines Papiers den jeweils gestellten Anforderungen in Sachen Ethik und/oder Ökologie gerecht wird oder nicht.

FÜR INTERESSIERTE EIN LESETIPP

Ausführliche Informationen zu „grünen" Geldanlagen aller Art finden Sie in dem Ratgeber der Stiftung Warentest „Grüne Geldanlage". Er erscheint im November 2010 und kostet 16,90 Euro.

Der Anleger ist also vor dem Kauf eines ethisch-ökologischen Fonds gefordert, sich zu überlegen, welches Konzept seinen persönlichen Vorstellungen am ehesten entspricht. Ethisch-ökologische Fonds lassen sich grob in vier Unterkategorien einteilen:

- Klassische **Ökofonds** sind Fonds, die in Aktien und/oder Anleihen von Großkonzernen investieren, die innerhalb ihrer Branche zu den Vorreitern in Sachen Ökologie gehören. Öko-Pionier-Fonds setzen auf Papiere meist kleiner, innovativer Unternehmen, die umwelt- und sozialverträgliche Technologien entwickeln.
- Für **Ethikfonds** kommt ein Unternehmen nur dann infrage, wenn es bestimmte soziale Standards, zum Beispiel faire Han-

delspraktiken etc., einhält, ökologische Kriterien werden dagegen vernachlässigt.

- Nachhaltigkeitsfonds berücksichtigen ökologische, ethische und soziale Aspekte bei der Wahl der Unternehmen, deren Wertpapiere sie kaufen, gleichermaßen.
- Dazu kommen noch spezielle Umwelttechnologiefonds. Diese sind von ihrer Ausrichtung her eher als Branchenaktienfonds (siehe Seite 108 ff.) einzustufen, da sie vorzugsweise in Unternehmen investieren, die zum Beispiel Anlagen zur Abwasseraufbereitung oder Windkraftnutzung bauen.

Grundsätzlich ist das Angebot an Fonds, die ihr Geld nach ökologischen und ethischen Grundsätzen anlegen, in den vergangenen Jahren deutlich gewachsen – obwohl es gemessen an der Zahl konventioneller Fonds immer noch vergleichsweise gering ausfällt. Das heißt aber nicht, dass es von vornherein unmöglich wäre, sein Geld mit „gutem Gewissen" in Fonds anzulegen, ohne dass es möglich ist, die Grundregeln eines systematischen Vermögensaufbaus einzuhalten. Auch für Ethik- und Ökosparer gilt es, verschiedene „grüne" Fonds zu kombinieren und so den richtigen Depot-Mix zu finden, der die Chance auf eine gute, aber gleichwohl „saubere" Rendite bietet. Das ist durchaus möglich, denn selbst wenn Aktienfonds unter den Fonds, die nachhaltige Investmentstrategien verfolgen, dominieren, so finden sich auch genügend Misch- und Rentenfonds in diesem Feld. Auch ethisch-ökologisch orientierte Fondsanleger können also die im letzten Abschnitt dieses Buchs vorgestellten Anlagestrategien (siehe Seite 155 ff.) als Anregung für eine Umsetzung ihrer Ideen nutzen.

Allerdings kommen sie im Einzelfall kaum darum herum, die jeweiligen Fondsprospekte gründlich zu studieren, um sich ein Bild davon zu machen, welche Art beispielsweise von Öko-Fonds in ihrem Depot landen. Ärgerlich daran ist jedoch, dass es mitunter einigen Anbietern an brauchbaren Informationen mangelt. In diesem Fall bietet der Fondsfinder der Stiftung Warentest (www.test.de), der über 70 Öko-Fonds umfasst, Hilfe, oder man orientiert sich an den Indizes für Öko-Aktien. Es gibt inzwischen weit mehr als ein Dutzend Kursbarometer, die die Wertentwicklung von Unternehmen, die ökologisch und nachhaltig wirtschaften, messen. Mit ihnen können Anleger vergleichsweise einfach ablesen, welche Konzerne als nachhaltig oder ökologisch gelten. Viele Aktienfonds, die sich auf Aktien speziell aus diesem Bereich konzentrieren, nehmen sich zudem oft einen Öko-Index als Benchmark (siehe Seite 81). So kann ein Öko-Investment auch mit einem traditionellen Aktien-Index verglichen werden. In Deutschland am bekanntesten ist der internationale Naturaktienindex (NAI). Er gilt unter den Fachleuten als konsequenteste Umsetzung des Versuchs, ethisch korrekte und umweltbewusste Unternehmen aus der Schar der an der Börse gelisteten Unternehmen herauszufiltern. Der NAI enthält 30 Aktien, wobei ein Anlageausschuss aus sechs Experten die Zusammensetzung des Indexes regelmäßig prüft. Eine wichtige Frage dabei ist, ob ein Indexunternehmen fortlaufend die strengen Aufnahmekriterien etwa in Sachen Umweltschutz und nachhaltiges Wirtschaften erfüllt.

Bestimmte Branchen wie etwa Atomenergie-Unternehmen und Rüstungskonzerne sind von vornherein tabu.

Der FTSE-4-Good- und die Dow-Jones-Sustainability-Indizes umfassen ebenfalls Öko-Aktien aus aller Welt, doch die Auswahlkriterien sind andere. Die Dow-Jones-Sustainability-Indizes zum Beispiel verfolgen das Best-in-Class-Prinzip: Keine Branche wird von vornherein ausgeschlossen. Vielmehr kommen aus jeder Branche die Firmen in den Index, die auf ihrem Gebiet eine Vorreiterrolle in Sachen Umweltschutz und Nachhaltigkeit einnehmen. Mitte 2007 hat auch die Deutsche Börse nachgezogen und ihre Index-Familie um den Öko-Dax erweitert. Der Ableger des Dax (siehe Seite 73) beinhaltet schwerpunktmäßig Aktien von deutschen Unternehmen, die sich mit der Erzeugung von Energie aus Sonne, Wind, Wasser oder Biomasse beschäftigen.

Der Vorteil der Öko-Indizes: Da es auch Fondsmanagern kaum möglich ist, alle „sauberen" Unternehmen selbst unter die Lupe zu nehmen, können sie auf die Daten der Gutachter zurückgreifen, die die Zusammensetzung der Öko-Indizes vornehmen und laufend überwachen. Die für den Anleger entscheidende Schwierigkeit ist jedoch, in den einzelnen Fondsgruppen ethisch-ökologische Angebote zu finden, die sich bereits längere Zeit am Markt bewährt haben und zudem zu den qualitativ guten Fonds gehören.

INFO **Öko-Indizes im Netz**

- Dow-Jones-Sustainability-Indizes: www. sustainability-Index.com
- FTSE-4-Good-Index: www.ftse.com/Indices/FTSE4Good_index_Series
- Öko-Dax: www.dax-indices.com
- Naturaktienindex: www.nai-index.de

SPEZIELLE FONDSSTRATEGIEN

Aktien- und Rentenfonds bilden sozusagen das Grundgerüst der Fondsanlage. Darüber hinaus gibt es jedoch noch weitere Fondstypen, die ihr Geld in andere Anlageklassen und -formen investieren. Zudem ist das Feld der beiden großen Haupt-Fondsgruppen groß. Es gibt daher sowohl bei Aktien- als auch bei Rentenfonds Dutzende Untergruppen, die mit zum Teil sehr speziellen Konzepten versuchen, Chancen und Risiken auszutarieren, oder die sich auf bestimmte Märkte konzentrieren. Für den Anleger ergeben sich daraus zweifellos Chancen, das große Angebot erschwert aber gleichzeitig auch die Orientierung für ihn und oft taucht die Frage auf, was davon überhaupt sinnvoll ist und wovon man lieber die Finger lässt. Der nachfolgende Abschnitt verschafft einen Überblick.

Geldmarktfonds

Geldmarktfonds galten lange Zeit als flexible Alternative zu den kurzfristigen Tagesgeld- und Festgeldangeboten der Banken und Sparkassen. Bei ihnen legt der Fondsmanager das Geld überwiegend kurzfristig und schnell verfügbar als Bankguthaben sowie am Geldmarkt, auf dem kurzfristig fällige Anlagen gehandelt werden, an. Dabei kann der Manager mit den Anlagemillionen im Rücken bei den Kreditinstituten sowie den anderen Handelspartnern viel bessere Zinskonditionen aushandeln, als es einem Privatanleger möglich wäre. Allerdings wachsen auch bei Geldmarktfonds die Renditen nicht in den Himmel. Sie liegen im Bereich der Zinssätze, die für kurzfristige Gelder, also Tagesgelder und Tagesgeldkonten, am Markt gezahlt werden. Die Sätze pendelten in den vergangenen Jahren zwischen 2 und 3 Prozent.

Der Ruf dieser Fondsgattung hat in der Finanzkrise jedoch stark gelitten. Denn eigentlich sollte durch die geringe Laufzeit der Anlagen und einer Auswahl erstklassiger Banken und Anleiheemittenten das Risiko bei diesem Fondstyp gleich null sein. Doch bei einigen Geldmarktfonds war genau das Gegenteil der Fall. Deren

GELDMARKTFONDS EURO

↓ **Renditechance**

↗ **bis** ↑ **Sicherheit**

Anlageziel: kurzfristige Liquiditätssicherung

Fondscharakter: Baustein

Geeignet für: Kurzfristige Geldanlage, „Parkstation" kurzfristig angesparter oder fällig gewordener Gelder (beispielsweise aus Anleihegeschäften), laufende Anlage für jederzeit verfügbare Finanzreserve.

(Bewertungskriterien dazu siehe Seite 183.)

Fondsmanager haben dem Fondsdepot spezielle, sehr spekulative Schuldscheine sowie Anleihen beigemischt oder Gelder bei Banken mit schlechter Bonität angelegt, um angesichts des niedrigen Zinsniveaus die Rendite ihres Fonds ordentlich aufzupolieren.

Auf dem Höhepunkt der Finanzkrise sind jedoch die Märkte, auf denen diese Papiere gehandelt wurden, zusammengebrochen und die Kurse fielen ins Bodenlose. Doch auch Fonds, die ihre Gelder ausschließlich bei Banken anlegen, waren von den Auswirkungen betroffen. Viele Institute rund um den Globus gerieten in eine finanzielle Schieflage, einige gingen sogar Pleite wie etwa einige große Banken in Europa und den USA. Die Folgen dieser Turbulenzen waren dramatisch. Sie bescherten einer Reihe von Geldmarktfonds gravierende Verluste, die sie angesichts der niedrigen Renditen, die sie in normalen Zeiten erzielen, teilweise nie oder möglicherweise erst in vielen Jahren wieder aufholen können.

Für Anleger, die ganz auf Nummer sicher gehen wollen, sind Geldmarktfonds daher kaum geeignet. Sie sollten auf die Tages- und Festgeldangebote von Banken zurückgreifen, deren Einlagen durch eine Einlagensicherung geschützt sind.

Offene Immobilienfonds

Neben Aktien- und Rentenfonds gehörten offene Immobilienfonds lange Zeit zu den Klassikern unter den verschiedenen Fondsgruppen. Ihr Charme besteht darin, dass sich die Anleger mit ihnen an Grundstücken und Gebäuden beteiligen können – auch dann, wenn ihnen das notwendige Kapital für den direkten Erwerb einer Immobilie fehlt. Immobilienfonds investieren vorzugsweise in erstklassigen Innenstadtlagen – deutschland-, europa- oder weltweit – und konzentrieren sich dabei auf gewerbliche Objekte wie Bürohäuser und Einkaufszentren, mitunter auch Lagerhallen. Privat vermietete Mehrfamilienhäuser spielen hingegen keine Rolle.

Der generelle Pluspunkt von offenen Immobilienfonds ist, dass der Anleger mit ihnen am langfristigen Wertzuwachs von Grundvermögen teilnimmt, gleichzeitig bleibt er aber flüssig, denn seine Anteile kann er theoretisch jederzeit zurückgeben. Das heißt allerdings nicht, dass Immobilienfonds eine kurzfristige Anlageform sind. Aufgrund der hohen Kaufkosten und der

OFFENE IMMOBILIENFONDS

↓ **bis** ↘ **Renditechance**

↗ **bis** ↑ **Sicherheit**

Anlageziel: mittel- bis langfristige Geldanlage

Fondscharakter: Beimischung

Geeignet für: Anleger, die eine langfristige, wertstabile Anlage suchen.

(Bewertungskriterien dazu siehe Seite 183.)

laufenden Kosten (siehe Seite 16) sollte der Anleger allein unter diesem Aspekt seine Anteile mindestens fünf Jahre halten, um auf eine akzeptable Rendite zu kommen.

Die Manager offener Immobilienfonds hat das permanente Wechselspiel aus laufenden Zu- und Abflüssen in der Vergangenheit jedoch regelmäßig vor Herausforderungen gestellt. So hat es Phasen gegeben, in denen hohe Mittelzuflüsse zu einer Art Anlagenotstand geführt haben. Schließlich müssen neue hochwertige und rentable Objekte, in die dieses frische Kapital investiert werden kann, erst gefunden werden. Bis dahin „parkt" der Fondsmanager das Geld in festverzinslichen Wertpapieren. Ein Anteil festverzinslicher Wertpapiere von 30 Prozent und mehr am Gesamtvermögen ist in diesen Phasen bei offenen Immobilienfonds keine Seltenheit.

Umgekehrt lassen sich die Immobilien im Fondsbestand nicht von heute auf morgen zu Geld machen. Das ist in den vergangenen Jahren immer wieder zu einem Problem geworden. Denn mehrfach haben die Anleger ihre Anteile in großem Stil zurückgegeben und mussten ausgezahlt werden.

Zuletzt war das im Jahr 2008 auf dem Höhepunkt der Finanzkrise der Fall. Damals hatten vor allem institutionelle Anleger wie etwa Pensionskassen und Versicherungen, die traditionell hohe Summen in Immobilienfonds anlegen, viele ihrer Anteile verkaufen wollen, um liquide zu sein und weitere Verluste zu vermeiden. Als den Fonds angesichts dieser Massenflucht die Barreserven auszugehen drohten, zogen sie die Notbremse und stellten die Rücknahme von Anteilen ein. Zum Teil gelten bestimmte Limits bei einigen Fonds noch heute. Dazu kommt, dass einzelne Fonds hohe Werteinbußen hinnehmen mussten, weil Immobilien im Bestand abgewertet werden mussten.

Diese Situation war kein Einzelfall. Bereits im Jahr 2005 hatten Immobilien-Fonds eine ähnliche Flucht von Anlagegeldern erlebt. Damals waren es jedoch die durchweg schlechten Anlageergebnisse vieler Fonds, die die Anleger aus diesem Fondstyp trieben. Viele Fonds erzielten zu diesem Zeitpunkt eine Rendite auf Sparbuchniveau.

Ein zusätzlicher Minuspunkt von Immobilienfonds ist, dass sie nur wenig transparent sind. Das beginnt damit, dass der Wert eines Fondsanteils nicht so leicht zu ermitteln ist wie bei einem Aktienfonds, für dessen Papiere tagtäglich marktgerechte Kurse an der Börse festgestellt werden.

Den Wert der Grundstücke und Gebäude im Fondsbestand legen unabhängige Gutachter in größeren Zeitabständen fest, meist einmal pro Jahr. Abwertungen und Wertberichtigungen auf Objekte im Bestand führen dann von einem auf den anderen Tag unter Umständen zu hohen Verlusten.

Zusätzlich verschärft wurde die jüngste Vertrauenskrise dadurch, dass die Fondsanbieter lange Jahre gemauert haben, wo sie nur konnten. Informationen, mit deren

INFO **Offen oder geschlossen? – ein wichtiger Unterschied**

Der Immobilienmarkt gehört zum beliebtesten Tummelplatz für die Initiatoren geschlossener Fonds. Diese Fonds sind vom Konzept her ein Gegenentwurf zu offenen Publikumsfonds. Einsteiger sollten daher von dieser Art der Geldanlage besser die Finger lassen, denn sie ist mit hohen Risiken behaftet. Geschlossene Immobilienfonds erwerben im Unterschied zu offenen oft nur ein einziges Anlageobjekt. Das muss nicht unbedingt eine Immobilie, sondern kann zum Beispiel auch ein Containerschiff oder ein Flugzeug sein. Das Konzept besteht darin, dass am Anfang eine Zweckgesellschaft gegründet wird, deren Anteile an die Anleger verkauft werden. Rechtlich gesehen werden die Anleger durch den Kauf der Gesellschaftsanteile zu (Mit-)Unternehmern, was oft mit steuerlichen Vorteilen verbunden ist. Sind alle Anteile platziert, wie es in der Fachsprache heißt, wird der Fonds geschlossen, daher der Name. Die Beteiligung endet häufig erst nach 15 bis 20 Jahren, wenn das Anlageobjekt wieder verkauft und damit zu Geld gemacht wird. Ein vorzeitiger Ausstieg ist meist nicht oder nur mit Verlust möglich, denn eine Rückgabe der Anteile an die Fondsgesellschaft ist während der Laufzeit nicht möglich. Der Anleger muss sich dann am freien Markt einen Käufer suchen. Und für den ist es zum Beispiel aus steuerlichen Gründen meist wenig lukrativ, während der Laufzeit einzusteigen. Außerdem haben Misswirtschaft und falsche Anlageentscheidungen in der Vergangenheit dazu geführt, dass einige geschlossene Fonds vor Ablauf der Mindesthaltefrist in finanzielle Schwierigkeiten geraten sind. Dazu reichte es manchmal schon, dass Mietzahlungen ausfielen oder Charterraten sich nicht wie erhofft entwickelten. Es kann dann sogar passieren, dass die betroffenen Anleger nicht nur ihr eingezahltes Geld verlieren, sondern unter Umständen sogar verpflichtet sind, neues Kapital nachzuschießen. Denn als (Mit)Unternehmer haften sie in vielen Fällen.

Hilfe sich Rückschlüsse auf Qualität und Marktwert des Immobilienbestands in „ihrem" Fonds hätten ziehen lassen können, suchten interessierte Anleger zum Beispiel im Jahresbericht des Fonds (siehe Seite 20) oftmals vergebens. Mitunter haben einige Anbieter noch nicht einmal die Zusammensetzung des Fondsdepots detailliert aufgeschlüsselt, weil sie befürchten, sie könnten Wettbewerbern auf diese Weise Hinweise auf lukrative Anlagemöglichkeiten liefern.

GESETZGEBER ZIEHT NOTBREMSE

Aufgrund der jüngsten Negativentwicklungen plant der deutsche Gesetzgeber eine umfassende Reform der Immobilienfonds. Nach aktuellem Stand (seit dem 1. Oktober 2010) soll es genauere Regeln geben, wenn ein Fonds die Rücknahme von Anteilen stoppen kann und unter welchen Voraussetzungen er wieder geöffnet werden darf. Geplant ist zudem eine Mindesthaltefrist von zwei Jahren für private Anleger. Ausgenommen sein sollen Beträge bis zu 5 000 Euro pro Monat. Zusätzlich sollte auf den Wert eines jeden Objektes im Bestand ein pauschaler Sicherheitsabschlag von 10 Prozent vorgenommen werden, was den Anlegern zusätzliche Verluste beschert hätte. Dieses Vorhaben hat die Regierung zunächst aber wieder verworfen. Eine konkrete Entscheidung zu den Reformen stand bei Redaktionsschluss dieses Buches allerdings noch aus.

Garantiefonds

In Aktien anlegen und dennoch ist das Geld sicher – mit diesem Versprechen versucht die Fondsbranche auch vorsichtige Anleger für ein Investment in Aktien zu begeistern. Turbulenzen an den Weltbörsen so wie in den vergangenen Jahren können die Käufer von Garantiefonds, wie diese Fonds genannt werden, gelassen entgegensehen. Denn die Anbieter versprechen zumindest auf dem Papier eine gute Rendite und dennoch Schutz vor Verlusten. Was sich angesichts des magischen Dreiecks der Geldanlage (siehe Seite 25 ff.) zunächst liest wie eine Art der wundersamen Geldvermehrung, entpuppt sich in der Praxis vom Typus her als eine Art Mischfonds (siehe Seite 81 ff.), bei dem nur ein bestimmter Teil des Geldes in Aktien investiert wird und der überwiegende Teil in sichere Rentenpapiere fließt.

Garantiefonds werden in verschiedenen Varianten aufgelegt, die sich hinsichtlich des Schutzes vor Verlusten unterscheiden. Das muss man sich in etwa vorstellen wie bei einer Autoversicherung. Der Anleger kann wählen zwischen Voll- und Teilkasko oder einer variablen Absicherung. Die meisten Garantiefonds werden mit einer „einfachen" Kapitalgarantie angeboten. Der Anbieter verspricht dem Anleger, dass er mindestens seinen Einsatz (nicht aber der Ausgabeaufschlag und eventuell gezahlte Provisionen) zurückgezahlt bekommt, wenn er den Fonds bis zu einem bestimmten Termin hält. Manchmal wird der Fonds zu diesem Datum komplett aufgelöst, das

Depot zu Geld gemacht und der Erlös an die Anleger ausgezahlt. Darüber hinaus gibt es Garantiefonds mit Zwitterkonstruktionen: Zum Ende einer festen Laufzeit ist nicht nur der Erhalt des Kapitals garantiert, zusätzlich hat der Anleger die Gewissheit, dass er einen bestimmten Prozentsatz des Höchstkurses während der Laufzeit erhält – zum Beispiel 80 Prozent. Mit anderen Worten: Markiert der Fondsanteil ein Kurshoch von 150 Euro, werden am Laufzeitende mindestens 120 Euro (150 Euro × 0,8) zurückgezahlt, auch wenn der Kurs zum Fälligkeitstermin darunter notiert. Bei beiden Varianten gilt: Die Garantie gilt nur für den Fälligkeits- beziehungsweise Rückzahlungstermin. Will der Anleger vorzeitig verkaufen, muss er unter Umständen einen Verlust akzeptieren.

Andere Garantiefonds haben eine unbegrenzte Laufzeit und bieten dennoch Schutz, indem sie nach einer Art Karabinerprinzip arbeiten – in der Fachsprache Lock-in-Mechanismus genannt. Dabei wird der Kurs des Fondsanteils vereinfacht gesagt auf einem bestimmten Niveau abgesichert – zum Beispiel 100 Euro. Ein neues Sicherungsnetz wird danach immer dann eingezogen, wenn der Fondspreis von diesem Sicherungsniveau aus einen vorher festgelegten Prozentsatz an Wert gewinnt, etwa 5 Prozent. In dem Beispiel wäre also das neue Absicherungsniveau erreicht, sobald der Fondsanteil 105 Euro kostet.

Wieder anders funktionieren Fonds mit Teilschutz. Solche Fonds sind so konstruiert, dass sie innerhalb einer bestimmten Frist – meist ein Kalenderjahr – nicht mehr als einen bestimmten Prozentsatz an Wert verlieren können – zum Beispiel 10 Prozent des Anteilswertes zu Jahresanfang. Dieser „Verlustpuffer" hört sich für den Anleger zunächst gut an, doch die Tücke steckt im Detail: Geht es an den Börsen mehrere Jahre hintereinander bergab oder beweist der Fondsmanager ein schlechtes Händchen, kann nach fünf Jahren Anlagedauer trotz Teilschutz dennoch ein herbes Minus auf dem Papier stehen.

Bei Fonds mit flexiblem Kapitalschutz schließlich liegt es im Ermessen des Fondsmanagers, in welchem Maße er das Depot durch den Einsatz von modernen Finanzinstrumenten absichert. Dabei spielt zum einen die jeweils aktuelle Börsensituation eine Rolle, ebenso allerdings auch die Erfahrung und das Marktgespür des Anlageexperten. Liegt er mit seiner Einschätzung daneben, werden die Fondsanleger – allen Versprechungen der Fondsgesellschaft zum Trotz – einen Kurseinbruch unter Umständen voll zu spüren bekommen.

In puncto Rendite müssen sich Anleger bei einem Garantiefonds meist bescheiden: Garantien, Absicherungen und Schutznetze kosten schließlich Geld und damit wertvolle Renditepunkte. Den meisten Garantiefonds gemeinsam ist daher, dass sie die Wertentwicklung des Marktes beziehungsweise des Index, an dem sie sich orientieren, nur zu einem Bruchteil nachvollziehen. Diese Fonds sind daher nur für diejenigen Anleger eine gute Wahl, die eine bequeme, sichere und kalkulierbare (Fonds-)Anlage suchen, bei der sie im Gegenzug bereit sind, auf Rendite zu verzichten.

Total-Return-Fonds

Total-Return- und Absolut-Return-Fonds sind streng genommen nichts anderes als eine Art Weiterentwicklung der klassischen Mischfonds. Denn bei ihnen teilt der Fondsmanager das Depot nicht nur zwischen Aktien und Anleihen auf, sondern nutzt das gesamte Spektrum der Geldanlage – zusätzlich also auch Währungen, Immobilien, Rohstoffe, ebenso wie spekulatives Wagniskapital, mit denen er sich zum Beispiel an geschlossenen Fonds (siehe Seite 91) oder nicht börsennotierten Unternehmen beteiligt. Ziel ist es, für die Anleger unabhängig von der allgemeinen Börsentendenz eine positive Rendite rauszuholen und gleichzeitig das Risiko zu begrenzen. Diesen Grundgedanken verfolgen im Prinzip auch Mischfonds. Der Unterschied ist jedoch, dass sich das Management eines Total-Return-Fonds zumindest vom Ansatz her viel freier zwischen den Anlageklassen hin und her bewegen kann.

Die Überlegung dahinter ist, dass es für den Anleger ziemlich frustrierend ist, wenn ein Fonds in einem Jahr zwar besser als der Index, an dem er sich orientiert (siehe Seite 70 ff.), abschneidet. In absoluten Zahlen gesehen machen beide jedoch unter dem Strich unter Umständen einen Verlust. Anders gesagt: Der Anleger hat in diesem Fall lediglich weniger Vermögen verloren als der Index. Für viele Anleger ist das nur ein schwacher Trost, schließlich wollen sie nicht relative, sondern absolute Gewinne erzielen. Genau dieses Ziel, absoluten Gewinn zu erwirtschaften, verfolgen Total- und Absolute-Return-Fonds. Letztere sind von der Theorie her eher den Garantiefonds zuzuordnen, da sie unter allen Umständen den Erhalt des eingesetzten Kapitals und eine positive Verzinsung zum Ziel haben – wie hoch oder niedrig auch immer diese ausfällt.

In der bisherigen Praxis haben sich die Unterschiede zwischen diesen beiden Fondstypen jedoch nahezu eingeebnet. Obwohl beide Typen inzwischen eine Reihe von Jahren auf dem Markt sind, wissen viele dieser Fonds bislang kaum zu überzeugen – in erster Linie, weil der Wechsel zwischen den einzelnen Anlageklassen und der Einsatz von Absicherungsinstrumenten Rendite kostet.

DO-IT-YOURSELF-DEPOT FÜR VORSICHTIGE ANLEGER

Wer es sich zutraut, in bestimmten Grenzen eigenständig, also ohne die Hilfe eines (teuren) Fondsmanagers auf Marktentwicklungen zu reagieren, der hat eine Alternative zu Garantie- und Absolut-Return-Fonds: Bereits mit einem einfachen, selbst zusammengestellten Depot aus Aktien- (siehe Seite 61) und Rentenfonds (siehe Seite 65) lassen sich nach den Ergebnissen der Vergangenheit oftmals bessere Renditen erzielen als mit den starr geschneiderten Mischfonds. Und selbst wer sich nicht zutraut oder keine große Lust hat, mit verschiedenen Fonds und Fondstypen herumzuhantieren, kann sich relativ leicht eine Art risikooptimiertes Fondsdepot (siehe Seite 152 ff.) aus beiden Fondsvarianten zusammenbauen, das pflegeleicht ist und genau das bietet, was Mischfondsanleger suchen: stabile Renditen bei geringem Verlustrisiko.

Dachfonds

Hinter dem Grundkonzept von Dachfonds steht ein guter Gedanke: Statt in Anleihen, Aktien oder Immobilien zu investieren, kauft ein Fonds ganz einfach andere Fonds, die auf „ihren" Feldern aufgrund guter Anlageergebnisse in der Vergangenheit brilliert haben – einen Fonds der Fonds sozusagen. Anleger, die einen Dachfonds kaufen, brauchen sich also prinzipiell keine Gedanken zu machen, wie sie ihr Geld auf die einzelnen Fondstypen beziehungsweise Anlageklassen verteilen. Diese Entscheidung nimmt ihnen der Dachfonds-Manager ab. Daran wird deutlich, dass Dachfonds im Grunde nichts anderes sind als die spezielle Variante eines Mischfonds (siehe Seite 81), mit dem Unterschied, dass der Verwalter eines Dachfonds nicht direkt, sondern eben über entsprechende Fonds in die einzelnen Anlageklassen beziehungsweise -märkte investiert.

Auch für Dachfonds gilt die Regel, dass das Depot gut gestreut sein muss. Höchstens 10 Prozent seiner Mittel darf der Dachfondsmanager in einem Einzelfonds anlegen. Dachfonds gibt es in den gleichen Varianten wie Mischfonds: offensiv (mehr Aktienfonds), defensiv (mehr Rentenfonds) und ausgewogen. Dazu kommen Dachfonds, die ausschließlich in Aktien- oder Rentenfonds investieren. Mit der Auflage wird ein Mischungsverhältnis zum Beispiel zwischen Aktien- und Rentenfonds festgelegt, an dem sich der Manager orientieren muss – unabhängig davon, wie sich die Situation an den Börsen entwickelt. Die durchwachsenen Anlageergebnisse vieler Dachfonds in den vergangenen Jahren resultieren nicht allein aus den starken Schwankungen an vielen Börsen. Ein klares Manko dieser Fondsgruppe ist, dass viele Fonds überdurchschnittlich teuer sind. Laufende Verwaltungskosten von bis zu 5 Prozent pro Jahr (siehe Seite 16 ff.) sind keine Seltenheit. Der Grund: Zu den einmaligen und laufenden Kosten des Dachfonds kommen die Kosten derjenigen Fonds, die der Dachfondsmanager ins Depot nimmt.

Fremde oder nur eigene Produkte?

Ein weiterer Punkt, auf den die Anleger bei einem Dachfonds achten müssen, ist der Umfang des Anlagekosmos, aus dem der Fondsmanager die Einzelfonds auswählt. Nicht immer darf sich der Manager im gesamten Markt auf die Suche nach den besten Angeboten machen. In manchen Fällen kann er nur aus den Einzelfonds der eigenen Gesellschaft oder des eigenen Konzerns wählen. Dann besteht die große Gefahr, dass eben nicht nur Spitzenprodukte, sondern zwangsläufig auch weniger gute Fonds im Depot des Dachfonds landen. Allerdings sind die Kosten geringer, denn für eigene Fonds darf die Fondsgesellschaft nicht doppelt Gebühren erheben.

Hedgefonds

Bis vor wenigen Jahren eilte Hedgefonds ein geradezu sagenumwobener Ruf voraus. Renditen von 20 Prozent pro Jahr galten als absolut üblich in der Branche und Mindestanlagebeträge von einer Million Dollar und mehr sorgten dafür, dass lediglich ein exklusiver Kundenkreis Zugang zu dieser Anlageform hatte. Deutsche Anleger, die sich dafür interessierten, mussten lange Zeit den Umweg über das Ausland nehmen oder mit Hedgefonds-Zertifikaten (siehe Seite 76) vorliebnehmen. Der direkte Kauf von Hedgefonds ist in Deutschland erst möglich geworden, seit dieser Fondstyp nach einer Gesetzesnovelle im Jahr 2004 offiziell zugelassen wurde.

Eine riskante Anlageform

In Deutschland dürfen nur Dach-Hedgefonds angeboten werden, einen Einzel-Hedgefonds können sich interessierte Anleger nur über das Ausland besorgen, was allerdings oftmals mit steuerlichen Nachteilen verbunden ist. Ein Dachfonds senkt zudem zumindest theoretisch das Anlagerisiko, da er sein Geld auf mehrere Einzel-Hedgefonds verteilt. Dennoch ist in beiden Fällen die Verlustgefahr groß, denn Hedgefonds sind ein äußerst spekulatives Investment. Einen Hedgefonds dürfen Banken, Sparkassen sowie Fondsgesellschaften und -vermittler daher nur verkaufen, wenn sie ihren Kunden ausführlich beraten (siehe Seite 39 ff.) und darauf hingewiesen haben, dass unter Umständen auch der Totalverlust des eingesetzten Geldes möglich ist. Und dies kommt erfahrungsgemäß recht häufig vor. Während der Finanzkrise erwirtschafteten zwar einige dieser Fonds hohe Renditen, was zeigt, dass Hedgefonds auch in Zeiten fallender Indizes gute Renditen erwirtschaften können. Gleichzeitig wurden jedoch Dutzende von Fonds dichtgemacht, weil sich deren Management verspekuliert hatte – ein Szenario, das der Fondsidee komplett entgegenläuft. Für Einsteiger ist diese Fondsgruppe daher nicht geeignet.

So funktionieren Hedgefonds

Der Name Hedgefonds ist eher verwirrend und missverständlich, denn als Hedge bezeichnen Finanzprofis ein Absicherungsgeschäft etwa über die Börse. Das heißt, für eine bestimmte Position im Depot wird eine zweite aufgebaut, deren Wert sich weitgehend gegenläufig zur ersten entwickelt, eine Art Versicherung also. Viele Hedgefonds legen ihr Geld aber äußerst spekulativ an. Deren Manager schließen vereinfacht gesagt Wetten auf alles ab, was an den Börsen gehandelt wird: Aktien, Anleihen, Metalle, Währungen, um die wichtigsten zu nennen. Dabei ist es den Managern in vielen Fällen vollkommen egal, in welcher Richtung sich die Kurse entwickeln. Ihnen kommt es lediglich darauf an, Preisdifferenzen an verschiedenen Märkten oder einzelne Unter- und Überbewertungen, die von der üblichen Norm abweichen, gezielt auszunutzen und darauf zu spekulieren, dass sich diese Unterschiede wieder angleichen. Damit sind Hedgefonds zumindest theoretisch in der Lage, in guten wie in schlechten Börsenzeiten Geld zu verdienen, solange die Spekulation aufgeht.

GEFÄHRLICHE EXOTIK

Fast jeder Manager hat sein eigenes Anlagerezept, dessen Details er streng geheim hält. Das kann er, weil viele Hedgefonds in exotischen Finanzparadiesen wie etwa den Cayman-Inseln (Karibik) residieren. Das wirkt zwar nicht gerade so vertrauenerweckend wie etwa eine Adresse in Frankfurt, Zürich oder Luxemburg. Doch der Standort in Übersee hat gleich mehrere Vorteile: Zum einen werden die vom Fonds erzielten Gewinne nicht durch Steuern empfindlich gemindert, und zum zweiten schaut den Fondsmanagern in Übersee, anders als beispielsweise in den USA und Europa, keine Börsenpolizei oder Finanzaufsicht auf die Finger oder schreibt ihnen vor, wie sie ihr Depot zu verwalten haben. Sie müssen auch nicht, anders als beispielsweise bei einem in Deutschland zugelassenen Hedgefonds, regelmäßig ihre Depotzusammenstellung veröffentlichen. Genau das möchten die Herrscher über die Anlagemillionen nämlich, so gut es geht, bei ihren verwinkelten Transaktionen vermeiden.

Hedgefonds stehen seit Jahren in der Kritik. Es gilt unter Experten als ausgemachte Sache, dass diese hochspekulativen Anlagevehikel die Auswirkungen der Finanzkrise durch ihre riskanten Geschäfte und hohen Kreditsummen zusätzlich verstärkt haben. Aufgrund der enormen Summen, die die einzelnen Hedgefonds bewegen, stehen sie auch in dem Ruf, die Stabilität des gesamten Finanzsystems durch ihre Spekulationen ernsthaft in Gefahr zu bringen. Mit den im Vergleich zu „normalen" Fonds laxen Anlage- und Aufsichtsregeln soll es nach dem Willen von Politikern, Notenbankern sowie Aufsichtsbehörden ein Ende haben. Pläne für eine internationale Regulierung

INFO

Was ist eine fondsgebundene Lebensversicherung/Rentenversicherung?

Eine fondsgebundene Lebensversicherung ist eine Kombination aus Todesfallschutz und Sparplan. Wie bei einer Lebensversicherung üblich, schließt der Sparer zunächst einen Vertrag über eine bestimmte Versicherungssumme ab. Diese Summe ist garantiert und wird an die im Vertrag aufgeführten Personen ausgezahlt, sollte der Versicherungsnehmer während der Laufzeit des Vertrages versterben.

Andernfalls, im „Erlebensfall", erhält der Versicherungsnehmer am Ende der Vertragslaufzeit eine einmalige Kapitalauszahlung. Die Höhe dieser Auszahlung steht bei der fondsgebundenen Lebensversicherung nicht fest, denn die Beiträge, die der Versicherungsnehmer monatlich zahlt, werden in Investmentfonds angelegt, daher der Name der Versicherung. Ausgezahlt wird, was der beziehungsweise die Fonds, in die die laufenden Einzahlungen angelegt werden, erwirtschaftet hat oder haben, und das ist ungewiss. Einen Garantie- oder Mindestzins wie bei klassischen Kapitallebensversicherung gibt es bei Fondspolicen nicht. Zudem ist die Auswahl für den Versicherungsnehmer in den meisten Fällen sehr begrenzt. Viele Versicherungsgesellschaften bieten ihren Kunden nur eine Handvoll Fonds an – meist ausschließlich aus dem eigenen Haus oder aus dem eigenen Finanzverbund, die qualitativ gesehen in vielen Fällen gerade mal Mittelmaß sind.

Bei Fondspolicen fallen keine Ausgabeaufschläge oder andere Fonds-Kaufkosten an, allerdings ziehen die Versicherungsgesellschaften ihre Vertriebs- und Verwaltungskosten von den Beiträgen ab – und diese sind nicht unerheblich. 2 bis 3 Prozentpunkte pro Jahr sind keine Seltenheit. Dazu schlagen die Kosten für den Todesfallschutz renditemindernd zu Buche.

Fondsgebundene Rentenversicherungen funktionieren ähnlich, besitzen aber keinen garantierten Todesfallschutz. Versicherungsnehmer erhalten eine lebenslange Rente, die sich unter

und Beaufsichtigung dieser Fonds werden daher immer wieder diskutiert. Doch bislang scheiterte eine Umsetzung daran, dass man sich nicht auf konkrete Regeln einigen konnte. Ein Ergebnis hat die Finanzkrise bei Hedgefonds allerdings schon gehabt: Die vielfach schlechten Anlageergebnisse haben den Mythos, jeder dieser Fonds könnte in jeder Börsenlage traumhaft hohe Renditen erzielen, zerstört.

anderem nach der Höhe des Fondsvermögens zu Beginn der Rentenphase richtet. Alternativ können sie sich das Geld auch auf einen Schlag auszahlen lassen (Kapitalwahlrecht). Als Hinterbliebenenschutz kann man zudem eine Rentengarantiezeit vereinbaren. Über diesen Zeitraum wird die Rente dann garantiert bezahlt, selbst wenn der Versicherungsnehmer vorher stirbt. Diese Garantie kostet natürlich zusätzlich Geld.

Ein Nachteil der Fondspolicen ist: Sie sind unflexibler als ein normaler Fondssparvertrag (siehe Seite 45 ff.). Stoppt der Versicherungsnehmer seine Einzahlungen oder will er eine bestimmte Zeitlang aussetzen, bekommt er von der für die gesamte Versicherungssumme gezahlten Vertriebsprovision keinen Cent zurück.

Die neuen Steuerregeln für Kapitalanleger (siehe Seite 133 ff.) haben fondsgebundenen Lebensversicherungen und Rentenversicherungen mit Kapitalwahlrecht allerdings einen Pluspunkt beschert: Die Erträge unterliegen nicht der neuen Abgeltungsteuer. Wird der Versicherungsvertrag nach Vollendung des 60. Lebensjahres ausgezahlt und bestand er mindestens zwölf Jahre, ist der Gewinn mit dem halben persönlichen Steuersatz zu versteuern – im Ergebnis immer weniger als 25 Prozent Abgeltungsteuer.

Ein weiterer Vorteil: Auch bei Fondswechsel innerhalb der Police werden keine Steuern fällig.

Fazit: Anleger müssen genau hinschauen. Wollen sie einen guten Todesfallschutz, ist die bessere Alternative zu den meisten Fondspolicen ein Fondssparplan und eine separate Versicherung gegen Todesfall (Risikolebensversicherung).

Für Sparziele, die vor dem 60. Lebensjahr erreicht werden sollen, sind Fondspolicen fast immer ungeeignet. Allerdings kann unter steuerlichen Gesichtspunkten die Fondspolice eines guten Anbieters eine prüfenswerte Alternative für die Altersvorsorge sein.

DIE MÄRKTE IM BLICK

Jeder Fonds wird nach bestimmten Regeln verwaltet, die dem Manager zum Beispiel vorgeben, in welche Wertpapiere er investieren darf. Dabei handelt es sich meist um Aktien oder Anleihen. Oftmals werden dem Fondsmanager zusätzliche Grenzen gesetzt – etwa, in welchen Märkten er nach chancenreichen Titeln Ausschau halten kann, und mitunter sogar, nach welchem System er dabei vorgehen muss. Das hilft dem Anleger beim Aufbau seines Fondsdepots.

WO KÖNNEN FONDSANLEGER INVESTIEREN?

Aktien und Anleihen gibt es an vielen verschiedenen Börsen rund um die Welt und von unterschiedlichen Emittenten zu kaufen – also nicht nur in Europa und den USA, sondern in zum Teil sehr exotischen Ländern wie zum Beispiel Indonesien oder Südafrika. Der Anleger steht also vor der Frage, in welche Märkte er mithilfe eines Fonds investieren soll beziehungsweise welche Börsen die besten Chancen versprechen. Dabei kann er bestimmen, wie viel von dieser Entscheidung er selbst trifft und welchen Teil davon er dem Fondsmanager überlässt. Denn die Anlageregeln des Fonds schreiben dem Verwalter nicht nur vor, in welche Anlageformen er investieren, sondern auch, an welchen Märkten er Papiere kaufen darf – zum Beispiel nur an den Börsen in Euroland. Diese Eingrenzung bietet nicht nur die Möglichkeit, die Fonds einer Fondsgruppe zusätzlich zu sortieren und den Anlegern damit den Überblick zu erleichtern. Viel wichtiger ist, dass eine Eingrenzung des Anlagekosmos auch Anlagechancen und Risiken verändert. Dies sollten Anleger beim Aufbau ihres Fondsdepots berücksichtigen. Ziel ist es, das Depot so aufzubauen, dass alle wichtigen Anlageregionen abgedeckt werden.

Ein Blick auf die Aktienmärkte

Wie bereits im vorangegangenen Abschnitt erwähnt, gelten die Aktienbörsen als eigentliche Domäne von Fonds, denn mit ihnen hat der Anleger die Möglichkeit, mit einer Vielzahl von zum Teil sehr ausgetüftelten Anlagestrategien und -konzepten zum Erfolg zu kommen. Doch das sollte nicht darüber hinwegtäuschen, dass unter dem Strich das Anlageergebnis eines Aktienfonds in erster Linie davon abhängig ist, wie sich die Kurse an den Börsen, an denen er investiert, entwickeln. Auch Sparer, die sich nur wenig mit dem Geschehen an den Finanzmärkten beschäftigen, wissen meist, dass die Aktienkurse von Tag zu Tag zwar deutlich schwanken, dabei aber auf einen längeren Zeitraum betrachtet mehr oder minder ausgeprägten Auf- und Abwärtstrends folgen. Dementsprechend müssen sich die Anleger bewusst sein, dass sie mit Aktien anders als mit einer Anleihe keine besonders stabilen Renditen erzielen. Ähnlich wie die Kurse selbst, schwanken auf Jahressicht auch die Anlageergebnisse. In guten Jahren sind zweistellige Renditen drin, während die Investoren in Abwärtsphasen durchaus auch herbe Verluste verkraften müssen – wenn sie nicht vorher verkaufen. Davor sind auch Fondsanleger nicht gefeit. Dabei sollte jedoch berücksichtigt werden, dass es in diesen Phasen mit einem Fonds erfahrungsgemäß leichter möglich ist, die Verluste in Grenzen zu halten, als mit dem Kauf einzelner Aktien. Denn der Grundgedanke der Fondsanlage, durch eine breite Streuung das Anlagerisiko zu senken, macht sich bei Aktienfonds besonders positiv bemerkbar.

Aktien Welt

Viele Anleger legen ihr Geld sehr vorsichtig an und wollen, wenn überhaupt, nur einen kleinen Teil ihres Fondsdepots mit Aktien bestücken. Sie sind auf der Suche nach einer einfachen und bequemen Möglichkeit – denn auch nach dem Kauf möchten sie sich möglichst wenig um ihr Depot kümmern. Für sie ist ein marktbreites Fondsinvestment eine überlegenswerte Alternative. Fonds, die weltweit in Aktien investieren, werden auch „Aktienfonds Welt" genannt und gelten als Generalisten in der großen Gruppe der Aktienfonds. Ihr Vorteil: Bei ihnen genießt der Fondsmanager vergleichsweise große Anlagefreiheiten. Er kann Papiere an den verschiedensten Börsen rund um den Globus kaufen und auf diese Weise ein Depot mit Dutzenden von Titeln aus unterschiedlichen Branchen, Wirtschafts- und Währungsräumen zusammenstellen, dessen Mischung eine gute Balance verspricht. Aufgrund dieses breiten Anlagefokus gel-

AKTIENFONDS WELT

↗ **Renditechance**

↘ **Sicherheit**

Anlageziel: langfristige Geldanlage

Fondscharakter: Basisfonds

Geeignet für: Basisanlage für den Aktienanteil eines jeden Depots; Aktieneinsteiger, die für den Anfang eine gemanagte Anlageform suchen.
(Bewertungskriterien dazu siehe Seite 183.)

ten weltweit investierende Aktienfonds als pflegeleichte Basisfonds (siehe Seite 60). Nimmt man die Vergangenheit als Maßstab, lassen sich mit ihnen stabilere Renditen erzielen als mit Aktienfonds, deren Anlagekosmos stärker eingegrenzt ist – wenn der Anleger lang genug bei der Stange bleibt. Unter „lang genug bei der Stange bleiben" verstehen Experten bei einem Aktienfonds eine Anlagedauer von mindestens 15 Jahren. Vom 31.12.1994 bis 31.12.2009 haben die weltweiten Aktienmärkte zum Beispiel im Schnitt eine Rendite von 5,6 Prozent pro Jahr gebracht – ein Anlageergebnis, das gute Fonds deutlich übertroffen haben. Allerdings betrug der höchste in dieser Zeit aufgetretene Verlust 54,1 Prozent (Ende August 2000 bis Ende Februar 2009). Ein Anleger, der Ende August 2000 eingestiegen ist, hat bis zum 31.12.2009 einen Verlust von 35,2 Prozent gemacht.

Die langjährige Statistik zeigt jedoch, dass solche Verluste bisher immer ausgeglichen werden konnten. Selbst im schlechtesten 15-Jahres-Zeitraum (28.2.1994 bis 28.2.2009) betrug die jährliche Rendite noch 2,6 Prozent im Jahr. In der Vergangenheit war das Risiko also sehr gering, mit einem Fondsinvestment in die weltweiten Aktienmärkte innerhalb von 15 Jahren im Minus zu landen – auch wenn der Anleger einen äußerst ungünstigen Kaufzeitpunkt erwischt.

Regionale Aktienmärkte

Doch nicht jeder Anleger wird sich mit einem pauschalen Aktieninvestment zufrieden geben. Er wird einzelne Märkte und damit Chancen und Risiken etwas stärker

AKTIENFONDS EUROPA

↗ Renditechance
↘ Sicherheit

Anlageziel: langfristige Geldanlage

Fondscharakter: Basisfonds

Geeignet für: Anleger, die eine alternative Basisanlage zu den Aktienfonds Welt suchen und dabei nur begrenzt Währungsrisiken eingehen wollen.
(Bewertungskriterien dazu siehe Seite 183.)

AKTIENFONDS EUROLAND

↗ Renditechance
↘ Sicherheit

Anlageziel: langfristige Geldanlage

Fondscharakter: Basisfonds

Geeignet für: Anleger, die eine alternative Basisanlage zu den Aktienfonds Welt suchen und dabei kein Währungsrisiko eingehen wollen.
(Bewertungskriterien dazu siehe Seite 183.)

gewichten wollen. Angesichts des großen Angebotes an Aktienfonds gibt es zahlreiche Möglichkeiten, das Anlagespektrum stärker einzugrenzen beziehungsweise zu fokussieren. Ein erster Schritt dahin ist es, Fonds zu wählen, die jeweils in eine der drei großen Wirtschaftsregionen der Welt investieren:

- Europa,
- Nordamerika und
- Asien/Pazifik.

Innerhalb der regionalen Aktienfonds stellen Fonds, die sich auf Europa konzentrieren (siehe Pfeilkästen Seite 103), die zahlenmäßig umfangreichste Gruppe dar. Bei ihnen nimmt der Fondsmanager größtenteils Titel europäischer Unternehmen ins Depot. Fondsanleger können diesen Anlageradius noch weiter einschränken, indem sie zu einem Aktienfonds greifen, der sich auf Euroland beschränkt. In diesem Fall fehlen zum Beispiel britische und schweizerische Aktien ebenso im Fondsdepot wie etwa Titel aus den jungen EU-Mitgliedern Polen sowie Tschechien – solange diese Staaten noch nicht an der Währungsunion teilnehmen.

Ein Gegengewicht dazu bildet Nordamerika. Der Wirtschaftsverbund von den USA und Kanada ist die weltweit stärkste Wirtschaftsregion überhaupt. Streng genommen gibt es daher für Aktienanleger kaum einen Weg an dieser Region vorbei. Viele große Konzerne, die in ihrer Branche etwa in der Computer- oder Internettechnologie zu den Marktführern zählen, haben hier ihren Sitz. Auf die Aktien der nordamerikanischen Märkte im Depot zu verzichten, bedeutet daher auch, Anlagechancen links liegen zu lassen.

Die Region Asien/Pazifik schließlich hat sich in den vergangenen Jahren zur dynamischsten Wirtschaftszone der Welt entwickelt. Angesichts des rasanten Wachstums der Volkswirtschaften in China und Indien sowie des hochentwickelten Japan gehen viele Wirtschaftsexperten davon aus, dass dieser Region die Zukunft gehört. Davon könnten auch Fondsanleger profitieren.

Sonderfall: Emerging Markets

Eine Sonderstellung unter den genannten Aktienregionen bilden die Schwellenländer, in der Fachsprache Emerging Markets genannt. Dieser englische Begriff lässt sich am besten mit „aufstrebende Märkte" übersetzen. Schwellenländer bilden unter Anlagegesichtspunkten einen Gegenpol zu den Börsen der großen und etablierten Volkswirtschaften, da deren Wachstum nicht höher ist als das der Industrienationen.

Es gibt keine allgemeingültige, wissenschaftlich exakte Definition, wann eine Volkswirtschaft als Schwellenmarkt zählt. Aber wenn Anlageexperten von Emerging Markets sprechen, meinen sie üblicherweise die sich entwickelnden Ländern in Mittel- und Lateinamerika, Osteuropa, Südostasien und Afrika (in erster Linie Südafrika).

Meist ist in Zusammenhang mit den Emerging Markets jedoch nur von den

AKTIENFONDS SONSTIGE REGIONEN

↗ bis ↑ Renditechance

↘ bis ↓ Sicherheit

Anlageziel: langfristige Geldanlage

Fondscharakter: Baustein

Geeignet für: Anleger, die einzelne Wirtschaftsregionen in Kombination mit einem breit gestreuten Aktienfondsdepot betonen wollen.
(Bewertungskriterien dazu siehe Seite 183.)

AKTIENFONDS EMERGING MARKETS GLOBAL

↑ Renditechance

↓ Sicherheit

Anlageziel: langfristige Geldanlage

Fondscharakter: Beimischung

Geeignet für: Beimischung für ein breit gestreutes Aktienfondsdepot.
(Bewertungskriterien dazu siehe Seite 183.)

BRIC-Staaten die Rede. Diese Abkürzung steht für die weltweit größten und führenden Schwellenländer

- Brasilien,
- Russland,
- Indien und
- China.

Obwohl diese Länder (Volkswirtschaften) weit voneinander auf dem Globus verstreut sind, gibt es einige Fonds, die diese BRIC-Länder zusammenfassen und so auch für Anleger mit wenig Geld eine Investition in diese chancenreichen Märkte ermöglichen.

Was diese Märkte für Anleger so interessant macht, ist ihr enormes Wachstumspotenzial – allen voran eben das der BRIC-Länder. Zugleich stellen diese Staaten Milliardenmärkte dar – etwa für Automobile, Nahrungsmittel und Finanzdienstleistungen, sodass auch Konzerne aus den etablierten Staaten gute Geschäftsaussichten in den Emerging Markets haben. Viele Fachleute halten daher diese Aktienmärkte – trotz zwischenzeitlich starker Kurseinbrüche – für die gewinnträchtigsten der Zukunft. Ein Beleg dafür: Die meisten Schwellenländer haben viel schneller als die großen Industrienationen die Folgen der Finanzkrise überwunden und Anschluss an ihren alten Wachstumstrend gefunden. China zum Beispiel wird im Jahre 2010 Japan als Nummer zwei unter den weltgrößten Wirtschaftsnationen überholt haben.

Bereits in der Vergangenheit haben sich die Börsen vieler Emerging Markets weitgehend unabhängig von denen der großen Weltbörsen bewegt. Sie bieten

also Aktienanlegern eine gute Möglichkeit, ihr Depot zusätzlich zu diversifizieren.

Allerdings birgt ein Investment in Schwellenländer auch Risiken und Unsicherheiten. Denn die wirtschaftliche und politische Situation der meisten Schwellenländer ist alles andere als stabil. So kommt es fast regelmäßig in diesen Ländern zu hausgemachten Wirtschafts- und Währungskrisen, die dann auch die internationalen Finanzmärkte in Atem halten – so wie zum Beispiel der Putschversuch in Russland 1991 oder der Staatsbankrott Argentiniens 2002.

Ein weiterer Risikofaktor der Schwellenländer ist, dass die Infrastruktur und das volkswirtschaftliche Entwicklungsstadium der lokalen Finanzmärkte im Vergleich zu den großen Weltbörsen immer noch Schwächen aufweist. So ist zum Beispiel die Zahl und die Marktkapitalisierung (also der Börsenwert), der an der Börse gehandelten Unternehmen im Verhältnis zur gesamten Wirtschaftsleistung der jeweiligen Länder oftmals verschwindend gering, und die Organisation des täglichen Handels kann mit dem Standard hoch entwickelter Börsen oft nicht mithalten. Mitunter – dies ist ein weiteres Anlagehindernis – haben ausländische Investoren auch nur eingeschränkten Zugang zu vielen Schwellenbörsen oder sie können ihre Anlagegelder nur mit zeitlicher Verzögerung transferieren, weil die jeweilige Landeswährung an den internationalen Devisenmärkten nicht frei handelbar ist.

Fazit: Aus dieser knappen Beschreibung wird bereits deutlich, dass Fonds als Beimischung an sich ideal sind für ein Investment in die Schwellenländer. Die Anlage dort erfordert zwar noch mehr Zeit, Mühe, Aufmerksamkeit und Wissen, als dies bei Aktien ohnehin schon notwendig ist. Aber auch hier gilt: Mit einem Regionenfonds lassen sich die Chancen an den Schwellenbörsen gegenüber einem weltweit anlegenden Aktienfonds (siehe Pfeilkasten „Aktienfonds sonstige Regionen", Seite 105) sehr viel gezielter wahrnehmen. Allerdings steigen auf der anderen Seite zwangsläufig auch die Risiken, da der Fondsmanager die Fondsgelder nur auf die Schwellenbörsen und damit sehr viel eingeschränkter streuen kann

In die Emerging Markets zu investieren empfiehlt sich daher nur für „risikofreudige" Anleger mit guten Nerven, die bereit sind, ihr Geld unter Umständen auch nur sehr kurzfristig an diesen Märkten anzulegen und wieder abzuziehen und folglich ihr Fondsinvestment laufend zu beobachten.

Ländermärkte

Anleger können ihr Aktieninvestment noch stärker regional eingrenzen. Mit einem Länderfonds haben sie die Möglichkeit, gezielt in einzelne Märkte zu investieren, ohne dass sie sich Gedanken über die Auswahl einzelner Titel machen müssen. Die konkrete Aktienauswahl für das Depot erledigt der Fondsmanager. Angesichts der Fülle des Fondsangebots lassen sich für fast jede Börse passende Angebote finden. Dabei sollte der Anleger jedoch beachten, dass viele Ländermärkte sehr klein und damit auch sehr risikoreich sind. Dagegen bieten deutsche, schweizerische, britische, japanische und nicht zuletzt auch nordamerikanische Aktien (einschließlich Kanada) einen Anlagekosmos, der, trotz einer regionalen Eingrenzung, genug Spielraum bietet, um das Fondsdepot breit genug zu streuen.

Dennoch gilt: Ein fokussiertes Länderinvestment kann eine gute Entscheidung sein für den Fall, dass die entsprechende Börse aufgrund von wirtschaftlichen und/oder politischen Entwicklungen besonders stark boomt. Beispiele dafür sind das überdurchschnittlich hohe Wachstum der US-Wirtschaft bis zum Beginn der Finanzkrise oder die wirtschaftliche Öffnung Chinas. Diese Entwicklungen haben sowohl den chinesischen als auch den US-Börsen hohe Kursgewinne beschert. Anleger, die von solchen Boomphasen profitieren wollen, sollten jedoch sowohl vor als auch

LÄNDER-AKTIENFONDS (ENTWICKELTE MÄRKTE)

bis Renditechance

bis Sicherheit

Anlageziel: langfristige Geldanlage

Fondscharakter: Baustein

Geeignet für: Baustein für ein breit gestreutes Aktienfondsdepot zur gezielten Betonung einzelner Märkte oder Börsen.

(Bewertungskriterien dazu siehe Seite 183.)

LÄNDER-/REGIONEN-AKTIENFONDS EMERGING MARKETS

Renditechance

Sicherheit

Anlageziel: kurz- bis mittelfristige Spekulation

Fondscharakter: Beimischung

Geeignet für: Spekulative Beimischung für Aktienfondsanleger, die gezielt in einzelne Schwellenländer investieren wollen.

(Bewertungskriterien dazu siehe Seite 183.)

INFO

Branchen- und Themenfonds – nur selten eine gute Wahl

Neben Regionen- und Länderfonds bietet die Fondsindustrie auch sogenannte Branchen- und Themenaktienfonds an. Bei ihnen wird der Anlagekosmos also nicht räumlich, sondern thematisch eingegrenzt. Der Manager eines Branchenfonds kauft zum Beispiel ausschließlich Aktien von Unternehmen, die schwerpunktmäßig in einem bestimmten Wirtschaftszweig tätig sind. Bei einem Rohstofffonds zum Beispiel können das Minengesellschaften, Hüttenbetreiber, aber auch Produzenten von Bohrwerkzeugen und Fördermaschinen sein. Andere „Anlagethemen", die vermehrt angeboten werden, sind Internet, Logistik, Infrastruktur, Gesundheit und Umwelt.
Eine solche Eingrenzung bietet auf der einen Seite den Vorteil, dass der Anleger vom jeweiligen Trend, wenn es denn tatsächlich einer ist, gezielt profitieren kann. Auf der anderen Seite ist die Gefahr groß, dass der Fondsmanager das Thema viel „freier" interpretiert als es der Branchenbegriff nahelegt. Das Internet zum Beispiel ist mittlerweile so allumfassend geworden, dass fast jeder Großkonzern Produkte oder Dienstleistungen anbietet, die sich mit diesem Begriff in Verbindung bringen lassen. Folge: Für das Anlagethema „Internet" kommt praktisch fast jede Aktie infrage, sodass ein solcher Themenfonds unter Umständen ein bunt zusammengewürfeltes Aktiendepot enthält. Der Sinn und Zweck von Themenfonds ist daher umstritten. Nicht zuletzt zeigen die Erfahrungen der Vergangenheit, dass ein Anlagethema nicht selten erst dann von der Fondsbranche „entdeckt" wird, wenn der Boom an der Börse bereits seinen Höhepunkt erreicht oder gar schon überschritten hat.

nach dem Einstieg an der entsprechenden Börse versuchen abzuschätzen, wie lange diese „Sondereffekte" anhalten könnten und wie tragfähig dementsprechend der Kurshöhenflug ist.

Schlechte Karten haben Anleger, wenn am jeweiligen Markt der Trend kurzerhand kippt – etwa durch einen Konjunktureinbruch. Folge: An der jeweiligen Börse gehen die Kurse meist von heute auf morgen auf Talfahrt, während die anderen Weltaktienmärkte unter Umständen davon ganz unbeeindruckt bleiben. Mit einem Länderfonds machen Anleger eine derartige Abwärtsbewegung erfahrungsgemäß voll mit, denn dessen Manager hat kaum eine Möglichkeit, dem Abwärtstrend aktiv entgegenzusteuern – etwa durch Umschichtung der Fondsgelder in andere, lukrativere Märkte. Durch das enge Fondskonzept sind ihm hierfür die Hände gebunden. Somit muss der Fondsanleger

BRANCHEN-/THEMENFONDS

↑ Renditechance

↓ Sicherheit

Anlageziel: kurz- bis mittelfristige Spekulation

Fondscharakter: Beimischung

Geeignet für: Spekulative Beimischung für Aktienfondsanleger, die gezielt in einzelne Branchen investieren oder auf einen bestimmten Anlagetrend setzen wollen. (Bewertungskriterien dazu siehe Seite 183.)

selbst handeln und mitunter die Notbremse ziehen, indem er aussteigt und seine Fondsanteile verkauft. Auch bei einem Länderinvestment ist also Beweglichkeit gefragt. Trotz dieser Einschränkung bieten Länderfonds Vorteile – zum Beispiel, wenn der Anleger an einem Aktienmarkt investieren will, der ausländische Privatanleger aufgrund gesetzlicher Regeln vor Ort kaum einen oder gar keinen Zugang ermöglicht, wie etwa die chinesischen Festlandbörsen in Shanghai und Shenzhen. Dann ist ein Fonds – unabhängig mit welchem regionalen Charakter – für Normalanleger meist die einzige Alternative, um überhaupt an diesen Märkten investieren zu können. Generell ist jedoch ein Investment in einzelne Länder bzw. Länderfonds kaum für eine längerfristige Anlage geeignet. Dementsprechend sind Länderfonds alles andere als bequem zu handhaben, denn anders als ein „Aktienfonds Welt" muss der Anleger die Wertentwicklung solcher Fonds laufend im Auge behalten. Dann kann er allerdings – richtiges Timing vorausgesetzt – von den Chancen einzelner Märkte im Vergleich zu einer marktbreiten Anlage in die internationalen Aktienmärkte überproportional stark profitieren.

Das Währungsrisiko bei Aktienfonds

Viele Anleger greifen bei Aktien lieber zu einem Regionenfonds, der sozusagen vor der eigenen Haustür, also etwa in Euroland oder gar nur in Deutschland investiert. Denn sie gehen davon aus, dass sie auf diese Weise kein Währungsrisiko eingehen (siehe auch Seite 26). Vordergründig betrachtet, ist diese Überlegung richtig. Generell sollten Anleger jedoch den Einfluss von Währungskursveränderungen auf das Anlageergebnis eines Aktienfonds nicht überschätzen. Legt man nämlich die Entwicklung der Vergangenheit zugrunde, so zeigt sich, dass Währungskurs-Verschiebungen bei einer Anlagedauer von zehn Jahren und mehr für die Rendite eines Fonds keine große Rolle spielen, wenn das Fondsdepot breit gestreut ist. In diesem Fall kann der Anleger vielmehr davon ausgehen, dass das Verlustrisiko insgesamt aufgrund der besseren Diversifikation des Fonds deutlich geringer ist als etwa das eines reinen Länderfonds, der sich zum Beispiel auf deutsche Titel beschränkt. Ein einfacher Grund dafür, dass sich der Einfluss fremder Währungen im Anlageergebnis nicht so stark bemerkbar macht, ist, dass innerhalb des mittlerweile global ausgerichteten Wirtschaftslebens der nationale Sitz eines Unternehmens zunehmend unwichtig wird. Entscheidend ist vielmehr, in welchen Regionen eine Gesellschaft ihren Hauptumsatz erzielt. Bei sehr großen Konzernen sind solche Währungsüberlegungen zudem zweitrangig, denn diese Firmen sind meist weltweit tätig. Das heißt, sie produzieren und verkaufen rund um den Globus und verteilen auf diese Weise sozusagen „hausintern" das Währungsrisiko im Rahmen ihrer eigentlichen Geschäftstätigkeit. Bei Fonds, die schwerpunktmäßig auf kleine Nebenwerte (siehe Seite 113) setzen, sieht das schon anders aus. So schlägt sich etwa in den Kursen der deutschen Maschinenbau-Unternehmen regelmäßig die große Exportabhängigkeit dieser Firmen nieder. Auf der anderen Seite gibt es auch eine Reihe von Unternehmen, die sich ganz gezielt gegen Währungskursverluste absichern – etwa europäische Fluggesellschaften: Sie müssen ihre Treibstoffkosten zum Beispiel traditionell in der internationalen Handelswährung US-Dollar bezahlen, erzielen ihre Erlöse aber in Euro.

WIE KÖNNEN FONDSANLEGER INVESTIEREN?

Neben den Anlageformen und den Märkten, in die ein Fonds investiert, spielt bei der Auswahl auch die Frage eine Rolle, nach welcher Methode der Manager beim Aufbau des Fondsdepots vorgeht. Der Anleger steht dabei zunächst vor zwei Möglichkeiten, wie der Fonds gemanagt werden soll:

- passiv oder
- aktiv

Passives Management: Bei passiv gemanagten Fonds, den Indexfonds (siehe Seite 70), geht der Fondsmanager keinen eigenen Anlageideen nach. Er stellt das Depot stur genau so zusammen, dass es die Entwicklung des Indexes, auf den sich der Fonds bezieht, nachvollzieht. Vorteil für den Anleger: Er schneidet mit einem Indexfonds in etwa immer so gut ab wie der jeweilige Markt – niemals wesentlich schlechter. Dennoch ist ein solches Indexinvestment nicht ohne Tücken. Brechen die Kurse auf breiter Front ein – so wie zum Beispiel in den Jahren 2008 und 2009 –, macht der Indexfonds diese Abwärtsbewegung voll mit. Will der Anleger die Talfahrt vermeiden, muss er selbst die Entscheidung treffen, zu verkaufen und auszusteigen – und hinterher auch wieder den geeigneten Einstiegszeitpunkt finden.

Bei Indexfonds investiert der Anleger in den meisten Fällen zudem sehr zyklisch. Was heißt das? Der überwiegende Teil der bekannten Aktienindizes wählt seine Titel

anhand der Marktkapitalisierung, also des Börsenwertes, aus: Damit ein Unternehmen in den Index aufsteigt, muss der Kurs zuerst stark steigen, und so die Kapitalisierung die dafür notwendige Größe erreicht. Die Gefahr ist also groß, dass ein Unternehmen erst dann im Index und damit im Fondsdepot landet, wenn der Kurs den Großteil seines Anstiegs bereits hinter sich hat. Einige Indizes versuchen diese Schwäche auszumerzen, indem sie zum Beispiel auch betriebswirtschaftliche Kennzahlen wie etwa den Jahresgewinn und den Umsatz eines Unternehmens bei der Indexzusammenstellung mitberücksichtigen.

Aktives Management: Bei einem aktiven Anlagemanagement versucht der Fondsmanager, durch eine eigene Anlagestrategie den Markt zu schlagen. Das heißt, ein Ergebnis zu erzielen, das besser ist als das des breiten Marktes. Dafür gibt es verschiedene Möglichkeiten. Er kann zunächst einmal versuchen, durch geschicktes Timing, also die Wahl günstiger Kauf- und Verkaufszeitpunkte, die allgemeinen Kursschwankungen zu nutzen. Also voll investiert zu sein, wenn die Kurse steigen, und rechtzeitig zu verkaufen, wenn es dann bergab geht. Erfahrungsgemäß schaffen es allerdings selbst nur wenige der Profis, mit dieser Strategie auf Dauer Erfolg zu haben, da auch sie die zum Teil heftigen Marktbewegungen nicht so richtig abschätzen können.

Viele Fondsmanager gehen deshalb einen anderen Weg: Sie stellen ein Depot indexnah, aber eben nicht ganz genauso wie der Index zusammen. Das heißt, sie lassen sich bewusst einen gewissen Spielraum, den sie nutzen, um einzelne Titel im Depot gegenüber dem Index gezielt über- oder unterzugewichten. Das Ganze ist im Grunde nichts anderes als eine (Teil-)Wette gegen den Index. Geht die Spekulation auf, erzielt der Fondsmanager ein kleines Plus gegenüber dem Index, dass sich über das Jahr hinweg zu einigen Prozentpunkte aufsummieren kann. Auf der anderen Seite ist das Risiko überschaubar, deutlich hinter dem Index zurückzubleiben, wenn der Fondsmanager schnell genug die Notbremse zieht.

Auch hier gilt: Für den Erfolg dieser Strategie ist im Endeffekt das gute Händchen des Profis entscheidend. Die Erfahrung zeigt, dass kaum ein Manager auf Dauer das Glück für sich gepachtet hat. Auffällig ist zudem, dass einige Verwalter mit ihrer Strategie eher Erfolg haben, wenn es an den Märkten bergauf geht, andere wiederum bewähren sich vor allem in Abwärtsphasen. Der Anleger muss also letztlich darauf hoffen, dass „sein" Vermögensverwalter auch mit einer wechselhaften Börsenlage zurechtkommt.

Vor allem in turbulenten Börsensituationen zeigt sich oft auch das Können derjenigen Verwalter, die nach einer ganz anderen Strategie vorgehen: Sie orientieren sich nicht an einem Index oder einer bestimmten Depotstruktur, sondern durchforsten den Kurszettel gezielt nach Einzelaktien, die ihnen überdurchschnittlich lukrativ erscheinen. Die wenigsten Profis lassen sich dabei allein von ihrem Bauchgefühl leiten. Sie sieben das große Feld anhand bestimmter Kennzahlen aus – etwa das Verhältnis von Dividende (siehe Seite 62) zum aktuellen Börsenkurs oder die Wachstumsraten von Umsatz und Gewinn. Einige Experten picken sich auf diese Weise gezielt diejenigen Aktien heraus, die nach jeweils aktuellen Maßstäben als unterbewertet und damit preiswert gelten, andere dagegen konzentrieren sich auf Papiere von Unternehmen, die besonders wachstumsstark sind, auch wenn sie dafür etwas höhere Preise bezahlen müssen. Im Endergebnis weist das Fondsdepot bei dieser in der Fachsprache Stock-Picking genannten Methode meist eine vollkommen andere Struktur auf als der entsprechende Marktindex. Folge: Die Wahrscheinlichkeit, dass sich das Fondsdepot im Zeitablauf ganz anders als das Marktbarometer entwickelt, ist hoch. Das bietet dem Anleger freilich keine Garantie, dass er innerhalb seiner Anlagedauer besser als der Index abschneidet. Im Gegenteil: Mitunter dauert es Jahre, bis der Fondsmanager den Erfolg seiner Arbeit erntet, sodass der Anleger in diesem Fall Geduld und Stehvermögen mitbringen muss.

Fazit: Es gibt keinen Königsweg beim Management eines Fondsdepots. Jede Variante hat ihre Vor- und Nachteile. Wichtig ist jedoch, dass sich der Anleger vor dem Kauf darüber bewusst ist, welche Strategie der Manager „seines" Fonds verfolgt. Auf diese Weise kann er das Profil seines Fondsinvestments deutlich besser abschätzen.

Eine Frage der Größe

Neben der Anlagemethode spielt bei der Aktienanlage auch das Größensegment eine Rolle, aus dem der Fondsmanager seine Titel auswählt. Dies ist vor allem für das Anlagerisiko von Bedeutung. Denn in den meisten Fällen ist zu beobachten, dass der wirtschaftliche Erfolg eines Unternehmens auf Dauer auch etwas mit seiner Größe zu tun hat. An der Börse werden daher Aktien in Größenklassen unterteilt, die Rückschlüsse auf die „Anlagegüte" eines Papiers zulassen.

- Bluechips (auch Large-Caps genannt): Ganz oben stehen dabei die sogenannten Standardwerte. Das sind die größten und meist auch bekanntesten Unternehmen eines Aktienmarkts. Meist sind es weltweit tätige Großkonzerne, die innerhalb ihrer Branche eine Spitzenstellung einnehmen und deren Name auch abseits der Finanzmärkte einen guten Ruf besitzt. Im internationalen Sprachgebrauch der Börsianer werden diese Titel auch als Bluechips bezeichnet.

- Mid-Caps: Auf die Bluechips folgen die Werte der sogenannten „zweiten Reihe": Unternehmen, die es in Sachen Marktkapitalisierung und oft auch mit dem Bekanntheitsgrad der Standardwerte nicht aufnehmen können, die aber deswegen keine Leichtgewichte sind. In der Fachsprache der Börsianer werden diese Aktien auch Mid-Caps (Abkürzung für „Middle Capitalization", übersetzt: mittlere Börsen-Kapitalisierung) genannt.
- Small-Caps: Am unteren Ende der Größenskala stehen die Small-Caps (übersetzt: niedrige Börsen-Kapitalisierung) – Werte, die aufgrund ihrer Größe nur einen vergleichsweise geringen Wert an der Börse besitzen. Dieses zahlenmäßig am üppigsten besetzte Feld stellt für den Fondsmanager die größte Herausforderung dar, denn dort tummeln sich ganz unterschiedliche Unternehmen – junge, aufstrebende Wachstumsunternehmen ebenso wie Gesellschaften, die wirtschaftlich gesehen allenfalls Mittelmaß darstellen und deswegen besser nicht im Fondsdepot landen sollten.

Allerdings besitzen Small- und Mid-Caps, die als wirklich attraktiv gelten, im Vergleich zu den Bluechips ungleich größere Kurschancen – aber auch deutlich höhere Risiken. Ein Konjunktureinbruch, ein verpasster Markttrend oder Qualitäts- und Firmenmanagementprobleme – all das sind Ereignisse, die sich bei einem kleinen oder mittleren Unternehmen relativ schnell zu einer die Existenz bedrohenden Krise ausweiten können und den Aktienkurs abstürzen lassen

Mit Aktienfonds strategisch anlegen

Die Beschreibung der einzelnen Aktienfondsgruppen zeigt, dass nicht jeder Fondstyp für jeden Anlagezweck und jedes Anlegernaturell infrage kommt. „Welche Fondstypen eignen sich nun am besten für mich?", wird sich so mancher Einsteiger fragen. Der nachfolgende Überblick soll Anlegern helfen, die Einsatzmöglichkeiten der einzelnen Fondstypen und -gruppen einzuschätzen und an die eigenen Anlagebedürfnisse individuell anzupassen.

Weltweit anlegende Aktienfonds, sowohl „passive" Indexfonds als auch „aktiv" gemanagte Fonds, gelten als erste Wahl und zugleich als Basisanlage für alle, die langfristig in Aktien mittels Fonds investieren möchten. Denn bei diesen Fonds müssen sie sich nicht laufend um ihr Investment kümmern. Damit kommt dieser Fondstyp auch für Anleger infrage, die auf Sicherheit bedacht sind und aufgrund ihrer Risikoneigung eigentlich nichts mit Aktien zu tun haben wollen – obwohl sich durch eine maßvolle Beimischung nicht nur die Gesamtrendite des Depots verbessert, sondern auch das Schwankungsrisiko insgesamt sinkt.

MESSGRÖSSE FÜR NERVENSTÄRKE

Je größer die Schwankungsbreite einer Geldanlage ist, desto riskanter ist sie und desto bessere Nerven braucht der Anleger. Das Schwankungsrisiko, auch Volatilität genannt, wird in Prozent ausgedrückt. Die Volatilität sagt jedoch nichts darüber aus, ob die Rendite positiv oder negativ war, der Kurs gestiegen oder gefallen ist. Sie gibt lediglich Auskunft über das Ausmaß der Kursausschläge.

Wer als Anleger aus Deutschland vorzugsweise Aktien auf dem eigenen Kontinent kaufen möchte, für den bietet sich ein Investment in Regionenfonds an, die sich auf Europa beziehungsweise Euroland konzentrieren. Diese Fonds bieten bei breiter Streuung in etwa gleiche Renditechancen wie Aktienfonds Welt bei ähnlich überschaubarem Risiko.

Mixen in Eigenregie

Selbstverständlich haben Anleger auch die Möglichkeit, selbst einen Mix aus Regionen- und Länderfonds zusammenzustellen statt mittels eines einzigen Fonds in Aktien zu investieren.

Aufgrund des breiten Angebots an Fondstypen sind unendlich viele Kombinationen denkbar. Eine Mischung aus mehreren Regionenfonds für die Regionen Asien/Pazifik (einschließlich Japan), Europa und Nordamerika stellt eine Alternative zu einem weltweit anlegenden Fonds dar. Und durch Beimischung einzelner Länderfonds lassen sich Chancen und Risiken des gesamten Aktienfondsanteils im Depot weiter verfeinern und gezielt dosieren. Ein zusätzlicher kleiner Anteil etwa eines weltweit anlegenden Schwellenländer-Fonds zu dem genannten Dreier-Mix oder zu einem „Aktienfonds Welt" wirkt sich erfahrungsgemäß eher günstig auf die Risikostreuung im Depot aus.

NUR IN KLEINEN PORTIONEN

Dagegen besitzen Schwellenländer-Regionenfonds und -Länderfonds einen überdurchschnittlich spekulativen Charakter. Sie sind nur als kleine Beimischung für ebenso erfahrene wie vermögende Anleger mit einem gut sortierten Fondsdepot geeignet.

Fonds mit Einzelaktien kombinieren

Anleger, die mit dem Geschehen an der Börse vertraut sind und sich etwas weiter vorwagen wollen, können natürlich auch daran denken, eine Mischung verschiedener Fonds mit einzelnen Aktien zu ergänzen und auf diese Weise Fonds- und Direktanlage zu kombinieren. Der Vorteil ist, dass sich der Sparer gezielt mit der Auswahl seiner Einzelwerte beschäftigen kann und zusätzlich einzelne Anlageregionen und Länder über Fonds abdeckt. Das spart Anlegern, die ansonsten in Einzelwerte investieren möchten, Zeit und Mühe, denn es vereinfacht mithilfe der Fonds vieles.

Der Anleger ist gefordert

Doch wer vergleichsweise spekulative Strategien mithilfe von Fonds verfolgt, sollte daran denken, dass er sich so mehr und mehr vom Ursprungsgedanken der Fonds entfernt: Statt einer pflegeleichten Anlageform, die eine Vermögensverwaltung aus einer Hand bietet, nimmt der Anleger dem Fondsmanager das Ruder mal mehr, mal weniger aus der Hand, indem er bis zu einem gewissen Punkt selbst bestimmt, an welchen Aktienmärkten der Welt er sein Geld investiert. Er sollte sich dann auch dessen bewusst sein, dass er einen Teil der Anlageverantwortung von den Schultern des Fondsmanagers auf seine eigenen packt. Im schlechtesten Fall steht er für Verluste mit ein, die durch die falsche Wahl der Ein- und Ausstiegszeitpunkte, also schlechtes Timing, entstehen. Selbst konstruierte Kombi-Strategien bieten sich daher nur für erfahrene Anleger an, die sich diese Entscheidungen auch zutrauen.

Anleihen und andere Zinsanlagen

Statistiken etwa der deutschen Bundesbank belegen immer wieder, dass die Mehrheit der Sparer in Deutschland ihr Geld konservativ und vor allem sicher in Zinsanlagen, das heißt, auf Sparkonten und in festverzinslichen Wertpapieren anlegt. Anders als bei Aktien bieten Fonds als Anlagealternative im Bereich der Zinsanlagen nicht so große Vorteile, da sich die Anlagechancen, gleichzeitig aber auch die Risiken und damit die Diversifikationsmöglichkeiten der einzelnen Anleihemärkte und Zinspapiere nicht so stark unterscheiden, wie das an den Aktienbörsen der Fall ist. Dennoch haben auch zinsorientierte Anleger die Möglichkeit, mit Fonds die Rendite ihrer Zinsinvestments aufzupeppen – etwa, indem sie davon profitieren, dass der Fondsmanager innerhalb des Rentendepots die Laufzeiten, Währungen und unterschiedlichen Herausgeber der einzelnen Papiere mischen und so ein paar Zehntel an Prozentpunkten mehr an Rendite herauszuschlagen kann, ohne dass das zu Lasten der Sicherheit geht.

Euro-Rentenpapiere

Weil für Zinssparer die Sicherheit ihres Geldes oft an erster Stelle steht, kommen beim Kauf von festverzinslichen Wertpapieren nur Anleihen großer Industriestaaten und Pfandbriefe infrage. Kurzum: Herausgeber, deren Zahlungsfähigkeit erstklassig oder zumindest zweifelsfrei ist und deren Anleihen daher sehr sicher sind. Bei diesen Papieren ist das Risiko, dass einer der Herausgeber dieser Anleihen, also der Schuldner, seinen finanziellen Verpflichtungen nicht nachkommen kann und Zinszahlungen ausfallen oder womöglich die Anleihe am Ende der Laufzeit nicht zurückzahlt, sehr gering.

Außerdem kaufen sehr sicherheitsbewusste Sparer ausschließlich Anleihen, die auf Euro lauten. Denn auf diese Weise wird das Währungsrisiko auf null gesenkt. Anders als bei Aktienfonds sind daher bei Anleihen nicht die weltweit anlegende Fonds die sichersten, sondern Rentenfonds, die auf Euro lautende Papiere kaufen, oft auch „Rentenfonds Euro" genannt. Dennoch können Anleger auch mit sehr sicherheitsorientierten Rentenfonds Kursverluste einfahren – nämlich dann, wenn die allgemeinen Marktzinsen steigen (siehe Seite 174).

Wie sensibel ein Rentenfonds auf solche Schwankungen der Marktzinsen reagiert, hängt von den Restlaufzeiten der Anleihen im Fondsdepot ab, der sogenannten Laufzeitstruktur. Meist mischen die Fondsmanager Papiere mit unterschiedli-

RENTENFONDS EURO

↘ **Renditechance**
↗ **Sicherheit**

Anlageziel: mittel- bis langfristige Geldanlage

Fondscharakter: Basisfonds

Geeignet für: Sichere Basisanlage für jedes Depot. Anleger, die relativ sicher mittel- bis langfristig Geld anlegen und dabei die Möglichkeit haben wollen, während der Laufzeit jederzeit aussteigen zu können.
(Bewertungskriterien dazu siehe Seite 183.)

RENTENFONDS MIT LAUFZEITBESCHRÄNKUNG

↓ **bis** → **Renditechance**
→ **bis** ↑ **Sicherheit**

Anlageziel kurz- bis mittelfristige Geldanlagen

Fondscharakter: Beimischung

Geeignet für: Anleger, die gezielt auf eine bestimmte Zinsentwicklung spekulieren möchten.
(Bewertungskriterien dazu siehe Seite 183.)

chen Laufzeiten. Daraus lässt sich eine durchschnittliche Restlaufzeit für das gesamte Anleihevermögen errechnen. Dabei gilt die Faustregel: Je länger diese Restlaufzeit, desto stärker macht sich das Auf und Ab der Zinsen am Kapitalmarkt im Kurs des Fondsanteils bemerkbar.

Erfahrungsgemäß fallen die Renditeunterschiede zum direkten Kauf einer Anleihe im Normalfall nicht sehr groß aus. Welche Vorteile bringt dann überhaupt ein Investment in Rentenfonds Euro? Zunächst einmal erhöht die Streuung auf viele verschiedene Emittenten die Sicherheit für den Anleger noch weiter. Selbst wenn die Zahlungen eines einzelnen Schuldners auszufallen drohen, so wie im Frühjahr 2010 im Fall Griechenlands, macht sich dies im Normalfall nur zu einem Bruchteil in der Rendite des Fonds bemerkbar, geschweigen denn, dass der Fonds Verlust macht.

Dazu gilt auch hier: Wo Risiken lauern, bieten sich Anlegern gleichzeitig auch Chancen. So kann ein flexibel agierendes Management durch Umschichtungen die Laufzeitstruktur und die Barquote des Fonds verändern, um Zinstrends am Kapitalmarkt gezielt auszunutzen. Rechnet der Fondsverwalter zum Beispiel mit steigenden Zinsen, wird er die durchschnittliche Restlaufzeit herunterfahren und die liquiden und kurzfristig angelegten Mittel erhöhen. Umgekehrt investiert er seine Gelder bevorzugt in Anleihen mit langer Laufzeit, wenn er auf sinkende Renditen spekuliert.

Allerdings gibt es Rentenfonds, die dem Manager dabei Grenzen setzen und an einer eher starren Laufzeitstruktur festhalten – etwa, indem die Anlagerichtlinien dem Manager vorschreiben, dass er durch ständige Umschichtungen und den laufenden Kauf neu herausgegebener Papiere die durchschnittliche (Rest-)Laufzeit des Depots nie unter zum Beispiel sieben Jahren fällt.

LAUFZEIT GUT ÜBERDENKEN

Es empfiehlt sich also für den Anleger, sich vor dem Kauf über die Laufzeitstrategie eines Rentenfonds zu informieren und an die eigene Anlagedauer anzupassen, um unangenehme Überraschungen zu vermeiden. Generell sollten Anleger einen Anlagezeitraum von mindestens fünf Jahren ins Auge fassen, wenn sie ihr Geld in Rentenfonds investieren. Das Risiko, Verlust zu machen, ist dann nahezu ausgeschlossen, und die Kosten für den Kauf und die laufende Verwaltung (siehe Seite 16 ff.) machen sich ab diesem Zeitraum nicht mehr allzu stark in der (Netto-)Rendite (siehe Seite 29) bemerkbar.

Renten weltweit

Nicht jeder Zinssparer will sich mit den Renditemöglichkeiten zufriedengeben, die sich am heimischen Kapitalmarkt ergeben. Manch einer wagt den Sprung über die Euro-Grenzen, weil sich in einigen anderen Währungsräumen höhere Renditen holen lassen als vor der eigenen Haustür. Fonds bieten dabei den Vorteil, dass sie den Anlegern einen einfachen

Zugang zu den internationalen Zinsmärkten ermöglichen.

Mit „Rentenfonds Europa" können Fondssparer das Anlagespektrum gegenüber den ausschließlich in Euro-Papieren investierenden Fonds behutsam erweitern. Diese Fonds legen ihren Schwerpunkt zwar auch auf Euro-Anleihen, aber der Fondsmanager mischt dazu Papiere aus Ländern außerhalb von Euroland einschließlich der entsprechenden Währungen: zum Beispiel Anleihen, die auf britische Pfund oder polnische Zloty lauten. Diese Strategie bringt nicht selten ein deutliches Plus an Rendite bei einem vergleichsweise überschaubaren Währungsrisiko, denn die Kursschwankungen dieser „Nachbar"-Währungen zum Euro halten sich in Grenzen.

Noch einen Schritt weiter gehen Anleger, wenn sie mit einem weltweit anlegenden Rentenfonds, auch „Rentenfonds Welt" genannt, ihre Gelder an den Kapitalmärkten rund um den Globus investieren. Dadurch können sie die höheren Renditechancen in anderen Währungsräumen nutzen und zusätzlich noch auf Devisenkursgewinne hoffen. Aber es besteht auch das Risiko, entsprechende Verluste einzufahren. Denn anders als bei Aktienfonds erhöht eine breite Streuung auf viele verschiedene Währungen bei Rentenfonds die Gefahr, ein Minus zu machen.

Hochzinsmärkte

Bei der Anlage in Zinspapieren gelten die klassischen Regeln des magischen Dreiecks der Geldanlage (siehe Seite 25): Wer

RENTENFONDS FREMDWÄHRUNG

➔ **Renditechance**
➔ **Sicherheit**

Anlageziel: kurz- bis mittelfristige Spekulation

Fondscharakter: Beimischung

Geeignet für: Anleger, die vom höheren Zinsniveau in anderen Währungsräumen profitieren wollen und zusätzlich auf Währungskursveränderungen spekulieren.

(Bewertungskriterien dazu siehe Seite 183.)

GELDMARKTFONDS FREMDWÄHRUNG

↘ **bis** ➔ **Renditechance**
➔ **bis** ↗ **Sicherheit**

Anlageziel: kurz- bis mittelfristige Spekulation

Fondscharakter: Beimischung

Geeignet für: Anleger, die gezielt auf Währungskursveränderungen spekulieren wollen und dabei eine jederzeit verfügbare und laufend verzinste Anlage suchen.

(Bewertungskriterien dazu siehe Seite 183.)

sehr sichere Anleihen kauft, muss deutliche Abstriche bei der Rendite machen. Denn maßgeblich für den laufenden Zins, den ein Schuldner auf seine Anleihen zahlt, ist seine Kreditwürdigkeit. Faustregel: Je besser die Bonität des Herausgebers (Emittenten), desto sicherer ist die Zahlung von Zins und Tilgung und desto niedriger fällt der laufende Ertrag der Anleihe aus.

Rating: Orientierungshilfe mit Tücken

Die Kreditwürdigkeit von Staaten, Banken und Industrieunternehmen, die Anleihen herausgeben, wird regelmäßig von sogenannten Rating-Agenturen beurteilt. Die bekanntesten sind Moody's, Standard & Poor's und Fitch. Diese Agenturen vergeben ihre Ratings nach einer Art Schulnotensystem. Bei Standard & Poor's zum Beispiel gilt eine Note von „AAA" als Bestwert, bei Schuldnern mit einem Rating von „BB" sind dagegen schon Zweifel angebracht, was die Rückzahlung ihrer Schulden angeht. Sie zählen aus Anlegersicht bereits zu einem spekulativen Investment. Anleger, die auf Nummer sicher gehen wollen, sollten daher keinen Emittenten wählen, dessen Rating schlechter als „A+" oder „A" oder „Aaa" ist (so ist das Bewertungssystem von Standard & Poor's; beziehungsweise von Moody's; siehe Tabelle Seite 121).

Allerdings muss dabei berücksichtigt werden, dass die Rating-Agenturen eine Schwäche haben: Sie warten oft sehr lange, ehe sie ihre Einschätzung an eine veränderte Situation anpassen. So haben Moody's und S&P zum Beispiel die Noten vieler Banken zu einem Zeitpunkt gesenkt, als die zurückliegende Finanzkrise durch eine Reihe von Bankpleiten bereits größere Ausmaße erreicht hatte. Umgekehrt haben die Agenturen in der nachfolgenden Erholung lange gewartet, ehe sie ihre Bonitätseinschätzung bei vielen großen Konzernen wieder nach oben gesetzt haben. Ein gutes Rating ist also nicht mehr als ein Hinweis auf die ausreichende Finanzkraft und Bonität eines Anleiheemittenten. Beide Faktoren können sich jedoch im Zeitablauf bis zur Fälligkeit eines Zinspapiers ändern.

Allerdings gibt es auch unter Zinsanlegern risikobereite Naturen. Sie können genau den umgekehrten Weg gehen: Statt den Sicherheitsgedanken zu betonen und ausschließlich auf sehr hochwertige Staatsanleihen oder Pfandbriefe zu setzen, konzentrieren sie sich auf Hochzinsanleihen und wahren so ihre Chance auf einen besonderen Renditekick. Hochzinsanleihen sind Papiere, die gemessen am allgemeinen Zinsniveau überdurchschnittlich hohe Renditen bringen. Warum, ist leicht zu erklären: Das Risiko, dass der Herausgeber der entsprechenden Anleihe während der Laufzeit Konkurs anmelden muss und weder Zinsen zahlen, geschweige denn am Ende der Laufzeit seine Anleihe tilgen kann, ist hoch. Viele dieser Schuldner haben daher ein Rating von „BB" oder schlechter. Damit die Papiere von Emittenten mit schlechter Bonität an der Börse überhaupt Abnehmer finden, müssen sie einen Zinsaufschlag gegenüber den Papieren von erstklassig eingestuften Herausgebern bieten.

In diesen Hochzinsmärkten gibt es grundsätzlich zwei mögliche Anlagestrategien: Der Anleger kauft Staatsanleihen von Schwellenländern (siehe Seite 104) oder er konzentriert sich auf Papiere nichtstaatlicher Schuldner, also Schuldverschreibungen großer Geschäftsbanken und Industriekonzerne. In der Fachsprache werden diese Papiere Bank beziehungsweise Corporate Bonds genannt.

Natürlich lassen sich die Schuldner aus dieser vergleichsweise großen Gruppe nicht alle in einen Topf werfen. Es gibt auch unter den Unternehmensanleihen Schuldner, die vergleichsweise sicher sind. Dazu gehören beispielsweise international bekannten Großkonzernen wie etwa Telekommunikationsgesellschaften und Automobilproduzenten, die zum großen Teil als sehr solide gelten. Auf der anderen Seite gibt es relativ kleine Unternehmen mit einem eher zweifelhaften Ruf als Anleiheherausgeber. Mitunter werden deren Aktien noch nicht mal an der Börse gehandelt.

In diesem Anlagespektrum bietet sich der Kauf spezieller High-Yield-Fonds an (high yield, übersetzt: hohe Zinsen), denn hier können sie ihre Vorteile voll ausspielen: Durch eine breite Streuung – viel breiter als das einem Privatanleger möglich wäre – lässt sich das höhere Risiko dieser Papiere in den Griff bekommen. Erweist sich eine der Anleihen als Flop, weil der Herausgeber seine Zahlungen einstellt, wird das durch die überdurchschnittlich hohe Verzinsung der anderen Papiere, die am Ende vereinbarungsgemäß zurückgezahlt werden, meistens wettgemacht. Zudem behält der Fondsmanager die Übersicht über das große Angebot und kommt bei neuen Papieren, die auf den Markt gebracht werden, wesentlich besser zum Zuge als ein Normalsparer – nicht zuletzt, weil viele dieser Papiere in der kleinsten Nennwertstückelung (siehe Seite 66) von 10 000 oder gar 50 000 Euro aufgelegt werden. Für einen Privatanleger ist der direkte Kauf solcher Papiere also nicht nur

RATING-NOTEN HELFEN BEI DER BEURTEILUNG D

	Rating-Note Moody's	Rating-Note Standard & Poor's S&P
Sicherer Bereich/ geringeres Risiko	Aaa	AAA
	Aa1, Aa2, Aa3	AA+, AA, AA-
	A1, A2, A3	A+, A, A-
	Baa1, Baa2, Baa3	BBB+, BBB, BBB-
Spekulativer Bereich/ hohes Risiko	Ba1, Ba2, Ba3, B1, B2, B3	BB+, BB, BB-, B+, B, B-
	Caa, Ca, C, D	CCC, CC, C
	Caa, Ca, C, D	CCC, CC, C

T EINES HERAUSGEBERS

Was steckt hinter der Note?
Hochqualitative Anleihe, da Zahlung und Tilgung als außergewöhnlich hoch gelten.
Sehr gute Bonität, aber nicht so gut wie in der Spitzengruppe, Zins und Tilgung werden dennoch mit hoher Wahrscheinlichkeit geleistet, geringes Restrisiko
Gute Bonität, viele Kriterien deuten darauf hin, dass an Zins und Tilgung derzeit kein Zweifel besteht, aber es gibt ein Restrisiko in Form einiger Faktoren, die sich bei veränderter Wirtschaftslage negativ entwickeln können.
Durchschnittliche Bonität, Fähigkeit zu Zins und Tilgung wird von der allgemeinen Wirtschaftslage beeinflusst.
Schlechte Bonität, mittlere bis geringe Wahrscheinlichkeit, dass Schuldner seinen Verpflichtungen (Zins und Tilgung) langfristig nachkommen kann, Ausfallgefahr hoch.
Hoch spekulativ. Direkte Gefahr, dass Zahlungsverzug von Zins und/oder Tilgung droht (S&P) oder bereits eingetreten ist (Moody's)
Hoch spekulativ. Direkte Gefahr, dass Zahlungsverzug von Zins und/oder Tilgung droht (S&P) oder bereits eingetreten ist (Moody's)

sehr risikoreich, sondern wegen der hohen Mindestanlagebeträge faktisch oft auch unerschwinglich. Mit einem High-Yield-Fonds bekommt er jedoch vergleichsweise einfachen Zugang zu diesen Investments, denn hier ist der Einstieg meist bereits ab 500 Euro möglich. Und der Fonds selbst legt Millionenbeträge an, sodass er auch Papiere mit einem höheren Nennwert ohne Probleme kaufen kann.

In Rentenfonds strategisch investieren

Der vorangegangene Abschnitt zeigt, dass der Manager eines Rentenfonds mit ganz unterschiedlichen Strategien die Rendite des Fonds beeinflussen kann. Grundsätz-

RENTENFONDS HIGH YIELD

↗ **Renditechance**

↘ **Sicherheit**

Anlageziel: mittel- bis langfristige Geldanlage

Fondscharakter: Beimischung

Geeignet für: Risikobereite Anleger, die höhere Renditen bei vertretbarem Risiko suchen. Nur zur Beimischung für ein breit gestreutes Fondsdepot geeignet. (Bewertungskriterien dazu siehe Seite 183.)

lich hängt das Anlageergebnis in erster Linie zwar davon ab, wie sich im Anlagezeitraum das allgemeine Zinsniveau an den Kapitalmärkten, in die der Fonds investiert, entwickelt.

Durch den zusätzlichen Kauf von Währungspapieren, eine bestimmte Laufzeitenstruktur und die Mischung unterschiedlicher Bonitäten kann der Manager dem Fonds jedoch ein zusätzliches Profil geben. Das muss nicht gleich dazu führen, dass daraus ein hochspekulatives Investment wird. Auch „Rentenfonds Euro" nehmen zum Beispiel „konservative", also vergleichsweise sichere Unternehmensanleihen mit ins Depot.

Bei Rentenfonds, die ihr Geld außerhalb der Euro-Zone anlegen, spielt außerdem die Währungskursentwicklung eine Rolle. Sogenannte Kurzläuferfonds, die ausschließlich Papiere mit Restlaufzeiten von weniger als drei Jahren ins Depot nehmen, sind Alternativen zu Tages- und Festgeldkonten, die aber gegen gute Bankangebote selten eine Chance haben. Fonds, die auf lange Laufzeiten setzen, stehen dagegen im Wettbewerb mit den etwas höheren Renditen von langfristigen Bundeswertpapieren und Bankschuldverschreibungen. In der Vergangenheit konnten Anleger mit einem Rentenfonds kaum mehr herausholen als mit den jeweiligen Konkurrenzangeboten. Anders sieht die Situation bei High-Yield-Fonds aus: Auf Jahre mit zweistelligen Renditen folgten in der Vergangenheit mehr oder minder ausgeprägte Verlustphasen. Das heißt: Die Renditechancen sind höher als bei Euro-Rentenfonds, die Risiken aber ebenfalls.

Rentenfonds gezielt einsetzen

Grundsätzlich schneiden Rentenfonds jedoch in puncto Sicherheit nicht schlechter ab als eine vergleichbare Direktanlage in Anleihen. Im Gegenteil: Fehlt es dem Anleger nicht nur an Zeit und Engagement, sondern auch am notwendigen Kapital, um ein strukturiertes Zinsdepot aufzubauen, sind Rentenfonds eine gute Alternative zum Kauf einzelner Anleihen. Wer sich zum Beispiel mit Überlegungen zu Laufzeiten und Währungskursen gar nicht erst auseinandersetzen will, für den ist ein „Rentenfonds Euro", der überwiegend in einen Mix aus Anleihen mit kurzen, mittleren und langen Laufzeiten investiert, eine gute Wahl.

Rentenfonds lassen sich darüber hinaus auch mit „Aktienfonds Welt" oder einem breiten Mix aus Länder- und Regionen-Aktienfonds sinnvoll „mischen". Auf diese Weise kann der Anleger ein pflegeleichtes Basisdepot (siehe Seite 150 ff.) zusammenstellen, bei dem er lediglich die Anteile von Aktien- und Zinsfonds an die eigenen Anlageziele und den eigenen Anlegertypus anpassen muss (siehe Seite 38, 150 ff.). Genauso gut lassen sich Rentenfonds aber auch mit bereits vorhandenen Zinsanlagen, etwa einem Sparbrief und/oder einem Tagesgeldkonto, kombinieren.

Die Anlageergebnisse der Vergangenheit zeigen zwar, dass mit lupenreinen „Rentenfonds Euro" nicht mehr zu holen war als mit vergleichbaren Direktanlagen. Durch Beimischung von breit streuenden „Rentenfonds Welt" und „Europa" kann der Anleger jedoch seine Renditechancen aufbessern und das zusätzliche Risiko hält sich dennoch in einem vergleichsweise engen Rahmen. Allerdings sollten diese Fonds nur zur Abrundung eines größeren Depots mit sicheren Anleihen und „Rentenfonds Euro" eingesetzt werden.

Anders sieht das bei Zinsfonds aus, die ausschließlich in Fremdwährungsanleihen investieren. Sie sind nur dann eine gute Wahl, wenn der Anleger gezielt auf Devisenkursverschiebungen einzelner Währungen spekulieren will und er das damit verbundene Risiko einschätzen kann. Auch bei sehr risikobereiten Anlegern sollte der Anteil von Währungsfonds 10 Prozent am Gesamtdepot nicht übersteigen.

Ideal kombinieren lassen sich dagegen High-Yield-Fonds. Für Zinssparer, die ganz auf Nummer sicher gehen wollen, sind diese Fonds zwar nicht geeignet, dazu ist das Verlustrisiko zu groß. Wer aber einen Hochzinsfonds in einem größeren Depot mit sicheren Zinspapieren und Rentenfonds mixt, kann seine Renditechancen deutlich erhöhen und gleichzeitig das Gesamtrisiko des Depots deutlich senken. Der Beimischanteil von High-Yield-Fonds sollte jedoch höchstens 10 Prozent betragen.

Doch auch Anleger, die eine bestimmte Meinung zur zukünftigen Zinsentwicklung haben, können dies mit einem entsprechenden Rentenfonds gezielt umsetzen. Voraussetzung ist, dass sie einen Fonds mit klarem Laufzeitenprofil kaufen. Kurzläuferfonds erster Qualität sind zum Beispiel eine gute Wahl für denjenigen, der stark steigende Zinsen am Kapitalmarkt erwartet. Wer dagegen von langfristig fallenden Renditen ausgeht, sollte zu einem Fonds greifen, der bevorzugt in langlaufende Papiere investiert.

SELBST ENTSCHEIDEN ODER RUNDUM-SORGLOS-PAKET?

Allerdings: Anleger, die in dieser Weise selbst eine Art aktives Fondsmanagement betreiben und dabei, wenn auch nur als Beimischung, relativ spekulative Fonds kaufen, sollten wie bei der Kombination verschiedener Aktienfonds bedenken, dass sie dem Fondsmanager einen Teil des Anlage- und Entscheidungsprozesses aus der Hand nehmen und Zins- und Währungschancen beziehungsweise -risiken in bestimmten Grenzen eigenständig steuern.

WELCHE ORIENTIERUNGSHILFE GIBT ES FÜR FONDSANLEGER?

Die im vorangegangenen Teil dieses Buches vorgenommene Vorstellung der Fonds nach Gruppen und Typen ist zwar eine unverzichtbare Orientierungshilfe, um Chancen und Risiken einschätzen zu können. Aber wie findet man im großen Angebot einen Fonds, der nicht nur zu den eigenen Anlagezielen passt, sondern auch noch gut ist? Angesichts der rund 10 000 hierzulande angebotenen Fonds stellt sich für jeden Fondsanleger die Frage nach der Qualität. Denn natürlich gibt es zwischen den einzelnen Angeboten innerhalb einer Fondsgruppen in diesem Punkt mehr oder minder große Unterschiede.

Es bedarf also eines fairen Vergleichs, um diese Unterschiede messbar und auch für in Finanzdingen unerfahrene Anleger nachvollziehbar zu machen. Die meisten Anleger würden sicherlich, wenn man sie danach fragte, einen Fonds „gut" nennen, der in der Vergangenheit eine hohe Rendite erbracht hat. So zu urteilen ist naheliegend, denn wer einen Fonds kauft, möchte, dass der Fondsmanager das Beste aus dem Anlagebetrag herausholt. Doch Fakt ist, dass auch noch einige andere Kriterien zählen, um einen „guten" Fonds zu finden. Zu groß ist die Gefahr, völlig falsche Schlussfolgerungen zu ziehen, wenn man allein die Rendite mehrerer Fonds miteinander vergleicht.

Der erste Fehler wäre, absolute Renditezahlen wahllos einander gegenüberstellen. Ein Fonds, der in einem Jahr 5 Prozent erwirtschaftet hat, ist nicht automatisch schlechter als einer, der 10 Prozent geschafft hat. Wer so vorgeht, vergleicht „Äpfel und Birnen" miteinander. Schließlich muss stets berücksichtigt werden, in welche Anlageformen ein Fonds investiert, also welcher Gruppe er zugeordnet werden kann. Aktienfonds lassen sich nicht mit Rentenfonds vergleichen. Und auch innerhalb einer Fondsgruppe legen die einzelnen Fonds ihre Gelder mitunter in zum Teil ganz unterschiedlichen Märkten und Regionen und nach verschiedenen Strategien an. Entsprechend unterschiedlich fallen die Ergebnisse aus: Ein Rentenfonds, der in sichere Staatsanleihen investiert (siehe Seite 115 ff.), erzielt ganz andere Ergebnisse als einer, der mit Zinspapieren aus Schwellenländern spekuliert, ein Aktienfonds, der ausschließlich Standardaktien kauft und seine Gelder weltweit streut, ganz andere als einer, der sie in kleine, hochspekulative Nebenwerte steckt (siehe Seite 113).

Es kommt also darauf an, immer nur die Fonds innerhalb einer Gruppe miteinander zu vergleichen und dabei die Anlageergebnisse in Relation zum Marktumfeld zu setzen – etwa mithilfe des Fondsgruppendurchschnitts und eines Indexes. Dies sind faire Beurteilungsmaßstäbe dafür, wie gut oder schlecht ein Fondsmanager gearbeitet hat. Das setzt

allerdings auch voraus, dass dafür ein Index verwendet wird, dessen Zusammensetzung sich mit der Anlagestrategie des Fonds in etwa deckt (siehe Seite 70 ff. zu den Indizes und ihren Besonderheiten). In der Praxis können Anleger angesichts der ausgetüftelten Anlagemodelle, die einige Fonds verfolgen, in diesem Punkt schnell an Grenzen stoßen.

Zeitspannen unbedingt beachten

Wichtig in diesem Zusammenhang ist auch, die Anlageergebnisse einzelner Fonds für jeweils identische Zeiträume miteinander zu vergleichen und einen passenden Zeitraum zu wählen. Eine Spanne von zum Beispiel einem Jahr gilt für einen Aktienfonds als viel zu kurz und wenig aussagekräftig.

Umgekehrt kann aber auch die Wahl eines sehr langen Zeitraums, etwa zehn Jahre, über Schwächen des Fondsmanagements hinwegtäuschen – beispielsweise, indem sieben schwache Jahre durch drei überragend gute Jahre am Ende ausgebügelt wurden.

Empfehlenswert ist es daher, innerhalb des Betrachtungszeitraums auch die Teilergebnisse für kurze Unterzeiträume zu beachten, um so ein besseres Bild von der qualitativen Konstanz der Anlageergebnisse eines Fonds zu bekommen.

Doch selbst wenn ein Fonds in einer eng gefassten, untereinander vergleichbaren Gruppe ein gutes Anlageergebnis erzielt, heißt das immer noch nicht, dass der Fonds für jeden Anleger infrage kommt. Genauso wichtig wie eine hohe Rendite ist, dass der Fonds gemessen am Anlageergebnis keine unverhältnismäßig großen Risiken eingeht, die unter Umständen viel höher sind als es der Risikoneigung des Anlegers entspricht.

Eine Rendite von beispielsweise 15 Prozent mag zwar unter Umständen auch in Relation zum Vergleichsindex auf den ersten Blick beeindruckend sein. Doch wenn die Nerven des Anlegers zwischenzeitlich blank liegen, weil er für dieses Anlageergebnis hohe Kursschwankungen in Kauf nehmen muss, wird er vielleicht dankend abwinken. Für ihn kann der Fonds eine bessere Wahl sein, der im gleichen Zeitraum zum Beispiel „nur" 6 Prozent erzielt hat, dafür aber kaum Kursschwankungen aufweist, weil der

Fondsmanager nur sehr geringe Risiken eingegangen ist.

So oder so: Kennzahlen bringen Klarheit

Um herauszufinden, in welchem Verhältnis die Wertentwicklung eines Fonds zum eingegangenen Risiko steht, verwenden Fachleute eine Reihe von Kennzahlen. Eine der wichtigsten ist die Volatilität (siehe Seite 114). Dabei gilt, dass ein Anleger, der bei seinen Geldanlagen auf Nummer sicher gehen will, von zwei beziehungsweise mehreren Fonds denjenigen wählt, der bei annähernd gleichem Ergebnis die geringere Wertschwankung aufweist.

Ein einfaches Beispiel dafür: Einen Fonds, der in jedem Jahr einigermaßen stabil 6 Prozent pro Jahr abwirft und nach drei Jahren auf ein Gesamtergebnis

INFO

Babylonisches Sprachgewirr

Wenn es um den Ertrag eines Fonds geht, jonglieren Bankberater und Finanzexperten gerne mit den unterschiedlichsten Begriffen. Die einen sprechen von „Performance", andere wiederum von „Wertentwicklung" oder „Wertzuwachs", und nicht zuletzt gibt es auch noch die „Rendite".

Alle Begriffe stehen für den Anlageerfolg, den ein Fonds innerhalb eines bestimmten Zeitraums im Verhältnis zum Kapitaleinsatz (ohne Berücksichtigung des Ausgabeaufschlags) hatte. Dennoch gibt es im Detail Unterschiede, die Verwirrung stiften können.

- Kursentwicklung: Kennzahl, die lediglich die Kursveränderungen berücksichtigt. Steigt zum Beispiel der Anteilspreis eines Fonds innerhalb eines halben Jahres von 100 auf 120 Euro, dann entspricht das einer Kursentwicklung von 20 Prozent für dieses halbe Jahr. Auf Jahresbasis würde das wegen des zu berücksichtigenden Zinseszinseffektes allerdings einem Ergebnis von 44 Prozent entsprechen (siehe nachfolgenden Punkt).
- Wertentwicklung/Performance: Neben den Kursveränderungen gehen auch die Ertragsausschüttungen wie Zinsen und Dividenden (siehe Seite 62) in die Berechnung ein. Bei der Berechnung der Wertentwicklung/Performance wird dann unterstellt, dass der Anleger die Ausschüttung in Fondsanteile reinvestiert hat und so den Zinseszinseffekt nutzt.
- Rendite: Die Wertentwicklung beziehungsweise die Performance entspricht nur in Ausnahmefällen der Rendite. Während die Rendite immer als ein Prozentwert pro Jahr angegeben wird, beziehen sich Wertentwicklung/Performance nicht unbedingt auf einen Jahreszeitraum. Die Zeitspanne kann beliebig variieren. Die Wertentwicklung/

von etwas mehr als 19 Prozent kommt (100 × (1,06 × 1,06 × 1,06) – 100 = 19,1) wird der sicherheitsorientierte Anleger eher kaufen als einen, der im ersten Jahr 10 Prozent gewinnt, im Jahr drauf 5 Prozent verliert und zum Schluss noch einmal knapp 14 Prozent zulegt (1. Jahr: 100 × 1,1 = 110; 2. Jahr: 110 x (1 – 0,05) = 104,50, 3. Jahr: 104,50 x 1,14 – 100 = 19,13. Auf drei Jahre gesehen kommen beide Fonds in etwa auf das annähernd identische Endergebnis. Doch das Beispiel zeigt auch: Je höher die Schwankungen des Fondsanteils, desto größer ist die Wahrscheinlichkeit, dass ein gutes Ergebnis nur ein „Glückstreffer" war, der sich durch die Wahl des Betrachtungszeitraums und des Stichtags ergeben hat. Gleiches gilt umgekehrt: Ein schlechtes Ergebnis kann einfach nur „Pech" sein, das auf die zufällige

Performance zweier Fonds ist jedoch nur dann miteinander vergleichbar, wenn sie exakt im gleichen Zeitraum erzielt worden ist. Für Anleger ist wichtig zu wissen: Die Angabe der Performance oder der Wertentwicklung besitzt nur einen eingeschränkten Informationsgehalt, wenn nicht klar ist, auf welche Zeitspanne sich dieser Wert bezieht. Eine Performance von beispielsweise 100 Prozent in einem Jahr stellt eine ganz andere Leistung dar als in 10 Jahren.

- Rechenfalle Zinseszinseffekt: Ein typischer Stolperstein bei der Berechnung der Rendite ist, dass der Wert bei Zeiträumen von unter einem Jahr einfach im Verhältnis zur Anzahl der Monate multipliziert wird, also zum Beispiel mit zwölf, wenn die Performance für einen Monat angegeben wurde oder bei mehrjährigen Angaben durch die Anzahl der Jahre dividiert wird. Wer so kalkuliert, blendet den wichtigen Zinseszinseffekt aus. Eine Performance von 100 Prozent in zehn Jahren ergibt nicht etwa eine jährliche Rendite von 10 Prozent (100 Prozent dividiert durch 10 Jahre), sondern wegen des Zinseszinseffekts „nur" von rund 7,2 Prozent.
- Rechenfalle aufeinanderfolgende Zeiträume: Eine weitere Fehlerquelle ist, wenn Performancewerte oder Wertentwicklungszahlen aufeinander folgender Zeiträume einfach addiert oder subtrahiert werden. Ein einfaches Beispiel: Ein Fonds erwirtschaftet in einem Jahr ein Plus von 20 Prozent und im nächsten Jahr ein Minus von 10 Prozent. Der Anleger hat nach zwei Jahren nicht etwa einen Wertzuwachs von 10 Prozent, sondern nur von 8 Prozent erzielt. Denn angenommen, der Einstandskurs liegt bei 100 Euro, dann sind daraus nach dem ersten Jahr 120 Euro geworden. Ende des zweiten Jahres ist das Papier nur noch 108 Euro (120 – (120 × 0,9)) wert.

Wahl der Stichtage oder des Anlagezeitraums zurückzuführen ist.

RENDITERECHNER FRAGEN GENAU NACH

Lassen Sie sich nicht von zwei- oder dreistelligen Wertzuwächsen blenden. Fragen Sie Ihren Bankberater stattdessen nach der durchschnittlichen Jahresrendite für diesen Zeitraum – alternativ mit und ohne Berücksichtigung der Kaufgebühren.

Nicht nur nackte Zahlen betrachten

Neben diesen rein quantitativen Kriterien scheiden sich die Meinungen der Fachleute in der Frage, inwieweit auch qualitative Kriterien bei der Wahl eines Fonds eine Rolle spielen sollten. Dazu gehören etwa die Qualität des Fondsmanagers ebenso wie der Managementansatz (siehe Seite 110) und die Reputation der Fondsgesellschaft.

Der Haken daran: Mit objektiven Kriterien sind diese Merkmale nicht zu messen. So steht zum Beispiel außer Frage, dass ein Wechsel des Fondsmanagers ein gewisses Risiko darstellt. Damit ist aber nicht zwangsläufig gesagt, dass der Nachfolger seine Sache schlechter macht, genauso gut kann es sein, dass der neue Mann oder die neue Frau mit neuen Ideen frischen Wind in das Fondsdepot bringt. Zudem arbeiten heutzutage viele Fondsgesellschaften mit einem Teamansatz, damit das Management eines Fonds nicht zu abhängig wird von einem einzelnen Mitarbeiter.

Fondsbewertung durch Profis

Kaum ein Anleger, der beginnt sich mit Fonds zu beschäftigen, dürfte in der Lage sein, die qualitativ besten Fonds zu ermitteln. Glücklicherweise gibt es Fachleute, die sich darauf spezialisiert haben, die Qualität von Fonds zu untersuchen. Sie führen für eine Vielzahl von Fonds regelmäßig eine Art umfassenden Check durch und stellen daraufhin Ranglisten zusammen, die sie der breiten Öffentlichkeit zur Verfügung stellen. Dazu gehört auch die Stiftung Warentest. Sie nimmt seit nunmehr rund 15 Jahren die Qualität von Investmentfonds regelmäßig unter die Lupe, um so Verbrauchern eine Orientierung bei der Wahl ihrer Geldanlagen und einzelner Anbieter zu geben. Die Ergebnisse der zirka 500 wichtigsten Fonds veröffentlicht sie monatlich aktualisiert in ihrer Zeitschrift Finanztest.

Die Fondsanalyse der Stiftung Warentest

Die vergangenen turbulenten Jahre an den Weltbörsen hat die Stiftung Warentest zum Anlass genommen, ihre Testmethode zusätzlich zu verfeinern und so einen fairen und aussagekräftigen Vergleich von Fonds zu ermöglichen. Das Ergebnis ist ein ausgefeiltes Bewertungskonzept, das praxistauglich und dennoch verständlich genug ist, damit auch unerfahrene Anleger die Ergebnisse nachvollziehen und für sich selbst nutzen können. Dazu werfen die Tester als Erstes einen genauen Blick in das Depot jedes Fonds und schauen, welche Papiere dort versammelt sind.

Sie sieben dann diejenigen Fonds aus einer bestimmten Gruppe aus, die dort unter „falscher Flagge segeln". Das ist zum Beispiel dann der Fall, wenn das Management eine Anlagestrategie verfolgt, die nicht zu der Fondsgruppe passt, in die sich der Fonds offiziell einordnet – etwa wenn der Fondsmanager eines Rentenfonds dem Depot in größerem Stil Aktien beimischt, um die Rendite aufzupolieren.

Danach wird die Wertentwicklung eines jeden Fonds über die Zeiträume von einem, drei und fünf Jahren mit der des entsprechenden Indexes verglichen. So lässt sich herausfinden, wie gut ein Fonds innerhalb seiner Gruppe abgeschnitten hat. So ergibt sich ein Bild von der Stabilität der Wertentwicklung und der strategischen Ausrichtung des Fonds.

Ferner bekommt der Anleger eine Reihe von Kennzahlen an die Hand, die helfen, das Verlustrisiko eines Fonds besser einschätzen zu können. Dazu ordnet die Stiftung Warentest den Fonds einer Chance-Risiko-Klasse aufgrund seiner aus der Volatilität berechneten Verlustrisiken zu. Und sie errechnet die maximale Verlusthöhe im Betrachtungszeitraum. Und die Tester bewerten, wie gut sich ein Fonds in Phasen mit jeweils steigenden und fallenden Kursen bewährt hat und wie groß die Nähe zur allgemeinen Marktentwicklung ist.

Zudem wirft das Expertenteam der Stiftung Warentest nunmehr auch einen genauen Blick auf das steigende Angebot von Indexfonds. Deren Jahresrendite wird ebenso regelmäßig erfasst wie die Abweichung zum Anlageergebnis des entsprechenden Index. Und die Tester werfen einen genauen Blick in das Fondsdepot und notieren, ob der Fonds seinen Index mit physischen Papieren aus dem Index oder künstlich nachbildet (siehe Seite 75 ff.). Außerdem ziehen sie den direkten Vergleich zur Konkurrenz aktiv gemanagter Fonds. Sie analysieren, wie sich diese Fonds im Betrachtungszeitraum geschlagen haben und wie marktnah oder -fern der Manager sei Depot verwaltet. Ziel ist es, genau herauszufinden, wie gut sich ein Fonds in jeweils fallenden und steigenden Märkten geschlagen hat.

Auf diese Weise werden Manager, die lange Zeit geglänzt haben, sich dann aber auf ihren Lorbeeren ausruhen, frühzeitig entdeckt. Umgekehrt schaffen Profis schneller den Sprung nach vorn, wenn sie sich nicht nur in einer allgemeinen guten oder schlechten Kursphase, sondern auch bei wechselhaftem Börsenwetter respektabel schlagen.

Die Fondsbewertungen der Stiftung Warentest zu aktiv gemangten Fonds und Indexfonds finden Sie unter www.test.de.

Schulzensur für Fonds-Emittenten

Neben der Stiftung Warentest analysieren auch andere Unternehmen Fonds. Manche vergeben dabei so wie die Bonitätsagenturen am Anleihemarkt Ratings (siehe Seite 120).

In puncto Ausfallrisiko haben Anleger bei einem Fonds zwar wenig zu befürchten, weswegen das Rating bei Fonds eher einer Qualitätsnote gleichkommt und nicht etwa die Bonität der Fondsgesellschaft bewertet. Aber beim Fonds-Rating stehen die Anleger vor dem Problem, dass es in Sachen Noten ein Wirrwarr gibt. Die einen Anbieter verwenden Buchstaben, andere Sterne, dann wieder gibt es Medaillen.

Gänzlich verwirrend ist, dass ein und derselbe Fonds bei einem Anbieter eine gute Note bekommt, bei einem anderen jedoch im Mittelmaß versinkt. Der Grund: In Sachen Methodik und Konzeption kocht jede Fondsrating-Agentur ihr eigenes Süppchen. Die einen vergeben nur Noten an die „besten" Fonds, die anderen beurteilen alle Produkte. Mal ist die Wertentwicklung maßgebend, in einem anderen Fall spielt auch das Gespräch mit dem Fondsmanager eine Rolle.

Der unerfahrene Anleger wäre überfordert, müsste er sich mit all diesen Konzepten beschäftigen. Er käme auch kaum klar mit der Flut an Bewertungen. Anleger sind daher gut damit beraten, wenn sie Fondsbewertungen – auch die der Stiftung Warentest – weder als Vollkaskoversicherung noch als eine Art Unbedenklichkeitsbestätigung im Sinne einer TÜV-Plakette verstehen.

Ein entscheidendes Dilemma einer jeden Bewertung, egal ob in einer Bestenliste oder bei einem Rating, lässt sich auch mit einer noch so ausgetüftelten Testsystematik nicht umgehen: Es ist eine Vergangenheitsbetrachtung auf Basis der historischen Wertentwicklungen und in manchen Fällen einer qualitativen Analyse des Managements. Daraus eindeutige Hinweise auf die Erfolgswahrscheinlichkeit eines Fonds in der Zukunft abzuleiten, ist, wenn überhaupt, nur bedingt möglich.

UND BITTE NIE VERGESSEN!

Bewertungen sind nicht mehr als eine Entscheidungshilfe beim Fondskauf zu verstehen. Denn sie signalisieren dem Anleger lediglich, welcher Fondsmanager in jüngerer Vergangenheit mit dem Geld seiner Kunden gut gewirtschaftet hat. Eine Garantie für eine zukünftig ebenso gute Wertentwicklung bekommt man damit nicht. Denn im Lauf der Zeit kann sich aus den verschiedensten Gründen die Anlagequalität eines Fonds ändern – positiv, aber auch negativ.

TIPP **Fondsanalysen im Internet**

Morning Star: www.morningstarfonds.com
Stiftung Warentest: www.test.de

Doch eine sorgfältige Fondsanalyse, ob mit oder ohne Note, bewahrt den Sparer zumindest davor, einem Depotverwalter zu vertrauen, dessen Arbeit bislang nicht zu überzeugen wusste. Sie hilft also, grobe Fehler zu vermeiden, indem sie Anleger dabei unterstützt, nicht gerade den schlechtesten Fonds zu wählen. Denn, um ein Bild aus dem Fußball zu wählen, die Kreisligisten unter den Fonds steigen selten in die oberste Liga auf – auch wenn es gelegentlich Ausnahmen geben mag.

Wichtig ist auf jeden Fall, sich nach dem Kauf nicht allein auf das Urteil der Experten zu verlassen, sondern auch selbst in regelmäßigen Abständen die Wertentwicklung der eigenen Fonds zumindest mit der allgemeinen Markttendenz, etwa einem passenden Index, zu vergleichen.

Vergleichsweise einfach ist das bei Indexfonds möglich. Hilfestellung dafür gibt es an zahlreichen Stellen im Internet (Hinweise siehe Seite 19).

FONDSSPARER UND STEUERN

Viele Bürger ärgern sich über die immer komplizierteren Steuerregeln, die der Staat erlässt. Anleger wissen ein Lied davon zu singen. Für sie gelten seit dem Jahr 2009 ganz neue Steuerregeln. Davon sind auch Fondsanleger betroffen. Gerade deshalb gehört es für sie zum Pflichtprogramm, sich damit zu beschäftigen.

NEUE STEUERREGELN FÜR ANLEGER

Der Ertrag eines Fondsinvestments setzt sich aus mehreren Komponenten zusammen: Zum einen fallen bei der Anlage des Geldes im Fondsdepot Zinsen und Dividenden an. Diese Erträge werden entweder einmal pro Jahr an die Anleger ausgeschüttet oder aber sie werden bei thesaurierenden Fonds einbehalten und wieder angelegt. Dazu kommen als zweites Kurssteigerungen der Fonds. Beides erhöht den Preis der Fondsanteile (siehe Seite 19). Lange Zeit wurden die einzelnen Erträge, also Zinsen und Dividenden auf der einen und realisierte Kursgewinne auf der anderen Seite in Deutschland unterschiedlich besteuert. Das hat sich mit Einführung der Abgeltungsteuer Anfang 2009 geändert. Seither gilt für Zinsen, Dividenden und realisierte Kursgewinne ein einheitlicher Steuersatz von 25 Prozent (plus 5,5 Prozent Solidaritätszuschlag und gegebenenfalls Kirchensteuer).

Abgeltungsteuer heißt: Bekommt der Fondsanleger zum Beispiel 100 Euro Zinsen ausgeschüttet, behält die Bank bei der Auszahlung 25 Euro davon ein und führt sie an das Finanzamt ab. Dazu kommt noch knapp 1,40 Euro Solidaritätszuschlag und gegebenenfalls Kirchensteuer.

Grundsätzlich wird die Abgeltungsteuer immer zu dem Zeitpunkt fällig, wenn dem Anleger Zinsen oder Dividenden zufließen oder wenn er Papiere mit Gewinn verkauft. Bei Fonds gibt es jedoch einige Besonderheiten. Fallen bei einem Wertpapier im Fondsdepot Zinsen oder Dividenden an, fließen diese zunächst ungeschmälert, also ohne Steuerabzug dem Fondsvermögen zu. Das Gleiche gilt, wenn der Fondsmanager einzelne Aktien oder Anleihen verkauft. Auch in diesem Fall wird ein realisierter Kursgewinn zunächst nicht besteuert. Erst wenn der Fonds die aufgelaufenen Erträge an die Anleger ausschüttet, meist ist das einmal pro Jahr der Fall, hält der Fiskus die Hand auf. Verkauft der Anleger seine Anteile, muss er in jedem Fall den erzielten Wertzuwachs, der die aufgelaufenen, aber noch nicht ausgeschütteten Erträge und die Kursgewinne der Wertpapiere im Fondsdepot widerspiegelt, versteuern. Der Fiskus stundet streng genommen also Fondsanlegern die Abgeltungsteuer nur.

Keine Regel ohne Ausnahme

Von dieser Steuerregel gibt es freilich eine Ausnahme: thesauriende Fonds. Der Fiskus käme bei ihnen erst dann zum Zuge, wenn der Anleger verkauft und der erzielte Zuwachs des Anteilspreises besteuert wird. Unter Umständen müsste er also Jahre auf sein Geld warten. Für thesaurierende Fonds gibt es daher andere Steuerregeln. Bei ihnen gelten sämtliche Erträge zum Geschäftsjahresende des Fonds als zugeflossen, Steuerexperten nennen das Zuflussfiktion. Das heißt: Auf die über das Jahr hinweg vereinnahmten Kapitalerträge und erzielten Kursgewinne (abzüglich der Kursverluste) wird Abgeltungsteuer fällig, die dem Fondsvermögen entnommen wird. Folglich sinkt der Anteilspreis entsprechend. Für diejenigen Anleger, die aufgrund eines Freistellungsauftrages (siehe Seite 137) keine Abgeltungsteuer zahlen müssen, werden dadurch jedoch benachteiligt. Daher bekommen sie als Ausgleich neue Fondsanteile ins Depot oder erhalten einen Barausgleich.

Die Ausnahme von der Ausnahme: Bei Fonds aus dem Ausland (siehe Seite 139) gilt das Prinzip der Zuflussfiktion nicht, denn diese Fonds zahlen ihre Steuern in ihrem Heimatland und dort gelten meist ganz andere Steuerregeln. Folglich gilt bei ihnen die Regel, dass der Anleger erst beim Verkauf die aufgelaufenen Kapitalerträge und die im Fondsvermögen erzielten Kursgewinne versteuern muss.

Die Berechnung der Steuer nimmt in jedem Fall die Depotbank beziehungsweise Fondsgesellschaft vor. Der Anleger ist jedoch gut damit beraten, den Steuerabzug anhand seiner Jahresbescheinigungen (siehe Seite 141) zu kontrollieren.

Mit der Steuerzahlung sind jedoch sämtliche Ansprüche des Fiskus erledigt. Anleger müssen also später nicht mehr prinzipiell im Rahmen ihrer Steuererklärung die Anlage KAP, in der die Kapitaleinkünfte abgerechnet werden, ausfüllen. Dies zu tun kann allerdings trotzdem sinnvoll sein – unter anderem dann, wenn der persönliche Steuersatz für die Kapitaleinkünfte unter 25 Prozent liegt, was nach der Anfang 2010 vorgenommenen allgemeinen Senkung der Steuersätze viel mehr Bürger betrifft als zuvor. Denn alle, die einen niedrigeren persönlichen Steuersatz haben, zahlen auch nur diesen niedrigeren Satz für ihre zu versteuernde Kapitaleinkünfte. Die vorab zu viel gezahlte Abgeltungsteuer wird dann nach Abgabe der Steuererklärung erstattet.

Das Ausfüllen der Formulare empfiehlt sich auch dann, wenn Anleger ihre Freistellungsaufträge und den Sparerpauschbetrag (nachfolgender Abschnitt) nicht ausgeschöpft und dadurch zu viel Abgeltungsteuer gezahlt haben. Oder aber der Fonds hält Aktien oder Anleihen aus dem Ausland und dort wurde bei den Ertragszahlungen dieser Papiere Quellensteuer einbehalten. Mit der Steuererklärung kann der Fondsanleger diese bereits gezahlten Steuern auf seine deutsche Steuerlast anrechnen lassen.

Anlagestrategisch gesehen, bedeutet die Neuregelung eine Entlastung für die Anleger. Schließlich brauchen sie sich bei ihren Verkaufsentscheidungen nicht von steuerlichen Fristen und der Freigrenze bei Spekulationsgewinnen leiten lassen, wie das vor Einführung der Abgeltungsteuer oftmals der Fall war. Denn durch die sogenannte Spekulationsfrist bekam der Verkaufszeitpunkt eine besondere Bedeutung. Verkauften Anleger nach Ablauf der Spekulationsfrist von einem Jahr, konnten sie die Kursgewinne steuerfrei kassieren. Veräußerten sie die Papiere innerhalb dieser Frist, konnte es passieren, dass sie je nach Höhe der Gewinne dafür Steuern zahlen mussten.

Heute gilt die Steuerpflicht uneingeschränkt für alle Kursgewinne, ganz egal, ob Anleger ihre Fondsanteile nach ein paar Tagen, Monaten oder gar Jahren wieder verkaufen. Dadurch können sie sich ganz darauf konzentrieren, den optimalen Moment für den Verkauf abzupassen. Beim Verkauf wird auf die positive Differenz zum Kaufkurs die Abgeltungsteuer fällig.

Der Kauf und Verkauf eines Fonds in schneller Folge sollte zwar nicht die Regel sein, kann sich allerdings anbieten, wenn die allgemeine Börsensituation dafür günstig ist – zum Beispiel bei einem spekulativen Investment in Schwellenregionen (siehe Seite 104).

TIPP

Bei geringem Einkommen NV-Bescheinung beantragen

Sind Ihre Einkünfte insgesamt so gering, dass Sie keine Einkommensteuern zahlen, können Sie eine Nichtveranlagungsbescheinigung, kurz NV-Bescheinigung, beim Finanzamt beantragen. Wenn Sie diese Bescheinigung Ihrer depotführenden Bank vorlegen, zahlt sie Ihnen Ihre Kapitalerträge steuerfrei aus, auch wenn sie den Sparerpauschbetrag übersteigen. Für das Jahr 2010 können Sie bis zu 8 841 Euro an Einkünften steuerfrei einnehmen, vorausgesetzt, Sie haben keine weiteren Einnahmen. Antragsformulare gibt es beim Finanzamt oder im Internet unter www.formulare-bfinv.de.

WAS DER BESTANDSSCHUTZ BEDEUTET

Wer sein Geld bereits seit einigen Jahren in Fonds und anderen Wertpapieren anlegt, sollte das Kaufdatum seiner Anteile prüfen. Die neue Regelung, nach der Kursgewinne zu versteuern sind, gilt nur für alle nach dem 1. Januar 2009 angeschafften Papiere. Für alle Wertpapiere, die bis Ende 2008 gekauft wurden, besteht ein sogenannter Bestandsschutz. Das heißt, bei einem späteren Verkauf wird ein etwaiges Kursplus von der Steuer verschont. Die seit 2009 ausgezahlten Dividenden und Zinsen sind allerdings voll steuerpflichtig – egal, wann der Anleger seine Fondsanteile gekauft hat. Eine Ausnahme von dieser Bestandsschutzregel gibt es: Bei Zertifikaten sind Kursgewinne bereits steuerpflichtig, wenn die Papiere nach dem 14. März 2007 gekauft wurden.

SO SINKT DIE STEUERLAST

Bevor Anleger allerdings tatsächlich zur Kasse gebeten werden, können sie bestimmte Freibeträge und Pauschalen in Anspruch nehmen. Am wichtigsten ist dabei der Sparerpauschbetrag. Er gilt für alle Kapitalerträge, also Zinsen, Dividenden und Verkaufsgewinne durch Kurssteigerungen. Für Ledige beträgt er 801 Euro und für Verheiratete 1602 Euro. Nachteil dabei: Über diesen Sparerpauschbetrag sind sämtliche Werbungskosten wie etwa die Kosten für das Depotkonto abgegolten. Höhere Ausgaben können – anders als vor Einführung der Abgeltungsteuer – nicht mehr gesondert als Werbungskosten geltend gemacht werden.

Ob diese Einschränkung bei den Werbungskosten jedoch auf Dauer Bestand haben wird, ist fraglich. Denn dass ein Steuerzahler seine tatsächlichen Werbungskosten bei anderen Einkunftsarten auch dann geltend machen kann, wenn sie bestimmte, vom Gesetzgeber festgelegte Grenzen übersteigen, haben hohe deutsche Gerichte wiederholt bestätigt. Eine spätere juristische Klärung dieses

TIPP **Einspruch einlegen**

Wenn Sie höhere Werbungskosten in Ihrer Einkommensteuererklärung geltend machen können als den Pauschbetrag, sollten Sie Einspruch beim Finanzamt einlegen und auf das Verfahren hinweisen. Der Steuerbescheid bleibt dann in diesem Punkt bis zu einer (wahrscheinlich höchstrichterlichen) Entscheidung offen.

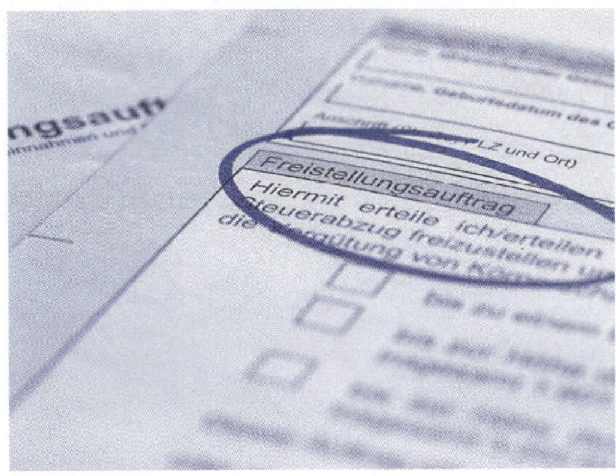

Sachverhalts ist somit wahrscheinlich. Ein entsprechendes Musterverfahren ist bereits beim Finanzgericht Münster anhängig (Az. 6K3260/10F).

Den Freistellungsauftrag nutzen

Damit bei Dividenden-, Zinszahlungen oder einem Verkauf nicht unnötig Abgeltungsteuer einbehalten wird, die Anleger aufgrund der Pauschbeträge am Ende des Jahres auf jeden Fall wiederbekämen, können sie ihrer Bank einen Freistellungsauftrag erteilen. Darin wird festgelegt, bis zu welchem Betrag Kapitalerträge ohne Steuerabzug ausbezahlt werden. Erst wenn die im Auftrag genannte Summe erreicht ist, überweist die Bank für jeden darüber hinausgehenden Betrag Abgeltungsteuer an das Finanzamt.

Wer sein Geld bei mehreren (inländischen) Banken angelegt hat, kann seinen Pauschbetrag beliebig aufteilen, indem er jedem Institut, bei dem er Konten oder Depots unterhält, einen gesonderten Freistellungsauftrag erteilt. Die Summe der in allen Freistellungsaufträgen festgelegten Beträge darf 801 Euro für Ledige beziehungsweise 1 602 Euro für Ehepaare nicht übersteigen. Andernfalls müssen Anleger damit rechnen, dass das Finanzamt nachfragt, in welcher Höhe Kapitaleinnahmen angefallen sind.

Den Kindern Geld übertragen?

Ferner können Eltern noch mit einer einfachen Strategie einer Besteuerung entgehen: Indem sie für ihre Kinder ein Konto eröffnen und dorthin Teile ihres Vermögens übertragen. Juristisch gesehen entspricht das einer Schenkung. Der Vorteil: Jedes Kind kann 2010 Kapitaleinnahmen von 8 841 Euro steuerfrei vereinnahmen, denn auch Minderjährigen stehen Sparerpauschbetrag, Grundfreibetrag und der Sonderausgabenpauschbetrag zu. Sie können entweder über eine Einkommensteuererklärung geltend gemacht werden oder die Eltern beantragen beim zuständigen Finanzamt eine Nichtveranlagungsbescheinigung, mit der die Kapitalerträge

INFO **Freistellungsaufträge**

Für die Annahme sowie Änderung von Freistellungsaufträgen dürfen Banken und Sparkassen keine Gebühren verlangen.
Dies hat der Bundesgerichtshof in einer Grundsatzentscheidung festgelegt (Az. XI ZR 269/96 und XI ZR 279/96).

auch dann steuerfrei ausbezahlt werden, wenn der Sparerpauschbetrag überschritten wird (siehe Seite 136). Voraussetzung ist, dass die jährlichen Zins- und Dividendeneinnahmen maximal 8 841 Euro betragen und das Kind keine weiteren Einkünfte, etwa aus einem Ferienjob, erzielt.

VORSICHT VERMÖGENSGRENZEN!

Dabei sollten Sie allerdings beachten: Wenn Kinder Einnahmen von mehr als 4380 Euro jährlich oder 365 Euro im Monat haben (Stand: 2010), können sie nicht mehr beitragsfrei in der gesetzlichen Krankenkasse mitversichert werden. Auch für andere (staatliche) Leistungen wie Kindergeld oder Bafög gelten bestimmte Einkommens- und Vermögensgrenzen. Zudem gilt: Auf das übertragene Vermögen können die Eltern nicht mehr ohne Weiteres zurückgreifen, sondern es nur im Rahmen ihres elterlichen Sorgerechts ausgeben – etwa für die Ausbildung ihrer Kinder. Werden die Kinder volljährig, können sie über das restliche geschenkte Geld frei verfügen. Wollen Eltern sichergehen, dass ihr Kind das geschenkte Vermögen zum Beispiel für seine Ausbildung nutzt, können sie dies bei der Schenkung zur Auflage machen. Dafür sollten sie aber unbedingt den Rat eines Steuerberater oder auch eines Anwalts einholen, der sich mit Erb- und Schenkungsteuerrecht befasst.

SONDERFÄLLE: KURSVERLUSTE UND AUSLANDSDIVIDENDEN

Kursverluste

Wie sieht es steuerlich aus, wenn ein Fondsinvestment mal mit einem Verlust endet? In der Regel zieht das Finanzamt Verluste, die in Zusammenhang mit der Geldanlage entstanden sind, von der Summe aus Zinsen, Kursgewinnen und Dividenden ab, die im gleichen Kalenderjahr angefallen sind. Ausnahme: Verluste aus reinen Aktiengeschäften verrechnet es lediglich mit Gewinnen aus dem Verkauf von Aktien – und zwar jeweils in voller Höhe. Gewinne und Verluste, die dabei auf einem Depot anfallen, das bei einer Bank unterhalten wird, verrechnet das Institut intern, bevor Abgeltungsteuer abgeführt wird.

Dagegen können Verluste aus dem Verkauf von Fondsanteilen und Zertifikaten – auch, wenn sie sich auf Aktien oder Aktienindizes beziehen – vollständig mit allen Kapitalerträgen und Kursgewinnen des Jahres verrechnet werden.

Anders ist die Regelung, wenn ein Anleger Verluste mit Fonds realisiert, die er vor 2009 erworben hatte. Für solche Altverluste gelten besondere Regeln. Da er den Fonds außerhalb der früher geltenden Spekulationsfrist von einem Jahr wieder verkauft hat, kann er die Verluste aus diesem privaten Veräußerungsgeschäft steuerlich nicht geltend machen, da der Fiskus auf der anderen Seite auch Kursgewinne bei solchen Geschäften steuerfrei lässt. Anders sieht die Sache aus, wenn vor 2009 gekaufte Papiere innerhalb der Spekulationsfrist von einem Jahr mit Verlust verkauft wurden. Diese Altverluste können bis 2013 mit Gewinnen aus Kapitalvermögen verrechnet werden. Dazu zählen jedoch in keinem Fall Zins- und Dividendeneinkünfte.

Erträge aus dem Ausland

Viele Fonds investieren nicht nur in Papiere deutscher Herausgeber, sondern in vielen Fällen auch in Aktien und/oder Anleihen ausländischer Emittenten, um das Anlagerisiko breiter zu streuen oder ganz einfach, weil dies das Anlagekonzept des Fonds vorsieht, – etwa bei Länderfonds (siehe Seite 107). Grundsätzlich macht das Finanzamt in puncto Ertragszahlung keinen Unterschied zu Papieren deutscher Herausgeber. Werden die entsprechenden Zins- und Dividendenerträge ausgeschüttet, behält die Depotbank in Deutschland auch hiervon Abschlagsteuer ein. Sammeln (thesaurieren) die Gesellschaften die Erträge, müssen Anleger sie dagegen – auch bei Verwahrung im Inland – über die Steuererklärung versteuern.

In vielen Fällen werden Anleger auch zweimal zur Kasse gebeten. Denn häufig wurden die Kapitalerträge schon im Ausland besteuert. Um diese Doppelbelastung auszugleichen, kann der Anleger die bereits im Ausland gezahlte Quellensteuer über seine Einkommensteuererklärung verrechnen lassen. Früher war es möglich, diese Quellensteuer wie Werbungskosten für die Geldanlage mit in der Steuererklärung zu berücksichtigen. Seit Anfang 2009 ist es nur noch möglich, die im Ausland gezahlte Quellensteuer mit der in Deutschland fälligen Abgeltungsteuer verrechnen zu lassen. Die ausländische Steuer wird höchstens bis zu dem Wert erstattet, der in Deutschland zu zahlen wäre. Einen Nachweis über die bereits gezahlte Quellensteuer erstellt die Fondsgesellschaft beziehungsweise Depotbank im Zuge der Jahresbescheinigung (siehe nachfolgender Abschnitt).

Fonds mit Sitz im Ausland

Generell unerheblich ist es bei der Versteuerung der Fondserträge, ob der Sitz des Fonds selbst im In- oder Ausland liegt. Allerdings müssen die ausländischen Fondsanbieter die Steuerregeln beachten, die für die deutsche Fondsbranche gelten. Das heißt, sie müssen ihre Ertragsquellen aufdecken und alle erforderlichen Steuerdaten veröffentlichen, damit der Fiskus die Erträge auch korrekt besteuern kann. Der deutsche Gesetzgeber verwendet hierfür den Begriff des „transparenten Fonds". Mit einem solchen Fonds haben Anleger keine Probleme. Dagegen müssen Besitzer sogenannter „semitranspa-

renter“ und „intransparenter“ Fonds mit einer empfindlichen Strafbesteuerung rechnen. Doch diese Fonds stellen unter den Tausenden hierzulande angebotenen Fonds die Ausnahme dar. Im Zweifelsfall sollte der Anleger vor dem Kauf bei einer ausländischen Fondsgesellschaft klären, ob sie sich an die Regeln des deutschen Fiskus hält. Mögliche Alternativen gibt es genug.

TIPP **Steuerehrlich bleiben**

Nicht jeder Anleger aus Deutschland unterhält sein Fondsdepot bei einer deutschen Bank. Viele Sparer besitzen auch ein Konto oder ein Depot im Ausland. Dort gelten andere steuerliche Spielregeln, meist sind sie deutlich anlegerfreundlicher. Zum Beispiel werden in Luxemburg, Österreich oder in der Schweiz ausländischen Anlegern Kapitalerträge ohne Steuerabzug gutgeschrieben. Auf Zinserträge wird jedoch die EU-Zinssteuer erhoben. Sie beträgt bis Ende 2010 20 Prozent und steigt dann auf 35 Prozent. Die Steuer ist also höher als der Satz, den der deutsche Fiskus verlangt. Sie wird aber nur für Papiere fällig, die der EU-Zinsrichtlinie unterliegen. Bei Mischfonds lässt sich nur nach dem Fondsprospekt beurteilen, ob dies der Fall ist. Das bedeutet aber nicht, dass der Anleger seine im Ausland erzielten Erträge nicht versteuern müsste, wenn der Sparerpauschbetrag ausgeschöpft ist. Jeden Euro und Cent, der über den Pauschbetrag hinausgeht, muss er ganz normal in seiner Steuererklärung aufführen und in Deutschland versteuern, anderenfalls begeht er Steuerhinterziehung. Die Banken in den EU-Ländern sind verpflichtet, Name, Adresse, Kontonummer und Höhe der Zinserträge ihrer deutschen Kunden an das Bundesamt für Finanzen zu melden. Lange Zeit gab es Europa ein paar Länder, für die diese Regel nicht galt. Doch die deutsche Regierung zeigt großen Ehrgeiz, diesen Zustand zu beenden, und hat viele dieser Steuerschlupflöcher bereits geschlossen.

DER LEIDIGE PAPIERKRAM

Um gegenüber dem Finanzamt sämtliche bereits gezahlten Steuern belegen zu können, ist es wichtig, die Informationen und Auszüge der Banken und Fondsgesellschaften gut aufzubewahren. Für die Steuererklärung unverzichtbar ist die Jahressteuerbescheinigung. Seit der Einführung der Abgeltungsteuer sind Banken, Sparkassen oder andere Finanzdienstleister in Deutschland nicht mehr dazu verpflichtet, diese Bescheinigung für die Anleger auszustellen, die bei ihnen ein Konto oder Depot unterhalten. Der Kunde kann und sollte die Unterlage jedoch von sich aus beantragen, wenn sie das kontoführende Institut nicht automatisch von sich aus zur Verfügung stellt. Denn auf diese Weise können Anleger, die zum Beispiel ihre thesaurienden Fonds verkaufen, schwarz auf weiß dokumentieren, wie viel Abgeltungsteuer sie bereits während der Laufzeit bezahlt haben, und so verhindern, dass die Depotbank beim Verkauf unter Umständen eine Doppelbesteuerung vornimmt. Auch die korrekte Besteuerung beim Verkauf von Fondsanteilen aus einem Sparplan kann der Anleger anhand der Jahressteuerbescheinigung leichter nachhalten. Dabei gilt, dass jeder Fondsanteil einzeln besteuert wird – je nachdem, zu welchem Preis er im Zuge des Sparplans gekauft wurde. Verkauft der Anleger nur einen Teilbestand, unterstellt das Finanzamt, dass die zuerst erworbenen Anteile auch wieder zuerst verkauft werden.

Für diese Jahressteuerbescheinigung darf das Geldhaus keine Gebühren verlangen. Vom Grundgedanken her soll die Jahresbescheinigung Anlegern helfen, die diversen Formulare in der Steuererklärung richtig auszufüllen. Einen genauen Blick verdient die Unterlage dennoch, denn angesichts der vielen Neuregelungen kann es schnell zu fehlerhaften Angaben auf der Bescheinigung kommen.

ZUR AUSKUNFT VERPFLICHTET

Anlegern, denen bei der Jahresbescheinigung etwas unklar ist, sollten sich umgehend an ihre Bank oder Fondsgesellschaft wenden und sich die entsprechenden Angaben erläutern lassen. Die Fondsgesellschaften sind verpflichtet, sehr detaillierte steuerliche Angaben zu jedem ihrer Fonds zu erstellen, da der Anleger die im Fondsdepot angefallenen Ertragszahlungen im Einzelnen gar nicht nachvollziehen kann.

Die Jahressteuerbescheinigung nennt jedoch nur den Gesamtwert der jeweiligen Erträge. Wollen Anleger aufgeschlüsselte Daten, kann eine Erträgnisaufstellung sinnvoll sein. Die Kosten dafür darf die Bank in Rechnung stellen.

RIESTER-RENTE MIT FONDS

Wer mit Fonds spart, um langfristig etwas für die private Altersvorsorge zu tun, hat eine Alternative zu einem normalen Fondssparplan (siehe Seite 45 ff.): die sogenannte Riester-Variante. Bei diesem vom früheren Arbeitsminister Walter Riester ins Leben gerufenen Vorsorgekonzept werden die Sparleistungen des Anlegers zusätzlich mit Zulagen oder Steuervorteilen gefördert. Wer einen Riester-Sparvertrag abschließt, kann sein Geld allerdings nur in bestimmten Anlageformen anlegen. Dazu gehören neben Fonds auch Rentenversicherungen und Banksparpläne. Dabei kommt aber nicht jedes x-beliebige Angebot infrage. Banken, Versicherungen und Fondsgesellschaften müssen mit ihrem jeweiligen Riester-Produkt eine Reihe von Bedingungen erfüllen, um eine offizielle Genehmigung zu erhalten – das Angebot muss zertifiziert sein, wie es im Amtsdeutsch heißt. Der Vorteil von einem Fondsangebot mit Riester-Förderung ist, dass der Sparer damit eine Geldanlage an die Hand bekommt, deren zu erwartende Rendite durch staatliche Zulagen oder Steuergeschenke ein sehr hohes Niveau erreichen kann. Ergibt sich zum Beispiel für einen „gewöhnlichen" Sparplan mit Renten- oder Mischfonds eine Rendite von etwa 5 Prozent, so ist es in der Riester-Variante durch die staatlichen Zugaben durchaus möglich, deutlich über 8 Prozent pro Jahr zu erreichen – je nachdem wie die Finanzmärkte in Zukunft laufen. Wie hoch die Rendite ausfällt, hängt allerdings nicht nur vom Abschneiden des Fonds ab. Auch das Alter des Sparers bei Vertragsabschluss und seine persönlichen Einkommens- und Familienverhältnisse spielen eine Rolle, denn sie sind ausschlaggebend für die Höhe der Steuervorteile und Zulagen.

Wer und wie wird gefördert?

Abschließen können einen Riester-Sparplan alle Pflichtmitglieder der gesetzlichen Rentenversicherung sowie Beamte, Soldaten und Angestellte des öffentlichen Dienstes und Künstler, wenn sie Mitglied der Künstlersozialversicherung sind. Auch Ehepartner von Förderungsberechtigten können einen eigenen Riester-Vertrag abschließen. Voraussetzung ist, dass der Förderungsberechtigte selbst einen Vertrag abgeschlossen hat. Die Zuschüsse und Steuergeschenke sind ansehnlich. Nach heutigem Stand (2010) kann jeder Förderungsberechtigte eine maximale Grundzulage von insgesamt 154 Euro pro Jahr in Anspruch nehmen. Für jedes Kind auf der Steuerkarte gibt es noch einmal 185 Euro. Für Kinder, die ab 2008 zur Welt gekommen sind, erhalten Eltern sogar 300 Euro Kinderzulage pro Jahr. Auszubildende und Berufseinsteiger, die bis zu dem Jahr, in dem sie 25 Jahre werden, einen Riester-Vertrag abschließen und den Mindestbetrag einzahlen, erhalten einmalig 200 Euro Extrazulage. Voraussetzung ist, dass der Sparer auch einen Beitrag aus seinem eigenen Portemonnaie beisteuert. Wer die volle Zulage erhalten will, muss im Jahr 4 Prozent seines rentenversicherungspflichtigen, also nicht des steuerpflichtigen (!) Bruttolohns aus dem Vorjahr in einen Riester-Vertrag ansparen. Maximal werden allerdings nur 2 100 Euro gefördert. Der Sparer muss nicht den gesamten Höchstbeitrag von 4 Prozent selbst aufbringen, denn dieser setzt sich aus dem Eigenbeitrag und den staatlichen Zulagen zusammen. Wer weniger als den Höchstbeitrag sparen möchte, bekommt entsprechend weniger Zuschuss vom Staat. Zahlt der Sparer beispielsweise nur die Hälfte des eigenen Beitrags ein, bekommt er auch nur 50 Prozent der maximalen Zulage. Es gibt außerdem einen Mindestbeitrag, der nicht unterschritten werden darf. Dieser liegt bei 60 Euro.

Oft wird behauptet, dass Riester-Produkte aufgrund der Zulagen vor allem für Geringverdiener interessant sind. Doch das stimmt nicht. Auch kinderlose und einkommensstarke Sparer profitieren von der Förderung – und zwar in Form einer geringeren Steuerlast, die dadurch eintritt, dass die Riester-Beiträge in voller Höhe abgezogen werden. Im Gegenzug unterliegen dafür die späteren Riester-Rentenzahlungen voll der Steuerpflicht, was aber aufgrund der meist geringeren Einkünfte im Alter leichter zu verschmerzen ist. Wer die Vorteile des Riester-Sparens nutzen will, muss nicht nur einen Riester-Vertrag abschließen, sondern auch die ihm zustehenden Zulagen beantragen. Es reicht nicht, die Riester-Zahlungen allein in der Steuererklärung anzugeben. Das Finanzamt prüft bloß, ob es einen Steuerbonus gibt, nicht aber die Inanspruchnahme der Zulagen. Für deren Beantragung hat der Sparer zwei Jahre Zeit (gerechnet ab dem Jahresende des jeweiligen Sparjahres), sonst verfallen sie für das entsprechende Jahr. Früher war für jedes Jahr ein neues Formular notwendig. Mittlerweile reicht es, einen Antrag für die gesamte Förderdauer abzugeben. Nur eine Änderung der persönlichen Lebensverhältnisse – Umzug, Scheidung, Nachwuchs etc. – muss mitgeteilt werden. Die Antragsformulare verschicken Geldinstitute an ihre Kunden.

Sparen mit Einschränkungen

Die Riester-Angebote der Fondsgesellschaften ähneln im Grundsatz einem normalen Fondssparplan (siehe Seite 45 ff.). Es gibt aber einige erhebliche Unterschiede. Ein wichtiger ist: Der Anleger kann während der Ansparphase nicht nach Belieben über das angesparte Vermögen verfügen. Sonst muss er die Zulagen zurückerstatten. Eine Ausnahme von dieser Regel bildet die Entnahme von Kapital zum Erwerb eines Eigenheims oder einer selbst genutzten Eigentumswohnung. Die Auszahlung der Riester-Rente beginnt frühestens, wenn der Sparer 60 Jahre alt ist oder Frührentner wird. Bei Rentenbeginn hat er die Möglichkeit, sich maximal 30 Prozent des angesparten Kapitals in einer Summe auszahlen zu lassen. Das restliche Kapital fließt in eine Rentenversicherung, aus der der Sparer eine lebenslange Rente bezieht. Alternativ kann er einen Fondsentnahmeplan wählen. Auch hier erhält er regelmäßige monatliche Auszahlungen. Doch für die Zeit ab 85 Jahren muss er auch bei dieser Variante eine lebenslange Rentenversicherung abschließen. Ein zweiter wichtiger Unterschied: Der Gesetzgeber verlangt im Rahmen der Zertifizierung, dass bei Rentenbeginn zumindest der Erhalt der eingezahlten Beiträge gewährleistet ist. Das heißt, auch wenn der Fonds Verluste gemacht hat, muss die Summe, die verrentet/ausgezahlt wird, mindestens so hoch sein wie die eingezahlten Beiträge plus Zulagen. Dies erhöht auf der einen Seite die Sicherheit für den Sparer. Auf der anderen Seite kann diese Regel auch zum Bumerang für Riester-Sparer werden. Denn einige Anbieter von Fondssparplänen sind in der Vergangenheit in die Kritik geraten, weil sie das Guthaben ihrer Kunden nach dem Kursrutsch an den Finanzmärkten früher als vorgesehen von den schwankungsanfälligen Aktienfonds in vergleichsweise sichere, aber wenig renditeträchtige Rentenfonds umgeschichtet haben (siehe nachfolgender Abschnitt). Dadurch ist es ausgeschlossen, dass die betroffenen Sparer von einer späteren Erholung der Aktienkurse profitieren können.

Begrenztes Angebot

Bislang haben nur eine Handvoll Fondsgesellschaften Riester-Angebote im Programm. Da die Anbieter den Kapitalerhalt

TIPP **So finden Sie den richtigen Riester-Vertrag**

Wer einen Riester-Vertrag abschließen will, sollte sich vorher gründlich informieren.

Allgemeine Informationen rund um die Riester-Rente gibt die Deutsche Rentenversicherung im Internet unter www.deutsche-rentenversicherung-bund.de.

Finanztest untersucht regelmäßig Riester-Fondssparpläne sowie andere Riester-Produkte. Aktuelle Informationen und Untersuchungsergebnisse finden Sie auf der Homepage der Stiftung Warentest unter www.test.de. Eine spezielle Suche zu Fondsprodukten ist möglich unter dem Menüpunkt „Riester-Fondssparplan". Der Abruf der Ergebnisliste kostet 2 Euro.

Derzeit bieten nur noch vier Fondsgesellschaften Riester-Fondssparpläne an (Stand: 2010). In alphabetischer Reihenfolge sind das: Deka, DWS, Hansa und Union Investment.

Teilweise bieten Fondsvermittler (siehe Seite 51) diese Sparpläne günstiger an als die Gesellschaften selbst. Wichtiger als ein guter Rabatt ist aber ein guter Sparplan.

garantieren müssen, sehen die meisten dieser Angebote mit Abweichungen gleich aus: Der Sparer bekommt entweder einen universellen Mischfonds oder eine Kombination aus Renten- und Aktienfonds. Dabei hängt das Verhältnis zwischen renditestarken, aber schwankungsanfälligen Aktien und sicheren Renten davon ab, wie alt der Sparer bei Vertragsabschluss ist. Jüngere bekommen am Anfang einen höheren Aktienanteil angeboten, Ältere einen niedrigeren. Je näher die Rente rückt, desto mehr Geld fließt weg von Aktien in Anleihen.

Riester-Fonds lohnen

Fondssparpläne à la Riester bieten vor allem jüngeren Sparern sehr gute Renditechancen, wenn sie ihren Fondssparplan mit einem möglichst hohen Aktienanteil beginnen. In den vergangenen Jahren hat sich dieses Anlagekonzept allerdings als nicht besonders erfolgversprechend erwiesen. Denn viele Aktienfonds brachten nur Minirenditen oder schnitten sogar mit einem Minus ab. Dies lag am wechselhaften Börsenklima in diesem Zeitraum und zeigt einmal mehr, dass Aktienfonds generell schwankungsanfälliger sind als etwa Rentenfonds. Aber dieses Risiko wird durch einen langen Anlagezeitraum, die Förderung und den garantierten Kapitalerhalt abgefedert.

Das Risiko bei der Riester-Variante ist zudem beschränkt: Wer einen schlechten Fonds erwischt, bekommt womöglich nur seine Beiträge plus Zulagen ausgezahlt – allerdings auch nicht weniger. Sparer, die dieses Restrisiko ausschließen möchten, sind mit anderen Riester-Produkten, etwa dem Banksparen, besser bedient. Für Riester-Sparer ab 50 Jahren sind Banksparpläne meist die bessere Alternative, weil bei ihrem relativ kurzen Anlagehorizont eine Anlage mit hohem Aktienanteil zu riskant wäre.

Riester-Verträge sind verwaltungsintensiv. Viele Fondsgesellschaften berechnen neben den Ausgabeaufschlägen und Verwaltungskosten auch für das Depotkonto

TIPP Wie Riester-Sparer Steuern sparen

Seit 2009 können sich Riester-Fonds auch für Vorsorge-Sparer lohnen, die keine Riester-Förderung bekommen. Denn Riester-Fonds unterliegen nicht der Abgeltungsteuer (siehe Seite 133) und können grundsätzlich auch ohne Förderung angespart werden. Wird der Sparplan nach Vollendung des 60. Lebensjahres ausgezahlt und bestand er mindestens zwölf Jahre, ist nur die Hälfte des Gewinns mit dem persönlichen Steuersatz zu versteuern – im Ergebnis immer weniger als 25 Prozent Abgeltungsteuer. Zudem kommen Sparer wie bei allen Riester-Angeboten in den Genuss der Beitragsgarantie.

laufende Gebühren. Zusätzlich zur Kasse gebeten wird der Sparer, sollte er den Anbieter wechseln oder den Vertrag förderschädlich auflösen wollen. Bearbeitungskosten zwischen 25 bis 50 Euro sind dann keine Seltenheit.

Der zweite Fördertopf: vermögenswirksame Leistungen

Eine staatliche Förderung gibt es nicht nur mit einem Riester-Vertrag. Fast jeder Sparer, der in einem tarifvertraglich geregelten Beschäftigungsverhältnis steht, hat Anspruch auf vermögenswirksame Leistungen, kurz VL genannt. Je nach Tarifvertrag und individueller Betriebsvereinbarung zahlt der Arbeitgeber bis zu 40 Euro an VL – zusätzlich zum normalen Gehalt. Der Gesetzgeber hat festgelegt, dass nur bestimmte Anlageformen für die Anlage der VL infrage kommen. Der Katalog ist dennoch reichhaltig. Er reicht von Banksparplänen über Bausparverträge und Lebensversicherungen bis hin zu Aktien, Aktienfonds und anderen Beteiligungspapieren.

Die Arbeitnehmersparzulage

Unter bestimmten Voraussetzungen fördert auch der Staat das vermögenswirksame Sparen: mit der Arbeitnehmersparzulage. – Diesen Zuschuss gewährt der Fiskus selbst dann, wenn der Arbeitgeber des Sparers keine VL zahlt. Voraussetzung ist allerdings, dass die Sparraten in einen Bausparvertrag oder in Beteiligungssparformen wie zum Beispiel Aktien und Aktienfonds angelegt werden. Die Arbeitnehmersparzulage beträgt derzeit bei Bausparverträgen 9 Prozent bis zu einem jährlichen Förderungshöchstbetrag von 470 Euro pro Jahr. Bei Aktienfonds und anderen unternehmerischen Beteiligungen steigt die Zulage auf 20 Prozent der Sparsumme. Dafür ist in diesem Fall der förderungsfähige Höchstbetrag niedriger. Er beträgt jährlich 400 Euro. Das Besondere: Beide Fördertöpfe können gleichzeitig mit zwei parallel laufenden Verträgen angezapft werden – also mit einem Bausparvertrag und beispielsweise einem Aktienfondssparvertrag. Die vermögenswirksamen Leistungen des Arbeitgebers erhöhen sich in diesem Fall nicht, sodass der Arbeitnehmer die Sparraten aus seinem Gehalt entsprechend aufstocken muss, was sich, wenn er innerhalb der für die Sparzulage geltenden Einkommensgrenzen von 20 000 Euro (Ledige) beziehungsweise 40 000 Euro (Ehepaare) liegt, allemal lohnt.

Zu beachten ist, dass bei diesen Einkommensgrenzen das zu versteuernde Einkommen entscheidend ist. Das Bruttoeinkommen kann je nach Familienstand, Zahl der Kinder und persönlicher Steuersituation weitaus höher sein. In den meisten Fällen wird der VL-Vertrag sechs Jahre lang angespart und ruht dann bis zum Ende des Kalenderjahres, in dem die letzte Rate gezahlt wurde. Den staatlichen Zuschuss zahlt das Finanzamt nicht in bar aus. Der VL-Sparer muss ihn im Rahmen seiner jährlichen Einkommensteuererklärung beantragen. Er wird dann erst am Ende des siebten Sparjahres in einer Summe

TIPP **Hier bekommen Sie Informationen zu VL-Fonds**

Die aktuellen Konditionenvergleiche der einzelnen VL-Anlageformen (Aktienfonds, Sparpläne, Bausparverträge) werden auf der Homepage der Stiftung Warentest veröffentlicht (www.test.de, Stichwort „Geldanlage und Banken", Rubrik Infodokumente). Eine Übersicht aller aktiv angebotenen VL-Fonds hält außerdem der Fondsverband BVI auf seiner Homepage (www.bvi.de) bereit.

überwiesen. Wenn ein VL-Sparer seinen Vertrag vorzeitig kündigt oder beendet, muss er auf die staatliche Prämie verzichten. Das bis dahin angesparte Fondsguthaben nimmt die Fondsgesellschaft zurück und zahlt den Anleger aus, wofür sie unter Umständen eine Bearbeitungsgebühr verlangt.

Wo die VL anlegen?

Welche Anlageform ein VL-Sparer wählen sollte, hängt nicht zuletzt von seinen Anlagezielen ab. Geht es ihm um eine möglichst hohe Rendite, haben Aktienfonds auf lange Sicht zweifellos am meisten zu bieten. Hohe einstellige Durchschnittsrenditen über zehn oder zwanzig Jahre hinweg waren in der Vergangenheit keine Seltenheit. Ob dies aufgrund der Börsenentwicklung auch in Zukunft der Fall sein wird, weiß jedoch niemand mit Sicherheit vorherzusagen. Wer seine VL auf diese Weise anlegt, sollte daher langfristig planen und nicht zu sehr auf die siebenjährige Laufzeit des Vertrages fixiert sein. Dann nämlich spielt es keine große Rolle, sollten die Weltbörsen zum Fälligkeitstermin den Rückwärtsgang einlegen. Endet der Vertrag, heißt das nicht, dass die Fondsgesellschaft die Anteile automatisch verkauft. Der VL-Sparer kann sie beliebig lange im Depot lassen und derweil einen neuen Vertrag ansparen. Im Gegensatz zu Riester-Produkten werden an die Fonds, die für die VL infrage kommen, keine besonderen Anforderungen gestellt. Der Aktienanteil muss nur regelmäßig bei über 60 Prozent liegen und der Fonds offiziell zum Vertrieb in Deutschland zugelassen sein. Dadurch kommt ein breites Spektrum von Aktienfonds für die VL-Anlage in Betracht: global anlegende Aktienfonds ebenso wie zum Beispiel hoch spekulative Branchenfonds (siehe Seite 108).

In der Praxis ist davon jedoch wenig zu spüren, denn dem potenziell großen Angebot haben die Fondsgesellschaften selbst einen Riegel vorgeschoben. Wegen des hohen Verwaltungsaufwands und der geringen Anlagebeträge werden für die VL-Anlage nicht mal mehr 200 Fonds aktiv beworben.

DER WEG ZUM ZIEL

Die vorhergehenden Kapitel haben gezeigt, dass es Fonds in unzähligen Varianten gibt. „Welcher ist davon der richtige für mich?", werden sich viele Sparer nun fragen. Ganz einfach lässt sich diese Frage nicht beantworten. Aber der Vorteil des breiten Angebotes ist, dass Fonds für jedes Anlageziel eine passende Lösung bieten. Dazu sollte allerdings vor dem Kauf eine Reihe von Fragen geklärt werden – zum Beispiel, wie viel Risiko der Anleger bereit ist zu akzeptieren.

DEN EINSTIEG PLANEN

„Wer die Wahl hat, hat die Qual" – diese Redensart trifft auch auf Fonds zu. Denn aus Tausenden verschiedener Angebote das individuell passende auszuwählen, ist mit Zeit und Mühe verbunden. Doch der Aufwand lohnt sich auf jeden Fall, und Fonds sind flexibel! Bei ihnen werden Anleger, die eine bequeme und dennoch umfassende Geldanlage suchen, die ihrer persönlichen Risikoneigung entspricht, ebenso fündig wie diejenigen, die sich ein ganz individuelles und systematisch strukturiertes Depot aufbauen möchten, das hohe Renditechancen bei vergleichsweise niedrigem Risiko bietet.

Eine Frage der Einstellung

Wer sein Fondsdepot individuell zusammenstellen will, kommt allerdings nicht umhin, eine Reihe von Entscheidungen selbst zu treffen und sich um das Thema Geldanlage zumindest eine gewisse Zeit intensiv zu kümmern. Denn nur wer die Besonderheiten und Wechselwirkungen der verschiedenen Anlagekonzepte kennt und ein paar wichtige Regeln beachtet, weiß die Vielfalt von Fonds für sich zu nutzen und Anlageformen und Märkte auch passend zu kombinieren, damit ein Sparer entscheiden kann, ob für ihn vorzugsweise eher Aktienfonds oder doch besser Rentenfonds infrage kommen und zu welchen Anteilen er diese Fondstypen in seinem Depot mischen soll. Es ist sinnvoll, dass er sich zuerst einmal über seine Anlagebedürfnisse klar wird. Egal, ob er Einsteiger oder erfahrener Anleger ist, bei der Konzeption seiner Anlagestrategie sollten folgende Punkte, die zu bereits Beginn dieses Ratgebers genannt wurden, beachtet werden:

- die persönlichen Anlageziele (siehe Seite 36 ff.),
- die Einkommens- und Vermögensverhältnisse (siehe Seite 35) und
- die Anlagementalität (siehe Seite 38).

Zudem steht jedem Sparer dann die kniffelige, aber lösbare Aufgabe bevor, die Aspekte Rendite, Sicherheit und Verfügbarkeit – das magische Dreieck der Geldanlage (siehe Seite 25) – möglichst geschickt unter einen Hut zu bekommen.

Das Problem der „gefühlten" Risikobereitschaft

Die höchste Rendite mit so wenig Risiko wie möglich zu erzielen – dies wird in den meisten Fällen das Ziel sein. Doch um dieses zu erreichen, sollte sich jeder Fonds-Interessierte fragen, wie viel Risiko er bereit ist zu tragen. Grundsätzlich scheint die Antwort darauf nicht allzu schwer zu sein. Die Schwierigkeit dabei ist meist, dass Kopf und Bauch das Risiko unterschiedlich beurteilen. Werden Anleger direkt danach gefragt, sind erfahrungsgemäß viele nicht bereit, größere Risiken einzugehen. Daran ist nichts Verwerfliches. Im Gegenteil: Wer sich und dieser Einstellung treu bleibt, wird wahrscheinlich selten einen kompletten finanziellen Fehlgriff machen. Und warum kommt es dann doch immer wieder vor, dass bis dato brave Sparbuchbesitzer über Nacht zu wilden Spekulanten werden? Die eigene Psyche spielt ihnen einfach einen Streich. Wer stets auf Nummer sicher gehen will, muss automatisch auch mit mageren Renditen Vorlieb nehmen. Eben das fällt so manchem Sparer genau dann schwer, wenn ihm in einer guten Börsenphase vor Augen geführt wird, dass sich beispielsweise mit Aktien innerhalb weniger Tage oder Wochen ganz leicht 10 Prozent und mehr machen lassen.

Den eingeschlagenen Kurs verfolgen

Geradezu fatal kann es sich dann auswirken, wenn der Sparer beginnt, zwischen totalem Sicherheitsdenken und höherer Risikobereitschaft hin- und herzuspringen. Doch genau so verhält sich die Mehrheit der Sparer, wie es das allgemeine Anlageverhalten in den vergangenen Jahren beweist. Denn die vielen Anleger, die sich mit Aktien und Aktienfonds beim Börsencrash um die Jahrtausendwende die Finger verbrannt und ihre Gelder abgezogen hatten, vollzogen die Kehrtwende. Plötzlich waren Rentenfonds, Sparkonten, Lebensversicherungen und Bausparverträge gefragt. Folge: Die an den Crash sich anschließende Erholung der Aktienkurse haben viele verpasst. Erst als die Kurse Ende 2009 ihre alten Höchststände übersprangen, stiegen viele Privatanleger wieder ein – leider zum falschen Zeitpunkt, wie sich gezeigt hat. Denn wenig später brachen die Kurse ab Herbst 2008 noch – verstärkt durch die Pleite der US-Bank Lehman Brothers – auf breiter Front ein.

Dieses Beispiel zeigt, wie wichtig es ist, nicht alles auf eine Karte zu setzen, sondern den einmal eingeschlagenen Weg konsequent weiterzugehen und nicht ständig nach rechts und links auszuweichen, weil dort vermeintlich bessere oder sicherere Gelegenheiten locken.

Drei Risikotypen zur Orientierung

Eines vorweg: Dieser Ratgeber kann nicht sämtliche Facetten der Anlagementalitäten berücksichtigen. Das würde die Ratschläge und Empfehlungen schnell unüberschaubar machen und am Ende unter Umständen mehr verwirren als Orientierung zu geben. Im folgenden Abschnitt werden daher beispielhaft Depotvorschläge für drei Anlegertypen mit unterschiedlicher Risikobereitschaft gegeben:

- einem vorsichtigen,
- einem ausgewogenen,
- einem renditeorientierten.

Obwohl dies zunächst einmal recht simpel und schlüssig klingt, gibt es doch einen Haken: Diese Attribute sind nicht wirklich objektiv. So können sich beispielsweise zwei Anleger fin der Sparte „vorsichtig" einstufen, im direkten Vergleich besitzen sie aber eine sehr unterschiedliches Risikoempfinden. Und wie lässt sich dieser genauer messen? Mithilfe der sogenannten Verlusttoleranz. Mit ihr lassen sich die drei folgenden modellhaften Anlegercharaktere feiner unterscheiden, steht sie doch letztendlich für die Risikoneigung eines jeden einzelnen Anlegers. Schließlich gilt nach dem magischen Dreieck der Geldanlage: Je höhere die Rendite ist, die ein Anleger bei einem Fondsinvestment anpeilt, desto eher muss er Abweichungen nach oben, vor allem aber unten – im ungünstigen Fall also Verluste – akzeptieren.

Dabei spielt auch die Anlagedauer eine große Rolle. Als Faustregel gilt: Je länger der Anleger sein Geld investiert, desto größer ist die Chance, dass zwischenzeitliche Verluste durch eine nachfolgende positive Börsenentwicklung wieder ausgeglichen werden.

Dennoch wird ein vorsichtiger Anleger wird darauf achten, dass das Risiko während der Laufzeit, vor allem aber am Ende Verlust zu machen, so gering wie möglich ist. Hundertprozentig lässt sich das natürlich für keine Geldanlage ausschließen. Aber eine – angenommene – Wahrscheinlichkeit von 99,5 Prozent wird vermutlich auch ein vorsichtiger Sparer als annähernd sicher empfinden.

Ein ausgewogener Anleger akzeptiert grundsätzlich ein Verlustrisiko, das höher ist als das des vorsichtigen Anlegers. Allerdings wird er deswegen nicht einem Hasardeur gleich sofort Haus und Hof aufs Spiel setzen wollen. Er wird versuchen sein Depot so aufzubauen, dass die Verlustwahrscheinlichkeit im ungünstigsten Fall 10 bis maximal 20 Prozent beträgt. Oder umgekehrt: Der ausgewogene Sparer schließt eine Geldanlage auch dann ab, wenn er unter ungünstigen Umständen „nur" 80 Prozent seines Einsatzes am

Depotmischungen für jeden Anlegertyp

Mit welcher Durchschnittsrendite können Anleger rechnen, wenn sie ihr Depot entweder nur mit Aktienfonds, nur mit Rentenfonds oder einer Mischung aus beiden Fondstypen bestücken? Und wie groß ist jeweils das Verlustrisiko? Die beiden Grafiken geben einen Anhaltspunkt dafür. Sie basieren auf den Anlageergebnissen der vergangenen 30 Jahre (31.12.1979 bis 31.12.2009). Mit dem Sicherheitsdepot zum Beispiel erzielten Anleger eine Durchschnittsrendite von knapp 7,5 Prozent. Gleichzeitig betrug der maximale Verlust in diesen Zeitraum etwa 7 Prozent.

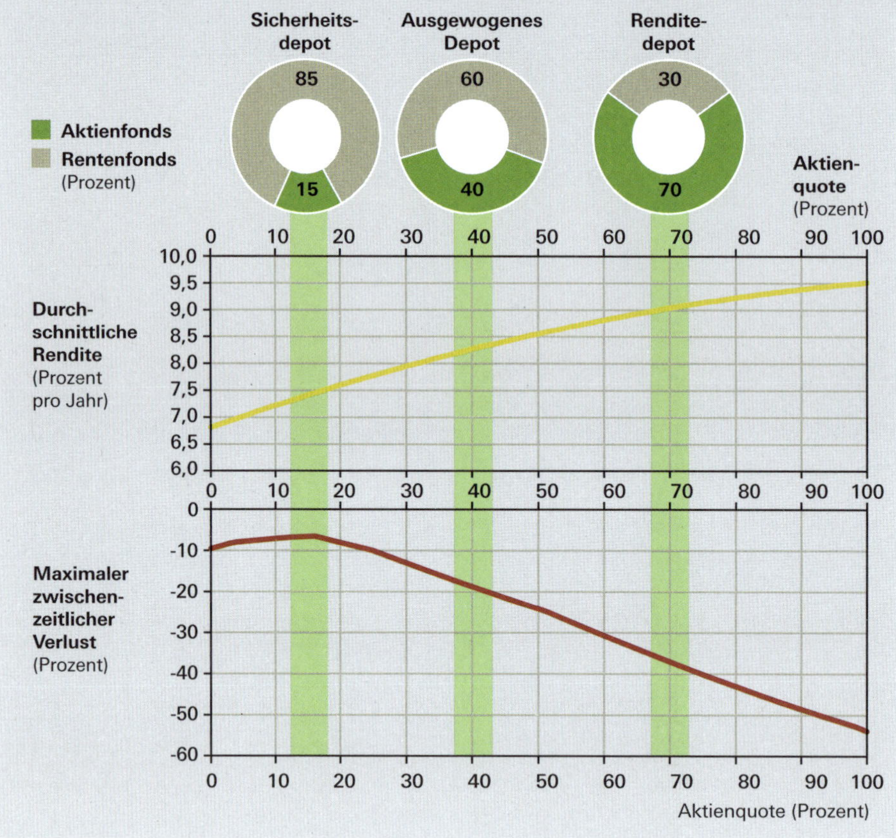

Ende der Anlagedauer – oder einem vorzeitigen Verkauf – zurückbekommt.

Das Ziel des renditeorientierten Anlegers ist es, möglichst viel aus seinem Geld zu machen. Für die Aussicht auf höhere Ertragschancen ist er bereit, ein größeres Risiko in Kauf zu nehmen – im Extremfall bis zu 40 Prozent.

40 Prozent sind in etwa der Verlust, den ein Anleger bis zum Frühjahr 2009 eingefahren hat, wenn er sein gesamtes Geld Ende 2007, also zum denkbar ungünstigsten Zeitpunkt der vergangenen Jahre, in Aktienfonds Welt investiert hätte, wie die Experten der Stiftung Warentest errechnet haben. In einer umfangreichen Simulationsrechnung haben sie dazu die Ergebnisse an den Aktien- und Rentenmärkten in den vergangenen 30 Jahren herangezogen und drei Kennzahlen für

Eine Frage der Zeit: Welche Mindestrendite Fonds abwerfen

Auch risikobereite Anleger möchten nicht unbedingt Verlust machen. Hundertprozentig ausschließen lässt sich dieses Risiko nicht. Aber ab wann kann der Fondssparer damit rechnen, dass er bei einer bestimmten Depotmischung mit hoher Wahrscheinlichkeit ohne Verlust aus dem Investment aussteigen kann?
Nimmt man die Anlageergebnisse der vergangenen 30 Jahren (31.12.1979 bis 31.12.2009) als Maßstab, ist beim ausgewogenen Depot mit hoher Wahrscheinlichkeit nach fünf Jahren der Fall (hellblaue Linie). Nach 20 Jahren sind mit hoher Sicherheit sogar mindestens 4 Prozent drin (dunkelblaue Linie).

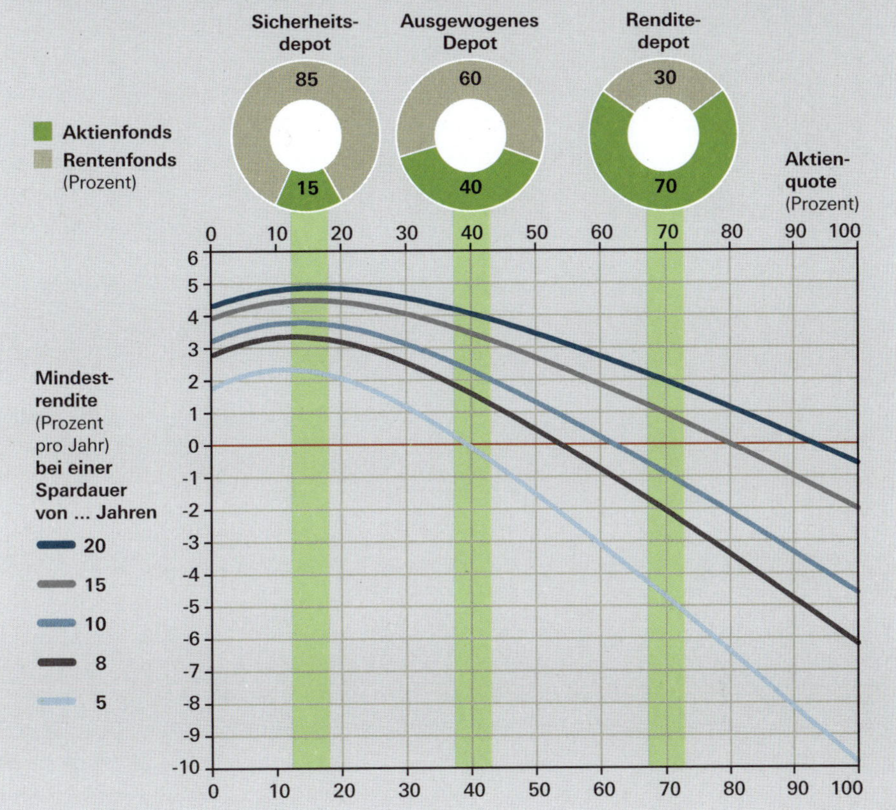

alle möglichen Depotkombinationen aus Renten- und Aktienfonds ermittelt, denn diese beiden Anlageformen bilden in jedem Fall das empfehlenswerte Grundgerüst jedes Depots:

- die durchschnittliche Rendite pro Jahr im 30-Jahres-Zeitraum vom 31.12.1979 bis zum 31.12.2009.
- den maximalen zwischenzeitlichen Verlust innerhalb dieser Anlagedauer und
- die Mindestrendite, die ein Anleger mit einer Wahrscheinlichkeit von 99,5 Prozent nach einer Anlagedauer von 5, 8, 10, 15 beziehungsweise 20 Jahren nicht unterschreitet.

Auch wenn das Ganze nur eine Momentaufnahme ist: Die Ergebnisse fallen in der Tendenz so aus, wie es die Gesetzmäßigkeiten des magischen Dreiecks der

Geldanlage erwarten lassen. Die durchschnittliche Rendite bei einer Anlage über dreißig Jahre steigt mit dem Anteil, den der Anleger an riskanten, aber chancenreichen Aktien im Depot hält. Durchschnittlich heißt aber nicht, dass er die errechnete Rendite für eine bestimmte Aktien-Renten-Kombination in erzielt. Das Ergebnis kann höher, aber auch niedriger ausfallen. Parallel dazu sinkt ab einer Aktienquote von 15 Prozent auch die Mindestrendite, die der Anleger am Ende der Laufzeit erzielt, für den Fall, dass alles schiefgeht.

Man mag einwenden, dass die Einteilung der Musterdepots subjektiv ist und sehr schematisch vorgenommen wurde. Aber der unbestreitbare Vorteil solcher modellartiger Anleger beziehungsweise Depots ist, dass sie für jeden ganz einfach nachvollziehbar die Möglichkeit bieten, sich zumindest grob einem Typus zuordnen zu können und sich an der Aufteilung des Fondsdepots, die für diesen Typus vorgenommen wird, orientieren zu können, ohne dass das eine Garantie für künftige Anlageergebnisse ist.

Die Lebens- und Vermögenssituation

Bei der Einschätzung seiner Risikobereitschaft darf der Anleger allerdings nicht nur seine „gefühlte" Einstellung berücksichtigen. Er sollte auch noch andere Kriterien mit in sein Kalkül ziehen. Dazu gehört als wichtiger Faktor seine Lebens- und Vermögenssituation. Zwar kommt der „klassische" Lebenslauf (Ausbildung, Berufseinstieg, Familiengründung, Karriere, Eintrittszeitpunkt in die Rente) angesichts des wirtschaftlichen sowie demografischen Wandels – der Anteil der älteren Bevölkerungsschichten wächst in den kommenden Jahren rapide, während der Anteil der jungen Menschen abnimmt – immer seltener vor.

Dennoch ändert das in der Tendenz wenig daran, dass sich mit steigendem Lebensalter die Familien-, Arbeits- und Einkommenssituation verändert – und damit auch der monatliche Finanzbedarf. Das heißt in puncto Risiko: Wie viel Geld ein Sparer aufs Spiel setzen kann, ohne seine Existenz zu gefährden, ist keine statische Größe, sondern muss an die individuelle Lebenslage laufend angepasst und bei der Vermögensplanung berücksichtigt werden.

Die Anlagedauer

Die oben genannte Simulationsrechnung hat darüber hinaus gezeigt, dass das Verlustrisiko bei einer Fondsanlage ganz entscheidend von der Anlagedauer abhängig ist. Selbst wenn der Anleger sein Geld ausschließlich in Aktienfonds investiert, steigt die Mindestrendite deutlich, wenn er mit längerem Anlagehorizont investiert. Zwischenzeitliche Verluste machen sich dann immer weniger im Endergebnis bemerkbar. Eine Garantie gibt es dafür freilich nicht. Aber es ist fraglich, ob die kommenden Jahre vor allem an den Aktienbörsen genauso wechselhaft verlaufen wie das zurückliegende Jahrzehnt. Nimmt man längere Zeiträume als Maßstab, so hat die Vergangenheit gezeigt, dass nicht nur die Durchschnitts-, sondern auch die Mindestrenditen umso höher liegen, je länger der Anlagezeitraum und je höher der Aktienanteil ist.

Unter diesem Gesichtspunkt sollten es daher auch vorsichtige Anleger mit der Risikoscheu nicht übertreiben und komplett auf Aktienfonds verzichten – vor allem wenn sie, etwa für die Altersvorsorge, sehr langfristig Geld anlegen wollen. Wer gar nichts wagt, muss sich schließlich mit vergleichsweise niedrigen Renditen zufrieden geben – selbst wenn er zwanzig oder dreißig Jahre spart. Das setzt allerdings voraus, Fonds zu kaufen, deren Anlagestrategie darauf ausgerichtet ist, die zweifellos vorhandenen Risiken an den Börsen durch eine möglichst breite Streuung zu mindern (siehe Seiten 31, 63). Ausgesprochene Spezialitätenfonds wie Aktienländer- oder Hochzinsfonds kommen deshalb in diesem Fall kaum infrage.

Die Bequemlichkeit

Schließlich sollten sich Anleger auch genau überlegen, welchen Aufwand sie in Sachen Geldanlage betreiben möchten. So mancher hat keine Zeit und Lust, auf Dauer das Geschehen an den Kapitalmärkten zu verfolgen und laufend nach seinem Fondsdepot zu schauen. Andere wiederum sind bereit, sich intensiver mit Fonds zu beschäftigen. Für sie kommen andere Möglichkeiten infrage als für bequeme Sparer, für die vor allem Mischfonds (siehe Seite 81) gute Anlagealternativen sind. Denn bei ihnen übernimmt der Fondsmanager die laufende Umschichtung des Geldes von sicheren Zinspapieren in chancenreiche, aber riskante Aktien. Die Alternative ist, durch die Kombination unterschiedlicher Indexfonds (siehe Seite 70 ff.) mit vergleichsweise einfachen Mitteln ein Depot zusammenzustellen, bei dem alle wichtigen Märkte abgedeckt werden, ohne dass er sich Gedanken darüber machen muss, ob einzelne Fonds qualitativ besser oder schlechter als der Markt sind. Bei der Wahl eines entsprechenden Index lässt sich mit einem einzigen Fonds sogar die gesamte Anlageklasse, also etwa der Aktienanteil im Depot abdecken.

Beispiele für verschiedene Anlagesituationen

Und wie lassen sich nun all diese Punkte ganz konkret unter einen Hut bringen, wenn es darum geht, ein Fondsdepot zusammenzustellen? Patentrezepte gibt es dafür leider nicht. Aber es gibt Depotkombinationen, die aufgrund ihres Chance-Risiko-Profils für bestimmte Anlagesituationen und Anlegertypen besser geeignet sind als andere. Sie bieten Anlegern die Chance, gemessen an ihrer Risikoneigung und gemessen am Aufwand, den sie betreiben, eine vergleichsweise hohe Rendite zu erzielen. Die nachfolgenden Depotvorschläge sind nach dem Pyramidenprinzip aufgebaut, das bereits auf Seite 60 vorgestellt wurde:

- Basis-Fondsgruppe, die das stabile Fundament bilden, sind grundsätzlich für jeden Anlegertyp geeignet. Basis-Fondsgruppen sind „Aktien weltweit" (siehe Seite 102), „Aktien Europa" (siehe Seite 103), „Aktien Euroland" (siehe Seite 103), „Renten Euro" (siehe Seite 116) und Mischfonds (siehe Seite 81).
- Je nach Anlagesituation und individueller Risikoneigung lassen sich Basisfonds um einzelne Fondsbausteine erweitern. Diese Fondsbausteine sind: „Aktien regional" (siehe Seite 107) einschließlich der Emerging-Markets sein (siehe Seite 105). Durch Kombination mehrerer Fondsbausteine lassen sich Basisfonds auch ersetzen – etwa indem mit Regionenfonds die Aktienmärkte Nordamerika, Europa und Asien abgedeckt werden und so einen Fonds, der in die Aktienmärkte weltweit investiert, ersetzen. Dies erfordert dann aber schon eine gehörige Portion Eigeninitiative vom Anleger.
- Erfahrene Anleger können sich überlegen, gezielt auf einzelne Märkte zu setzen und dazu ihrem Depot spezielle Fonds beizumischen. Diese Beimischungen bilden architektonisch gesehen die Spitze des Fondsdepots. Solche Fondsbeimischungen können bei Aktien einzelne Länder-

So lassen sich Fondsgruppen einordnen

Beimischung	▪ Branchen- und Themenfonds ▪ Aktienfonds Emerging Markets ▪ High-Yield-Rentenfonds ▪ Rentenfonds mit Laufzeitbeschränkung ▪ Rentenfonds Welt ▪ Rentenfonds Fremdwährung ▪ Geldmarktfonds Fremdwährung ▪ Offene Immobilienfonds
Fondsbausteine	▪ Aktienfonds sonstige Regionen ▪ Länder-Aktienfonds (ohne Emerging-Markets-Länderfonds)
Basisfonds	▪ Aktienfonds Welt ▪ Aktienfonds Europa ▪ Aktienfonds Euroland ▪ Rentenfonds Euro ▪ Mischfonds

märkte, Renten, die auf Währung lauten (siehe Seite 118), Hochzinsanleihen (siehe Seite 121) oder Immobilien (siehe Seite 89) sein.

Die Beispiele auf den folgenden Seiten zeigen, welche Kriterien für die einzelnen Depotmischungen in der Anlagepraxis entscheidend sind.

Der erste Teil verschafft einen Überblick darüber, welche Fondskombinationen, aber auch welche Anlagealternativen infrage kommen, wenn ein Anleger regelmäßig sparen möchte. Denn Fonds eignen sich für die meisten Anlagesituationen, aber eben nicht für alle. Auch dies machen die Beispiele deutlich.

Danach folgen Anlagebeispiele für die Phase, in der ein nennenswertes Vermögen zusammengespart wurde oder wenn der Sparer bereits über eine größere Summe verfügt, die er in einem Betrag oder in mehreren Teilbeträgen anlegen will.

Wer nicht allzu viel Zeit für seine Geldangelegenheiten investieren möchte, wird sich in den ersten Beispielen ab Seite 160 wiederfinden. Dagegen sind für Anleger, die bereit sind, sich für eine optimale Rendite etwas mehr Zeit zu nehmen, die Beispiele ab der Seite 168 interessant. Und Renditejäger, die sich ausführlicher mit den Möglichkeiten von Fonds beschäftigen möchten und die zudem das Geschehen an den Finanzmärkten verfolgen und nutzen wollen, werden insbesondere ab Seite 173 fündig.

Regelmäßig Sparen

Wer irgendwann über ein kleineres oder größeres Vermögen verfügen will, sollte zweifellos möglichst früh damit beginnen, regelmäßig zu sparen. Die Anlageziele, die hinter solch einem langfristigen Vermögensaufbau stehen, können dabei ganz unterschiedlich sein. Das Spektrum reicht vom Ansparen des Eigenkapitals für den Erwerb einer Immobilie über die finanzielle Absicherung der Ausbildung der Kinder, eine größere Anschaffung (Auto, längere Urlaubsreise etc.) bis hin zum Wunsch, für das Alter privat vorzusorgen. Je nach Anlageziel und Anlegertypus eignen sich dafür unterschiedliche Fondsmischungen.

Entscheidend dabei ist, ob der Anleger das angesparte Kapital schon in ein paar Jahren benötigt oder erst zu einem viel späteren Zeitpunkt – oder ob sich der Zeitpunkt vielleicht noch gar nicht genau festlegen lässt. Der erste Punkt, über den sich Fondssparer Gedanken machen sollten, ist also: „Wann möchte ich über das Geld, das ich regelmäßig anlege, verfügen können?"

Anlageziel: Immer flüssig sein

„Ich will jederzeit an mein Geld herankommen" – ein Anleger, der diese Maxime verfolgt, sollte dies vernünftigerweise nur aus zwei Gründen tun:

- Entweder weil er flexibel bleiben und in der Lage sein will, auch kurzfristig auf sein Geld zurückgreifen zu können – beispielsweise, weil er überhaupt noch keine Vorstellung davon hat, wie er sein Geld auf Dauer anlegen will,

- oder er steht am Anfang seines Vermögensaufbaus. Dann kommt es zuerst darauf an, eine finanzielle Reserve für Notfälle zu bilden. Deren Höhe, so die Faustregel, sollte in etwa zwei bis drei Nettogehälter betragen. Auch hier ist es wichtig, im Fall der Fälle kurzfristig an das Geld herankommen zu können.

Beispiel: Anja Schulte ist 20 Jahre alt und hat gerade ihre Ausbildung zur Zahnarzthelferin erfolgreich beendet. Größere finanzielle Reserven konnte sie während der Ausbildung aufgrund ihres geringen Einkommens nicht bilden, abgesehen von einem Bausparvertrag, in dem sie ihre Vermögenswirksamen Leistungen (siehe Seite 146) anlegt. Da sie von der Gemeinschaftspraxis, in der sie ihre Ausbildung absolviert hat, übernommen wird und zukünftig ein höheres Einkommen bezieht, will sie nun beginnen, etwas Geld beiseitezulegen – in erster Linie, um finanziell gewappnet zu sein, sollte an ihrem Auto, auf das sie wegen ihres langen Arbeitsweges angewiesen ist, eine größere Reparatur anfallen. Aber auch, weil sie über kurz oder lang eine eigene Wohnung beziehen möchte. Dann benötigt sie Geld für ihren eigenen Hausstand. Entscheidend für Anja Schulte ist, dass sie zunächst keinen konkreten Zeitpunkt im Auge hat, zu dem sie über ihr Geld verfügen will oder muss. Gleichzeitig will sie im Fall der Fälle schnell an ihr Geld herankommen. Daher hat das Kriterium Verfügbarkeit Priorität bei der Auswahl.

Geht es allein nach diesem Punkt, ist ein Fonds für Anja Schulte prinzipiell geeignet. Denn dessen Anteile kann sie von einem auf den anderen Tag an die Fondsgesellschaft zurückgeben und so zu Geld machen – was wichtig ist, sollte beispielsweise ihr Wagen von heute auf morgen seinen Dienst verweigern oder eine größere Anschaffung anstehen. Da die frischgebackene Zahnarzthelferin im Ernstfall darauf angewiesen ist, dass sie über ihr Geld ohne Verlustrisiko verfügen kann, sind irgendwelche spekulativen Experimente von vornherein tabu – unabhängig davon, welche Risikoneigung sie hat. Genau aus diesem Grund ist es fraglich, ob ein Fonds für die Anlegerin geeignet ist. Denn auch bei den vergleichsweise sicheren Rentenfonds sind Verluste zumindest kurzfristig möglich. Lange Zeit galten Geldmarktfonds (siehe Seite 88) als geeigneter Fondstyp für Anleger, die sich die Möglichkeit offen halten wollen, auch schnell entschlossen zu handeln und ihre Fondsanteile zu Geld zu machen. Doch in der Vergangenheit war die Anlagepolitik vieler dieser Fonds zu risikoreich, als dass ausgeschlossen werden kann, dass es zu Kursverlusten kommt. Zudem entstehen für den Kauf und die Verwahrung Kosten, was die ohnehin niedrige Rendite dieser Fonds zusätzlich verschlechtert und viele Bankangebote zu einer lukrativen Alternative macht.

TIPP **Tipp für Vorsorgesparer**

Das Thema private Altersvorsorge rückt für immer mehr Menschen ins Blickfeld. Selbstverständlich lässt sich dieser Anlagewunsch auch mit Investmentfonds abdecken. Allerdings sind das nur zwei unter vielen Anlageprodukten, die für diesen Zweck infrage kommen. Das fängt an bei Riester-Sparplänen (siehe Seite 142), geht über betriebliche Angebote wie Pensionsfonds und -kassen und reicht bis zu privaten Vorsorgeprodukten wie Lebens- und Rentenversicherungen. Dieses breite Spektrum an Möglichkeiten darzustellen, würde jedoch über den gesteckten Rahmen für dieses Buch weit hinausgehen. Eine umfassende Information zu diesem Thema liefert der Ratgeber „Private Altersvorsorge", der Stiftung Warentest. Er verschafft einen Überblick über alle Formen des staatlich geförderten, des betrieblichen und des individuellen Vorsorgesparens. Erhältlich ist das Buch für 16,90 Euro im Buchhandel oder direkt bei der Stiftung Warentest und den Verbraucherzentralen. Bestell-Hotline: Telefon 0 18 05/00 24 67, per Fax 0 18 05/00 24 68 oder im Online-Shop der Stiftung Warentest unter www.test.de.

ANLAGEDAUER: MINDESTENS FÜNF JAHRE

Als Faustregel gilt, dass ein Fondsinvestment mindestens auf fünf Jahre ausgerichtet sein sollte. Bei dieser Anlagedauer sind Verluste, zumindest wenn es sich um Rentenbasisfonds handelt, nahezu ausgeschlossen. Gleichzeitig machen sich die einmaligen Kosten für Kauf und Verkauf nicht zu stark in der Endrendite bemerkbar.

Auf Anlagealternativen ausweichen

Im Fall von Anja Schulte gibt es also gute Gründe gegen ein Fondsinvestment. Bei ihrem Anlagebedürfnis ist sie daher gut damit beraten, nach Anlageangeboten abseits des Fondsbereichs Ausschau zu halten, bei denen sie jederzeit und ohne Kursrisiko über ihr Geld verfügen kann. Eine Möglichkeit dazu ist ein Tagesgeldkonto, auf das sie ihre monatlichen Sparraten überweist. Diese Konten werden vor allem von den Direktbanken (siehe Seite 49 ff.) angeboten. Die Eröffnung und Verwaltung ist ebenso unkompliziert wie bei einem Girokonto und genauso wie dort kann der Anleger ohne Einhaltung einer Kündigungsfrist tagtäglich über sein Geld verfügen. Das macht das Konto zu einem Angebot für Anleger, die nicht nur flüssig bleiben wollen, sondern sich auch nur wenig um ihr Geld kümmern möchten. Arbeit erfordert unter Umständen allein der regelmäßige Vergleich der Marktkonditionen und die damit verbundene

Frage, ob das gewählte Institut noch gute Zinsen zahlt. Denn gerade bei den Tagesgeldkonten locken viele Banken immer wieder mit – meist befristeten – Sonderangeboten. Wer sich auch diesen Aufwand ersparen und es einfach haben möchte, greift von vornherein zu einem Tagesgeldanbieter, dessen Zinssätze in der Vergangenheit stabil waren. Viele Tagesgeldkonten setzen dagegen keine bestimmte Mindesteinzahlung voraus. So kann sie ihr Geld zunächst dort ansparen und später dann in andere Anlageformen umschichten, wenn sich ihre Anlageziele ändern.

Sparen ohne konkretes Ziel

Beispiel: Christoph Urban ist 31 Jahre, hat vor Kurzem sein Studium beendet und arbeitet seit sechs Monaten als Bauingenieur. Seine Frau ist ebenfalls berufstätig. Die beiden haben noch keine konkreten Pläne gemacht, ob und wann sie Kinder haben wollen. Das junge Ehepaar verfügt bereits über eine finanzielle Notreserve, die auf einem Tagesgeldkonto liegt. Auf diese Weise können sie im Ernstfall schnell auf das Geld zugreifen. Zusätzlich zu seinem Vertrag über Vermögenswirksame Leistungen, die in einen Bausparvertrag fließen, will Christoph Urban von nun an monatlich 250 Euro langfristig sparen, ohne dass er bereits eine Vorstellung davon hat, wofür er das Geld verwenden möchte. Auch der Zeitpunkt, wann er das auf diese Weise angesparte Kapital benötigt, steht noch nicht fest. Doch auch wenn er sich über Anlagedauer und Anlagezweck unschlüssig ist, so weiß er, dass er auf keinen Fall irgendein Risiko eingehen, sondern bei der Anlage ganz auf Nummer sicher gehen will.

In Christoph Urbans Anlagesituation ist ein Fondssparplan eine geradezu ideale Wahl. Denn nicht nur, dass der Berufseinsteiger noch keine genauen Vorstellungen davon hat, zu welchem Zweck und Zeitpunkt er über sein Sparvermögen verfügen will, er weiß auch noch nicht, wie schnell er im konkreten Fall an sein Geld herankommen will. In dieser Situation hat ein Fondssparplan Vorteile gegenüber vielen Bankangeboten. Denn mit ihm ist Sparer Urban an keine bestimmte Laufzeit gebunden. Eine komplette Entnahme des angesparten Kapitals oder eine Teilverfügung ist ohne Einhaltung bestimmter Kündigungsfristen jederzeit möglich. Und nicht zuletzt kann er ohne eine Frist einhalten zu müssen zu einem anderen Anbieter wechseln und seinen ursprünglichen Vertrag ruhen lassen oder beenden.

Für ein Fondsinvestment spricht also vieles. Aber auf welchen Fonds soll Christoph Urban setzen? Ein Kriterium, das für seine Wahl entscheidend sein sollte, ist, dass er abgesehen von seiner Notreserve noch nicht über nennenswertes Anlagekapital verfügt und erst am Anfang seines Vermögensaufbaus steht. Nach dem Pyramidenprinzip (siehe Seite 60) kommen für ihn daher zunächst nur Basisfonds in Betracht. Schließlich gilt es, bei seinen Vermögensanlagen im Allgemeinen und seinen Wertpapierinvestments im Speziellen zuerst eine solide Grundlage zu legen.

Er hat damit die Wahl zwischen Basisaktienfonds, das heißt Aktienfonds Welt oder Aktienfonds Europa, und Basisrentenfonds, also Rentenfonds Euro, oder einer Mischung aus beiden Fondstypen. Da der Ingenieur nichts riskieren will, scheint es sinnvoll, die gesamte Sparrate in Rentenfonds anzulegen. Doch die Analyse der Stiftung Warentest zeigt, dass dieser Fondstyp per se kein vollkommen risikoloses Investment ist. Würde er dagegen ganz auf Rentenfonds setzen, müsste er es verkraf-

TIPP

Tipp für Renditejäger

Die Suche nach einem qualitativ guten Fonds ebenso wie nach rentablen Zinsanlagen bei Banken ist aufgrund der großen Auswahl mit Mühe und Zeit verbunden. Als interessierter Anleger müssen Sie sich aber nicht alle Informationen selbst zusammensuchen. Die Stiftung Warentest stellt die aktuellen Konditionen von Tages- und Festgeldkonten regelmäßig zusammen und veröffentlicht sie in Finanztest.
Dazu liefert sie auf ihrer Homepage mit dem Fondsfinder ein präzises Werkzeug, mit dem sich die jeweils besten Indexfonds einer bestimmten Gruppe finden lassen.
Die Suche kann individuell zusammengestellt und eingegrenzt werden – je nach persönlichem Anlagezweck. Die besten, jeweils dazu passenden Fonds, deren Anlageergebnisse und viele zusätzliche Daten können gebührenpflichtig von der Homepage der Stiftung Warentest herunterladen werden (www. test.de, Rubrik „Tests + Themen", „Geldanlage + Banken").

ten können, dass das zwischenzeitliche Minus 10 Prozent betragen kann. Bei einer von den Experten der Stiftung Warentest empfohlenen Quote von 85 Prozent Rentenfonds und 15 Prozent Aktienfonds machen sich die Vorteile einer systematischen Depotmischung (Asset Allocation) bemerkbar (siehe Seite 32). Diese Depotkombination bietet höhere Renditechancen als ein reines Rentendepot sowohl, was die Durchschnitts- als auch die Mindestrendite angeht (siehe Grafiken Seiten 152 und 153). Gleichzeitig rutscht dieses Depot im ungünstigsten Fall weniger stark ins Minus als ein reiner Rentenfonds.

Die Alternative wäre, zu einem Rentenfonds zu greifen, der sein Geld schwerpunktmäßig in Anleihen mit kurzer bis mittlerer Laufzeit anlegt, um das Verlustrisiko zu senken. Dann muss Sparer Urban aber auf der anderen Seite damit rechnen, dass er am Ende mit seinem Sparplan nur eine vergleichsweise niedrige Rendite erzielt.

Die Frage für jeden Anleger, der sein Geld in einen Sparplan steckt, ist: Wie teile ich vor allem betragsmäßig kleinere Raten zwischen Aktien- und Rentenfondssparplan auf.

Viele Fondsgesellschaften bieten Sparpläne bereits ab 50 oder 100 Euro an. Beispielanleger Christoph Urban kann sein Anlagedilemma auf diese Weise zumindest teilweise lösen, indem er die monatliche Rate auf zwei Sparpläne verteilt. Die einfache und vor allem praktikable Möglichkeit ist, 50 Euro in einen Aktienfonds und 200 Euro in einen Rentenfonds zu investieren. Allerdings entspricht das einer Aufteilung von 20 zu 80 und weicht dementsprechend vom Modelldepot für vorsichtige Anleger ab. Mit monatlich 200 Euro in den Rentensparplan und vierteljährlich 100 Euro in den Aktienfondssparplan, könnte man die Quote fast exakt abbilden.

Wenn es etwas mehr Risiko sein darf

Nicht jeder Sparer wird allerdings in Sachen Geldanlage so vorsichtig sein wie Christoph Urban.

Beispiel: Klaus Reiter, 35 Jahre alt und Bürokollege von Christoph Urban, hat in seiner gut fünfjährigen Berufstätigkeit bereits rund 10 000 Euro angespart, die er in sicheren Sparbriefen, Bundeswertpapieren und auf einem Tagesgeldkonto angelegt hat. Da der Single damit über eine finanzielle Basis verfügt, will er nun 200 Euro monatlich ansparen, bei denen er bereit ist, ein höheres Risiko einzugehen. Ebenso wie sein Kollege hat Klaus Reiter noch keine konkreten Vorstellungen davon, was er später mit dem Geld machen und wann er darüber verfügen will. Er hat jedoch vor, über einen längeren Zeitraum hinweg zu sparen.

Wer wie Klaus Reiter risikobereit ist und bereits über eine finanzielle Basis verfügt, kann ohne Bedenken einen vergleichsweise größeren Anteil als ein vorsichtiger Anleger in Aktienfonds investieren. Rechnet er sich einem ausgewogenen Anlegertypus

TIPP Splitten erhöht die Flexibilität

Wenn Sie mehr als 100 Euro im Monat sparen möchten, sollten Sie grundsätzlich überlegen, die Raten auch auf verschiedene Fondssparpläne beziehungsweise Fonds zu verteilen. Das Splitten erhöht die Flexibilität. Und Flexibilität ist besonders wichtig, wenn Sie noch nicht wissen, wann Sie das angesparte Kapital benötigen.

zu, kann er 40 Prozent der Rate in Aktien und 60 Prozent in Rentenfonds anlegen.

Auch wer bereit ist, etwas mehr zu riskieren, wird nicht durch Leichtsinn oder mangelnde Planung sein Geld aufs Spiel setzen und einen Verlust provozieren wollen. Wichtig ist daher, dass Klaus Reiter die Bereitschaft mitbringt, seinen Sparplan mindestens fünf Jahre lang anzusparen, bevor er über das Kapital verfügt. In diesem Fall kann er auch unter ungünstigen Umständen damit rechnen, dass er nach fünf Jahren zumindest seinen Einsatz zurückbekommt, nach acht Jahren erzielt er eine Mindestrendite, mit der sich die Inflationsrate ausgleichen lässt. Grundsätzlich gilt: Plant der Sparer von vornherein eine Zeitreserve ein, kann er eine zwischenzeitliche Börsenflaute gelassen „aussitzen" und die nachfolgende Aufschwungphase abwarten, um dann zu verkaufen.

Umgekehrt gilt: Ist sich Klaus Reiter schon beim Abschluss relativ sicher, dass er sein Geld beispielsweise in weniger als fünf Jahren benötigt, sollte er von Aktienfonds lieber die Finger lassen – trotz seiner großen Risikoneigung. Das Verlustrisiko ist in diesem Fall auch für einen ausgewogenen Anleger einfach zu hoch.

Auf den Anlagehorizont kommt es an

Durch die Konstruktion Dutzender weiterer Beispiele ließen sich viele verschiedene Anlagesituationen, mit unterschiedlichen Anlagezielen, -zeiträumen und Risikoneigungen, durchspielen. Sie können in diesem Buch nicht alle behandelt werden. Das Spektrum reicht über die genannten Fälle hinaus von einem Anleger, der nur mit einem Bruchteil seines Geldes etwas riskieren, ansonsten aber ganz auf Nummer sicher gehen will, bis hin zu jemandem, der zwar risikobereit ist, aber dennoch einen (kleinen) Teil seiner Sparrate nicht so riskant anlegen will.

Als Faustregel gilt für Einsteiger in einen Fondssparplan: Je kürzer die Anlagedauer und je geringer die Risikobereitschaft, desto geringer sollte der Aktienfondsanteil ausfallen. Anderenfalls wird die Gefahr zu groß, am Ende im Minus zu landen. Je länger im anderen Fall der Anlagehorizont ist und je flexibler der Sparer bei dem von ihm ins Auge gefassten Auszahlungstermin, desto eher können auch vorsichtige Anleger daran denken, die Rate zwischen Renten- und Aktienfonds zu splitten – im einfachsten Fall jeweils zur Hälfte, wenn es die Ratenhöhe nicht anders zulässt und diese Aufteilung der eigenen Anlagementalität entspricht. Ist ein Splitten nicht möglich, weil der Sparer nur sehr wenig Geld zur Verfügung hat, das er monatlich zurücklegen kann, kann der Sparer auf einen Mischfonds ausweichen. Dabei muss er allerdings darauf achten, dass das Anlagekonzept des Fonds zur eigenen Risikoeinstellung und zum Anlagehorizont passt, also ob der Fonds seine Gelder schwerpunktmäßig eher in Rentenpapieren oder eher in Aktien investiert (siehe Seite 61 ff.).

Sparen mit konkretem Ziel – auf Alternativen ausweichen

Einfach damit anzufangen, etwas Geld auf die Seite zu legen – das ist sicherlich das häufigste Motiv für den Abschluss eines Fondssparplans. Es gibt jedoch auch viele Sparer, die von Anfang an ein konkretes Ziel und einen konkreten Zeitraum vor Augen haben und dafür die passenden Anlagemöglichkeiten suchen.

Beispiel: Susanne und Jan Conradi arbeiten beide als kaufmännische Angestellte. Das kinderlose Ehepaar hat vor Kurzem eine kleinere Erbschaft gemacht, die zum Erwerb einer Immobilie verwendet werden soll. Allerdings reicht dieses Geld einschließlich eines bereits vorhandenen Bausparvertrags nicht, um den Kauf solide finanzieren zu können. Jan Conradi hat daher ausgerechnet, dass sie etwa sechs Jahre zusätzlich sparen müssen, um die notwendigen Eigenmittel zusammenzubekommen. Für die monatliche Sparrate suchen die Conradis nun die passende Anlagemöglichkeit.

Anders als beim vorangegangenen Beispiel trifft das Ehepaar mit einem Fondssparplan nicht unbedingt die beste Wahl. Ein Ak-

TIPP **An die VL denken!**

Auch wenn Sie zu den vorsichtigen Anlegern gehören und Ihr Geld vorzugsweise in sichere Renten- und Geldmarktfonds investieren, sollten Sie nicht ganz auf Aktienfonds verzichten. Eine einfache Möglichkeit, in Unternehmenspapiere zu investieren, bietet sich bei der Anlage der Vermögenswirksamen Leistungen (siehe Seite 146). In fast allen Tarifverträgen ist geregelt, dass Ihnen Ihr Arbeitgeber dieses Geld zusätzlich zu Ihrem Bruttogehalt zahlen muss, sodass Sie Ihr monatliches Sparbudget nicht zusätzlich belasten und mit diesem Geld leichteren Herzens etwas riskieren können. Wenn Sie zudem von Anfang an nicht fest damit rechnen, fällt es Ihnen nicht so schwer, am Ende des Sparplans nach sechs bis sieben Jahren, eine eventuelle Börsenkrise auszusitzen und das Geld einfach „stehen" zu lassen.

tienfonds kommt aufgrund der kurzen Anlagedauer und des dann bestehenden Verlustrisikos erst gar nicht infrage, bei einem Rentenfonds ist – abgesehen vom (geringen) Kursrisiko – gar nicht absehbar, was er am Ende bringt. Denn die Rendite des Fonds hängt neben dem Anlagegeschick des Fondsmanagers vor allem von der zwischenzeitlichen Entwicklung an den Kapitalmärkten ab. In der Anlagesituation, in der sich die kommenden Eigenheimbesitzer befinden – konkretes Anlageziel in nicht allzu ferner Zukunft –, geht jedoch Verlässlichkeit vor Rendite. Ein Banksparplan als Anlagealternative ist in diesem Fall vorteilhafter. Er garantiert den Conradis bei der Wahl eines entsprechenden Angebotes einen gleichbleibend festen oder über die Laufzeit steigenden Zins. Daher wissen sie genau, welchen Betrag sie am Ende der Laufzeit zur Verfügung haben. So können sie entweder die Höhe der monatlichen Sparrate an die benötigte Sparsumme anpassen oder für eine bestimmte Sparrate den Auszahlungsbetrag kalkulieren und auf diese Weise ein zuverlässiges Finanzierungskonzept auf die Beine stellen. Auch die Vorteile eines Fonds hinsichtlich der Verfügbarkeit stechen in diesem Fall nicht, denn die Conradis legen keinen Wert darauf, ihr Geld vor Ablauf der geplanten Anlagedauer auszugeben. Sollten sie hingegen durch unerwartete Umstände ihr Kapital erst zu einem späteren Zeitpunkt benötigen als ursprünglich geplant, ist das kein Beinbruch. Die meisten Sparpläne lassen sich problemlos verlängern oder aber Familie Conradi zahlt das Geld nach Fälligkeit nebst weiteren Sparraten auf ein Tagesgeldkonto (siehe Seite 159) ein und parkt es dort so lange, bis sie es benötigt.

Zielsparen mit (sehr) langem Anlagehorizont

Der Ratschlag, dass ein Fondssparplan für Zielsparer keine gute Wahl ist, gilt jedoch nicht pauschal.

Beispiel: Regina Bauer ist Mitte dreißig und arbeitet als angestellte Rechtsanwältin in einer großen Kanzlei. Ihr Wunsch und Ziel ist es, sich so schnell wie möglich in die Selbstständigkeit zu begeben. In ihrer bislang dreijährigen Berufstätigkeit hat sie ungefähr 10 000 Euro gespart, die sie als vorsichtige Anlegerin zum Teil auf einem Tagesgeldkonto als Notreserve, zum anderen Teil in einem Sparbrief längerfristig festgelegt hat. Aufgrund ihrer bisherigen Sparleistung rechnet die Rechtsanwältin damit, dass sie mindestens zwölf Jahre sparen muss, bis sie genügend Geld für eine eigene Kanzlei zur Verfügung hat. Ganz genau hat sie den Termin noch nicht festgelegt, da dabei auch unter anderem ihre Familienplanung eine Rolle spielt.

Auch hier scheint wie im vorangegangenen Beispiel der Banksparplan das passende Produkt zu sein. Doch das täuscht. Denn Regina Bauer hat sich noch nicht festgelegt, wann genau sie ihre Kanzlei eröffnen möchte. Der veranschlagte Ansparzeitraum von zwölf Jahren ist zwar eine realistische, aber dennoch zunächst grobe Planung. Doch selbst wenn der Termin bereits ganz konkret feststünde, könnte sich im Beispiel von Regina Bauer der Vorteil des Bankprodukts, die kalkulierbare Rendite, umkehren: In einer Niedrigzinsphase, wie sie seit ein paar Jahren am deutschen Kapitalmarkt herrscht, „kauft" sie sich bei einem Sparplan mit Festkonditionen einen recht mageren Zinssatz für einen verhältnismäßig langen Zeitraum ein. Steigen die Marktzinsen in ein paar Jahren kräftig an, würde sie davon nicht profitieren.

Ein Fondssparplan bietet auf die Dauer von zwölf Jahren die Chance auf eine deutlich höhere Rendite gegenüber dem Bankprodukt. Selbst wenn sie auf Nummer sicher geht und eine Aufteilung von 15 zu 85 vornimmt, so wie es dem Sicherheitsdepot entspricht, kann sie bei dieser vergleichsweise langen Ansparzeit im ungünstigsten Fall mit einer Mindestrendite von deutlich mehr als 3 Prozent rechnen. Nach den Erfahrungen der Vergangenheit sind ihre Chancen jedoch groß, dass das Anlageergebnis höher ausfallen wird. So wahrt sie die Chance, ihr Sparziel früher zu erreichen als kalkuliert, auch wenn dies nicht hundertprozentig sicher ist und man den genauen Zeitpunkt dafür nicht festlegen kann. Das stellt für Regina Bauer allerdings kein Problem dar, schließlich hat sie noch keinen konkreten Termin festgelegt, wann sie den Sprung in die Selbstständigkeit wagen will. Doch wie sieht es nun im Beispielfall aus für einen Sparer, der sich, anders als Regina Bauer, einem ausgewogenen oder renditeorientierten Anlegertypus zurechnet? Im Prinzip nicht anders als im Abschnitt „Sparen ohne konkretes Ziel" (siehe Seite 160) beschrieben. Angesichts des langen Anlagezeitraums ergibt sich für diese Fondssparer der Spielraum, den Aktienfondsanteil entsprechend den modellhaften Empfehlungen der Stiftung Warentest höher anzusetzen und sich damit zusätzliche Renditechancen zu eröffnen, ohne Gefahr zu laufen, am Ende des geplanten Anlagezeitraums im Minus zu landen.

Ergebnisse überprüfen

Unabhängig davon, wie der Sparer seine Rate aufgrund seines Anlegertypus aufteilt, ist es sinnvoll, die einzelnen Sparverträge und vor allem das gesamte Fondsdepot einmal pro Jahr zu überprüfen und gegebenenfalls eine Korrektur vorzunehmen. Das empfiehlt sich bei aktiv gemanagten Fonds auch deshalb, weil die Leistungen der meisten Fondsverwalter erfahrungsgemäß im Zeitablauf qualitativ deutlich schwanken.

Liegt der Aktienfondssparplan beispielsweise stark im Plus, bietet es sich an, weitere Einzahlungen zunächst auszusetzen und die Rate, die in den Rentenfonds fließt, hochzusetzen oder zumindest die Aufteilung des gesamten monatlichen Betrages, gegebenenfalls auch die bereits angesparten Fondsguthaben, neu zu justieren. Auf diese Weise wird verhindert, dass der anvisierte Aktienanteil im Depot zu stark anwächst. Gleichzeitig beugt der Sparer dem Risiko vor, dass ein Kurssturz an der Börse das Fondsdepot stärker als im schlechtesten Fall kalkuliert nach unten drückt.

Wer ganz auf Nummer sicher gehen will, kann sich außerdem überlegen, auch das Geld, das in den Rentenfonds fließt, zum Ende hin auf ein Tagesgeldkonto umzuschichten. Je nach Anlagestrategie besteht schließlich auch bei einem Rentenfonds das Risiko, dass bis zum Verfügungszeitpunkt ein Anstieg des allgemeinen Zinsniveaus zu Kursverlusten führt, die die aufgelaufenen Gewinne schmälern würden (siehe Seite 67 ff.).

Die Umschichtung in eine alternative Anlage bietet sich auch noch aus einem anderen Grund an: Zahlt der Fondssparer für seine Anteile den regulären Ausgabeaufschlag (siehe Seite 13), ist es sinnvoll, die Einzahlungen spätestens ein Jahr bevor er das Kapital benötigt einzustellen.

TIPP **Anlagekosten drücken**

Wer einen Fondssparplan über einen Fondsvermittler (siehe Seite 51) oder eine Direktbank (siehe Seite 49) abschließt, kann beim Ausgabeaufschlag häufig sparen. Das lohnt sich, kommt aber nur für Anleger infrage, die wissen, in welchen Fonds sie investieren möchten oder die keine Beratung brauchen (ausführlich dazu Seite 39). Eine Reihe von Direktbanken und Discountbrokern bietet Sparpläne auf Indexfonds (ETFs) an. Der Vorteil dabei: Beim Kauf wird zu einem vergleichsweise geringen Pauschalsatz abgewickelt, im günstigsten Fall sind es nur 2 bis 3 Euro. Wegen der hohen Mindestgebühren lohnt sich ansonsten die Anlage kleinerer Beträge im Normalfall nicht. Wegen der Pauschalregelung fließt in den meisten Fällen ein relativ hoher Anteil in den Fonds, während bei aktiv gemanagten Fonds ein relativ gesehen höherer Teil der Sparrate für den Ausgabeaufschlag abgezweigt wird. Da ETFs zudem sehr geringe laufende Kosten haben, wird über die Laufzeit des Sparplans gesehen effektiv mehr Geld an der Börse bzw. in Wertpapieren angelegt, was sich vorteilhaft in der Netto-Rendite (siehe Seite 29) bemerkbar macht.

Denn bei den zuletzt gekauften Fondsanteilen erwirtschaftet er anderenfalls mit hoher Wahrscheinlichkeit ein Minus, da die verbleibende Anlagedauer kaum ausreicht, um die Kaufkosten wieder hereinzuholen.

Vermögen systematisch anlegen

In den vorangegangenen Beispielen stand der Vermögensaufbau im Rahmen von Ansparmodellen im Mittelpunkt. Ihre Stärken richtig ausspielen können Fonds aber vor allem dann, wenn es darum geht, ein bereits vorhandenes Vermögen zu mehren und dazu auf verschiedene Anlageklassen (siehe Seite 31) zu verteilen.

Anlageziel: Bequem soll es sein

Fondsprospekte sowie Jahresberichte studieren, Ergebnisse vergleichen, Anlagestrategien nachverfolgen – so manchem Sparer ist so viel Aufwand zu viel des Guten, um einen passenden Fonds herauszusuchen oder er hat keine Zeit, sich so intensiv mit seinem Geld zu beschäftigen.

Beispiel: Claudia Berger, Lehrerin an einer Realschule, hat über Jahre hinweg Monat für Monat Geld zurückgelegt und auf diese Weise 30 000 Euro angespart, die sie zur Hälfte langfristig anlegen will. Einen genauen Fälligkeitszeitpunkt hat sie noch nicht ins Auge gefasst, sie geht aber von mindestens zehn Jahren aus. Die Lehrerin kennt sich zwar mit Gelddingen grundsätzlich aus und hat auch ihre persönlichen Finanzen im Griff, dennoch fehlt ihr das Interesse, sich ausführlich über alle möglichen Anlageformen zu informieren und die jeweils besten Angebote zu recherchieren. Wichtig ist ihr, dass ihr Geld sicher angelegt wird, ohne dass sie sich großartig darum kümmern muss. Aber sie möchte auch nicht unnötig Geld verschenken und auf Möglichkeiten verzichten, die Rendite zu steigern.

Für Sparer wie Claudia Berger bietet sich unabhängig von der individuellen Risikoeinstellung grundsätzlich die Möglichkeit an, das Geld in einen Mischfonds oder mehrere Mischfonds (siehe Seite 81) zu investieren. Mit diesem Fondstyp deckt sie ein Renten- und Aktieninvestment in einem Papier ab. Da die Sparerin kein unnötiges Risiko eingehen will, sollte sie dabei zu einem Mischfonds mit defensiver Ausrichtung greifen. Der hohe Rentenanteil im Fonds sorgt für Sicherheit und laufende Erträge. Die Aktien im Fondsdepot bringen auf Sicht von zehn Jahren mit hoher Wahrscheinlichkeit den Renditekick.

Wenn es etwas mehr Risiko sein darf

Freilich ist nicht jeder Sparer, der eine bequeme Geldanlage sucht, automatisch auch ein vorsichtiger Anleger.

Beispiel: Michael Jung, 47, arbeitet als Techniker bei einem Stromkonzern. Der Ehemann und Vater eines Kindes hat seine Familie und sich über mehrere Versicherungen und erhebliches Sparvermögen gut abgefedert. In den vergangenen Jahren hat er begonnen, sich mehr und mehr für

die Anlage in Wertpapieren zu interessieren. Als ausgewogener Anleger ist er bereit, die Risiken, die damit verbunden sind, in Kauf zu nehmen. Für die Anlagedauer hat er sich keinen festen Zeitraum gesetzt, sondern will dies von der Entwicklung der Börsen abhängig machen. Allerdings ist der Familienvater beruflich und privat so stark eingespannt, dass er kaum Zeit hat, sich intensiv mit seinen Geldanlagen zu beschäftigen. Er sucht daher eine Anlage, mit der er einfachen Zugang zur Welt der Börse findet, ohne dass er sich laufend darum kümmern oder mit Details beschäftigen muss.

Auch wenn Michael Jung eine deutlich höhere Risikoneigung besitzt als im vorangegangenen Beispiel Claudia Berger, so unterscheidet sich sein Anlagebedürfnis nicht so stark von ihrem, wie es auf den ersten Blick aussieht. Auch für den Familienvater ist ein Mischfonds, der ihm Aktien- und Zinsanlage in einem Papier anbietet, grundsätzlich eine Möglichkeit. Da er eine deutlich höhere Risikobereitschaft mitbringt, kommt für ihn gegenüber dem vorangegangenen Beispiel allerdings ein Mischfonds mit eher offensiver Ausrichtung infrage, bei dem Aktien im Fondsdepot grundsätzlich übergewichtet werden.

Doch für Michael Jung gibt es eine alternative Möglichkeit, die seinen Anlagebedürfnissen entspricht und ihm dennoch bessere Renditechancen bietet: Er kann sein Depot mit Indexfonds zusammenstellen, die jeweils marktbreit einzelne Märkte beziehungsweise Anlageklassen abdecken. Das heißt umgekehrt, dass der Neuling in Sachen Aktienanlage darauf achten muss, dass er Indexfonds wählt, die sich auf marktbreite Börsenbarometer beziehen (siehe Seite 73 ff.). In der einfachsten Variante baut Anleger Jung ein ausgewogenes Depot mit zwei Indexfonds nach: Für 60 Prozent des Anlagebetrages kauft er einen ETF auf einen Index, der den Rentenmarkt Euro abdeckt. Das wäre zum Beispiel ein ETF, der sich auf den Euro MTS Global bezieht. 40 Prozent des Anlagebetrages investiert Jung per ETF in einen Weltaktienindex wie etwa den MSCI-World-index. Jung kann sein Depot etwas feiner justieren, indem er nur 36 Prozent in Aktien weltweit anlegt und für 4 Prozent seines Geldes einen Indexfonds zumischt, der die Emerging Markets (siehe Seiten 73, 125) abdeckt – etwa mit dem MSCI-Emerging-Markets-Index. Auf diese Weise verbessert er seine Renditechance und streut sein Depot noch etwas breiter und gezielter. Der Vorteil dieser Investmentstrategie: ETFs sind vergleichsweise kostengünstig und die Wertentwicklung kann Michael Jung ganz einfach nachverfolgen, indem er ab und zu einen Blick in den Wirtschaftsteil einer Tageszeitung wirft oder abends zur Tagesschau den Fernseher einschaltet. Einmal pro Jahr sollte er darüber hinaus wie bei einem Sparplan sein Depot überprüfen und durch Umschichtungen die Struktur wieder an die ursprünglichen Zielwerte des Modelldepots anpassen.

Anlageziel: Sicher und kostengünstig soll es sein

Es ist eine Binsenweisheit an der Börse, dass Bequemlichkeit ihren Preis hat. Den Komfort, den die Mischfonds bieten, müssen die Anleger erfahrungsgemäß mit einer recht niedrigen Rendite „bezahlen". Anleger, für die Bequemlichkeit bei einer Geldanlage einen hohen Stellenwert einnimmt, sollten sich daher darüber im Klaren sein, dass es mit nur ein wenig mehr Aufwand und etwas Initiative möglich ist, in Eigenregie ein einfaches, aber dennoch ebenso chancenträchtiges wie sicheres Fondsdepot zusammenzustellen.

Beispiel: Annette Christ möchte 10 000 Euro sicher, aber dennoch rentabel in Fonds anlegen. Die 41-jährige Textilingenieurin hat sich bereits eingehend über die einzelnen Fondstypen informiert und sucht nach einer Möglichkeit, geringes Risiko und hohe Rendite unter einen Hut zu bekommen, ohne dass sie sich ständig um ihr Fondsdepot kümmern muss. Sie ist aber durchaus bereit, sich gerade am Anfang sehr sorgfältig mit der Zusammenstellung ihres Fondsdepots zu beschäftigen.

Anlegerinnen wie Annette Christ können mithilfe der Berechnungen der Stiftung Warentest ein Depot aufbauen, das ihnen aufgrund der Erfahrungen der Vergangenheit mit hoher Wahrscheinlichkeit eine bestimmte Mindestrendite bietet. Gleichzeitig wahren sie die Chance auf eine wesentlich höhere Durchschnittsrendite. Dazu muss Anlegerin Christ jedoch zuerst ihre gewünschte Mindestrendite festlegen. Angenommen, sie beabsichtigt, am Ende der Laufzeit zumindest wieder ihren Einsatz zurückzubekommen, das heißt, die Mindestrendite, die sie erzielen will, ist null. Zwei Methoden sind nun möglich:

1. Variante: Sie legt zuerst das Verhältnis von Aktien und Renten im Depot anhand ihrer Risikoeinstellung fest und ermittelt anhand der Grafik (Seiten 152/153

die Laufzeit, bei der sie mit der anvisierten Mindestrendite rechnen kann. Bei einem ausgewogenen Depot sind das 5 Jahre. Bei einer Anlagedauer von 10 Jahren kann sie dagegen schon davon ausgehen, dass sie in etwa einen Inflationsausgleich erzielt. Beim Renditedepot muss sie hingegen mindestens 15 Jahre ihr Geld anlegen, damit sie mit sehr großer Wahrscheinlichkeit ohne Verlust aus ihrem Investment kommt. Bei einem Sicherheitsdepot ist die Gefahr, selbst nach nur fünf Jahren eine Negativrendite zu erzielen, gleich null.

2. Variante: Anlegerin Christ legt die geplante Anlagedauer fest und ermittelt anhand der dazu passenden Kurve genau die Aktienquote, bei der die Mindestrendite null ist. Bei einer Anlagedauer von angenommen zehn Jahren kann Christ 60 Prozent des Anlagebetrages in Aktien investieren. Damit wahrt sie die Aussicht auf eine Durchschnittsrendite von immerhin knapp 9 Prozent und kann dennoch davon ausgehen, dass sie am Ende der Anlagefrist im ungünstigsten Fall ohne Verlust das Investment abschließt. Unter diesem Blickwinkel kann sie bei einer Anlagedauer von 20 Jahren sogar eine Aktienquote von mehr als 90 Prozent wählen – mit der Aussicht auf eine Renditechance von fast 9,5 Prozent.

Sämtliche Berechnungen setzen jedoch voraus, dass die Ingenieurin auch mit Sicherheit bis zum Ende durchhält und jährlich die Fondsquoten im Depot an die Ursprungswerte anpasst. Heikel wird es hingegen, wenn sie vorzeitig an ihr Geld heran will. Dann gerät die sorgfältige Kalkulation ins Wanken und sie muss unter Umständen einen Verlust in Kauf nehmen, sollte die allgemeine Börsensituation gerade ungünstig sein. Das heißt nicht, dass es dann so kommen muss. Aber wer sein Depot so konstruiert, dass er sich vor allem auf das Ende der geplanten Anlagedauer fokussiert, sollte für diesen Fall gedanklich gewappnet sein. Und man muss auch damit leben können, dass das Depot über die Anlagedauer hinweg durchaus tief in die roten Zahlen rutschen kann. Je nach Höhe der Aktienquote bis zu 55 Prozent. Im Grunde braucht einen das nicht zu kümmern, denn entscheidend ist nur, dass am Ende der Verlust des Aktienfonds nicht größer ist als ursprünglich angenommen. Ängstlichen Anlegernaturen wird dieser Zustand dennoch unter Umständen schlaflose Nächte bereiten. Wer allein den Gedanken an einen Verlust – der im Endeffekt nur auf dem Papier steht – jedoch nicht ertragen kann, der sollte auch von dieser Art der Depotkonzeption besser die Finger lassen. Der Stress, den ihm diese an sich durchdachte Depotkonstruktion beschert, ist durch die Aussicht auf eine gute Rendite nicht wettzumachen.

Wenn ein größer Betrag investiert werden soll

Nicht jeder Anleger wird sich mit einer einfachen Standardlösung zufrieden geben, bei der einzig zu überlegen ist, in welchem Verhältnis Aktien- und Rentenfonds gemischt werden sollen. Vor allem, wer bereits über nennenswertes Vermögen verfügt und einen größeren Betrag anlegen will, kann daran denken, die Vielfalt der Fondsanlage auszunutzen und die Basisfonds mit einzelnen Fondsbausteinen zu ergänzen.

Beispiel: Peter Neumann hat bereits ein größeres Vermögen angespart, das er außer auf diversen Konten unter anderem in einer ausgewogenen Mischung aus „Aktienfonds Welt" und „Rentenfonds Euro" angelegt hat. Nach dem Tod seiner Eltern erbt er 50 000 Euro, die er nun passend dazu in Fonds anlegen will, ohne dass er größeren Aufwand dabei betreiben möchte.

Da Peter Neumanns Depot bereits in größerem Umfang Basisfonds enthält, kann er daran denken, den Betrag in Fondsbausteinen anzulegen, ohne jedoch an dem generellen Mischungsverhältnis aus jeweils 40 Prozent Aktien- und 60 Prozent Rentenfonds etwas zu ändern. Als ausgewogener Anleger kann er zum Beispiel 20 000 Euro auf einzelne Regionen- und Länderaktienfonds (siehe Seite 103) verteilen – entweder in aktiv gemanagte Fonds oder Indexfonds. Möglich ist aber auch, dass er beide Fondskonzepte miteinander mischt. Seine Anlagechancen verschlechtern sich dadurch grundsätzlich nicht.

Je „feiner" er durch die Zusammenstellung von immer mehr Fonds mit unterschiedlichem Anlageschwerpunkt sein Depot austariert, desto eher ist Anleger Neumann in der Lage, die Anlagechancen einzelner Märkte gezielter wahrzunehmen beziehungsweise in seinem Depot individuell stärker zu gewichten als es ein marktbreit anlegender Basisfonds tut. Und auf der Zinsseite hat er die Möglichkeit, durch den Kauf von Hochzins-Rentenfonds (siehe Seite 118 ff.) seine Rendite aufzupolieren.

Bei hohen Anlagebeträgen bietet es sich darüber hinaus an, die Summe auf drei verschiedene Fonds innerhalb einer Gruppe, etwa Aktienfonds Welt, zu verteilen. Das bedeutet zwar etwas mehr Arbeit bei der Auswahl und beim Kauf. Wer jedoch nicht alles auf eine Karte setzt, senkt das Risiko, dass ein Fehlgriff die gesamte Rendite zu stark drückt.

Ganz ohne Nachteile ist eine solch breite Streuung indes nicht, denn sie erfordert, dass sich Peter Neumann von nun an intensiver um sein Fondsdepot kümmern muss. Vor allem bei Aktienfonds, die sich auf Regionen oder einzelne Ländermärkte beziehen, sollte er spätestens nach einem Jahr überlegen, ob die Märkte, in die er investiert hat, weiter attraktiv sind. Und bei den Rentenfonds sollte er einen Blick auf die Entwicklung an den internationalen Zins- und Devisenmärkten (siehe Seite 174 ff.) haben.

Anlageziel: Die höchsten Renditen rausholen aus meinem Geld

Basisfonds sind, wie der Name bereits sagt, in jedem Fall eine solide Wahl. Wenn der Anleger jedoch über ein hohes Anlagekapital verfügt und zudem ausreichend Zeit und Engagement mitbringt, um sich

angemessen um die laufende Verwaltung seines Geldes zu kümmern, gibt es durchaus Alternativen.

Beispiel: Ulrich Förster, 65 Jahre, ist Inhaber eines mittelständischen Unternehmens. Er will sich langsam aus dem Betrieb zurückziehen – unter anderem, um mehr Zeit für die Verwaltung seines vor Kurzem ausgezahlten Lebensversicherungsvertrages über 250 000 Euro zu haben. Ungefähr die Hälfte will er auf Anlagekonten und in Sparbriefen anlegen, die verbleibende Summe jedoch aktiv über Fonds verwalten und einen Teil sogar direkt in einzelne Aktien investieren.

Auch wenn Ulrich Förster bereits über ein ansehnliches Vermögen verfügt, so empfiehlt es sich doch für ihn, sich bei der Konzeption seines Fondsdepots am Pyramidenprinzip zu orientieren. Das heißt, soweit noch nicht vorhanden, sollte er zuerst mit Basisaktien- und -rentenfonds eine Grundlage schaffen. Angesichts des vorhandenen Vermögens und seiner Bereitschaft, aktiv Anlageverantwortung zu übernehmen, kann er dann sein Depot ohne Weiteres mit Fondsbausteinen und Fondsbeimischungen ausbauen. Möglichkeiten dazu bietet die Fondsanlage viele. Im Kern geht es für Ulrich Förster darum, das Auf und Ab der Kurse an den einzelnen Kapitalmärkten, also den Aktien-, Anleihen- und Devisenbörsen, aktiv auszunutzen. So kann er durch den Kauf eines Rentenfonds mit klarem Laufzeitenprofil (siehe Seite 116) gezielt auf den Auf- oder Abwärtstrend bei den Zinsen spekulieren. Die Wahl entsprechender Aktienländerfonds (siehe Seite 107) bietet ihm die Möglichkeit, auf den Aufschwung an einzelnen Aktienmärkten zu setzen, und mit Währungsfonds kann er gezielt von Wechselkursveränderungen fremder Währungen gegenüber dem Euro profitieren.

Natürlich kommt es dabei in allen Fällen auf die Wahl der richtigen Ein- und Ausstiegszeitpunkte, das sogenannte Timing, an. Will Ulrich Förster aktiv auf die zukünftige Marktentwicklung spekulieren, ist er wie jeder Anleger gut beraten, sich zunächst einmal eine Meinung dazu zu bilden, in welche Richtung die jeweiligen Märkte, also Zinsen, Aktienkurse und Devisennotierungen in naher Zukunft aller Wahrscheinlichkeit nach tendieren werden. Erst dann kann er die dazu passenden Anlageentscheidungen treffen. Dem steht nicht entgegen, dass er sich dabei in erster Linie auf Fonds konzentrieren will. Denn wenn der allgemeine Trend an den internationalen Aktienbörsen bergab zeigt, schlägt sich dies auch in den Anlageergebnissen der entsprechenden Fonds nieder.

Börsengehandelte Indexfonds bieten in diesem Zusammenhang den Vorteil, dass er mit diesen Fondsprodukten sehr flexibel auf aktuelle Ereignisse reagieren kann. Er sucht einfach einen passenden Index, der zu seiner Anlagemeinung passt, und kauft dann den dazu passenden Indexfonds. Indexfonds lassen sich zudem auch sehr schnell – im Extremfall sogar untertägig – wieder zu Geld machen. Das kurzfristige Umschichten von einem Fonds in einen anderen sollte zwar die Ausnahme sein, kann sich aber als sinnvoll erweisen, wenn Teilbeträge eines größeren Depots in sehr spekulative Spezialitätenfonds investiert werden. Vorteilhaft ist es dann, wenn das Fondsdepot bei einer Direktbank oder einem Discountbroker geführt wird, denn diese Finanzdienstleister verlangen für Wertpapiergeschäfte vergleichsweise geringe Provisionen. Auf diese Weise wird ein schneller Handel auch unter Kostengesichtspunkten nicht zwangsläufig zu einem Minusgeschäft. Denn anders als bei einem aktiv verwalteten Fonds muss der Anleger nicht darauf warten, dass die Wertentwicklung des Fonds den beim Kauf gezahlten Ausgabeaufschlag ausgeglichen hat.

Die Marktanalyse: Das A und O für renditeorientierte Anleger

Das Auf und Ab der Zinsen und Aktienkurse resultiert aus dem tagtäglichen Spiel zwischen Angebot und Nachfrage. Diese beiden Größen spiegeln wiederum die Reaktion der Anleger auf Meldungen und Ereignisse aus Wirtschaft und Politik wider. Denn auch wenn es an den Börsen immer wieder zu irrationalen Übertreibungen sowohl nach oben als auch nach unten kommt, so sind doch für den Kurstrend bei Aktien und Anleihen letztlich harte wirtschaftliche Größen maßgebend – in erster Linie die Wirtschaftsentwicklung eines Landes mit all ihren Facetten: Investition, Konsum, Inflation und Wechselkurse.

All das schlägt sich in den Unternehmensgewinnen nieder, die ihrerseits der wichtigste Maßstab für die Aktienkurse sind. Zum anderen sind dies maßgebliche Faktoren für die Zinsentwicklung, die wiederum den Kurstrend am Anleihemarkt bestimmt. Bei der Marktanalyse geht es darum, aus der Vielzahl solcher Zahlen und Faktoren ein Gesamtbild zu entwerfen. Dazu kommt als zusätzliche Schwierigkeit, dass vor allem an den Aktienbörsen nicht die Gegenwart, sondern die Zukunft gehandelt wird. Ein Anleger, der heute kauft, geht schließlich davon aus, dass die nahe Zukunft bessere Zeiten und damit höhere Kurse bringen wird – und umgekehrt. Die Folge ist, dass die Entwicklung der Aktienbörsen der realen Wirtschaftsentwicklung um sechs bis zwölf Monate vorauseilt.

So wird Anleger Ulrich Förster nicht umhinkommen, sich mit den wichtigsten volkswirtschaftlichen Zusammenhängen zu beschäftigen. Eine fundamentale Analyse der Börsensituation ist zwar kein sicherer Weg zum Reichwerden, denn es gibt auch noch andere Analysemethoden. Doch wer an den Börsen erfolgreich anlegen, sollte die fundamentale Wechselwirkung kennen, in der Aktien- und Anleihekurse zueinander stehen.

Bei einem Zinsanstieg werden Anleihen gegenüber den schwankungsanfälligen Aktien attraktiver. Mit jedem Prozent Zinsen mehr verkaufen die Anleger ihre Aktienpositionen und schichten ihr Geld in festverzinsliche Wertpapiere um. Konsequenz: Die Aktienkurse geraten unter Druck. Fallen die Zinsen dagegen, überlegen die Anleger, angesichts der niedrigen Renditen, verstärkt Aktien zu kaufen. Bei den Dividendenpapieren besteht zwar ein Kursrisiko, dafür versprechen sie auf der anderen Seite überdurchschnittlich große Kurschancen. Folglich schichten die Anleger ihr Depot wieder um.

Konjunktur

Dass die Wechselwirkung zwischen Zinsen und Aktienkursen die Anlegerüberlegungen bestimmt, hat eine ökonomische Grundlage. Denn sinkende Zinsen machen nicht nur Anleihen weniger attraktiv, sie beeinflussen gleichzeitig auch positiv die allgemeine Wirtschaftsentwicklung. So wird zum Beispiel für die Unternehmen die Finanzierung neuer Investitionen günstiger. Gleichzeitig wird auch das Konsumverhalten der privaten Haushalte angekurbelt, da neue Anschaffungen billig auf Pump getätigt werden können. Und auch der Staat nutzt oft das günstige Zinsniveau, um eigene Investitionen, mit denen die Wirtschaft auf Trab gebracht werden soll, über Schulden zu finanzieren. Alles in allem: Die Konjunktur, also das Entwicklungstempo einer Volkswirtschaft, wird in Schwung gebracht.

Ein Zinstief gilt daher an der Börse oftmals als Startschuss für einen Kursaufschwung am Aktienmarkt. Denn kommt nach einer Flaute die Wirtschaft auf Touren, ist das nichts anderes als ein Signal dafür, dass die Geschäfte der Unternehmen immer besser florieren. Steigende Umsätze schlagen sich wiederum in steigenden Unternehmensgewinnen nieder, wovon die Aktionäre in Form von Kurssteigerungen und höheren Dividenden direkt profitieren. Denn mit jedem Euro, der am Ende des Geschäftsjahres übrig bleibt, ist ihre Firma – ganz einfach gesagt – mehr wert (siehe Seite 61), was dem Aktienkurs einen Schub nach oben verschafft. Dabei treten im Allgemeinen die höchsten Ge-

winnsteigerungen im Frühstadium eines Konjunkturaufschwungs auf und flachen danach ab. Dabei spielt der sogenannte Basiseffekt eine Rolle. Einen bescheidenen Gewinn zu verdoppeln oder zu verdreifachen, ist relativ einfach möglich. Doch auf ein Rekordergebnis noch etwas draufzupacken, ist auch für ein gutes Unternehmen schwierig. Ein Nachlassen der Steigerungsraten bei den Unternehmensgewinnen deutet darauf hin, dass sich die Konjunktur ihrem zyklischen Hoch nähert und wird oft als Warnsignal für den Aktienmarkt verstanden.

Neben einem Zinstief gelten auch stärker anziehende Zinsen als Zeichen dafür, dass die Konjunktur mehr und mehr in Fahrt kommt. Der Grund: Die allgemein gute Stimmung sorgt bei den Verbrauchern dafür, dass sie eher mehr konsumieren und weniger sparen. Das Angebot an Kapital sinkt also. Gleichzeitig steigt die Nachfrage, weil die Unternehmen in neue Anlagen investieren. So steigt der Preis für Kapital, sprich der Zins und damit die Finanzierungskosten. Folge: Die Unternehmensgewinne steigen nur noch langsam, die Aktienkurse treten auf der Stelle – ehe sie dann sinken, wenn sich eine deutliche Abkühlung des Wirtschaftstempos abzeichnet, was wiederum sinkende Zinsen nach sich zieht, da in der Abschwungphase weniger Kapital nachgefragt wird. Was diese Wirtschaftsentwicklung vermeintlich kalkulierbar macht, ist die Erfahrung, dass sie in den meisten Industrieländern in Wellen verläuft. Auf mehr oder minder ausgeprägte Aufschwungphasen folgen Perioden, in denen sich das wirtschaftliche Klima abkühlt. Niemand kann jedoch mit Sicherheit sagen, wie lange diese einzelnen Phasen anhalten und wann eine Trendwende in Sicht ist. Professionelle Anleger schauen deshalb zusätzlich auf eine Reihe von Indikatoren wie zum Beispiel die Auftragseingänge in der Industrie oder die Arbeitslosenzahlen. Von ihnen erhoffen sie sich Rückschlüsse auf den Konjunkturtrend.

Doch diese Daten liefern nur Anhaltspunkte und lassen keine sichere Prognose zu.

Inflation

Große Aufmerksamkeit widmen viele Börsianer auch dem Tempo der Preissteigerungen, also der Inflation. Wenn die Konjunktur anzieht, fällt es den Unternehmen zunehmend leichter, höhere Kosten in Form von Preiserhöhungen weiterzugeben.

Eine andere Sorge ist, dass viele Staaten, die hohen Schulden, die sie im Zuge der Finanzkrise etwa zur Rettung ihrer Banken gemacht haben, nicht zurückzahlen können. Die Folge daraus: Der Druck auf den Wert der entsprechenden Währung sinkt. Eine andere Gefahr ist, dass die Arbeitnehmer in wirtschaftlichen guten Zeiten höhere Lohnzuschläge fordern. Für die Unternehmen bedeutet das steigende Kosten, die sie versuchen, an ihre Kunden weiterzugeben. Damit nicht eine laufende Spirale aus höheren Löhnen und daraus folgend steigenden Preisen in Gang kommt, schreitet die Notenbank meist frühzeitig ein.

Für die Währungshüter der Europäischen Zentralbank (EZB) hat die Bekämpfung der Inflation absolute Priorität, denn sie wollen verhindern, dass das Vertrauen in den Euro erschüttert wird. Auf dem Höhepunkt der Finanzkrise haben die EZB und andere Notenbanker jedoch reichlich Geld in das Finanzsystem gepumpt, um den ins straucheln geratenen Banken unter die Arme zu greifen. Das Ziel der Preisstabilität ist in dieser Phase etwas in den Hintergrund gerückt. Doch solche Phasen sind die Ausnahme: Im Normalfall tun sie alles, um die Preisentwicklung in Schach zu halten – zum Beispiel, indem sie die Leitzinsen erhöhen. Zu diesem Zinssatz können, vereinfacht gesagt, die Geschäftsbanken bei der Notenbank Kredite aufnehmen. Steigen die Sätze, geben die Geldhäuser dies normalerweise fast umgehend an ihre Kunden weiter – beispielsweise in Form höherer Zinsen für Dispositionskredite – und umgekehrt. Im Zuge der Finanzkrise ist dieser Wirkungsmechanismus jedoch ins Stocken geraten. Die Leitzinsen sind zwar niedrig, doch die Zinsen für Raten und Dispositionskredite sind annähernd gleich hoch geblieben. Auf diese Weise haben die Geldhäuser ihre Gewinnmargen ausgeweitet, um so die Löcher in ihrer Bilanz zu stopfen.

Verteuern sich die Kreditkosten, macht das viele Investitionen zunächst unrentabel. Das bremst das Konjunkturtempo. Umgekehrt versucht die Notenbank in wirtschaftlichen Schwächephasen, die meist von geringen Inflationsraten begleitet werden, mit niedrigen Zinsen die Wirtschaft wieder anzukurbeln. Die Zinspolitik der Notenbanken ist erfahrungsgemäß sehr langfristig ausgerichtet. Das heißt, bei einem Trendwechsel, etwa einer Zinserhöhung nach einer Phase kontinuierlicher Zinssenkungen, können sich die Anleger in der Regel auf weiter steigende Zinsen einstellen. Mit den Leitzinsen können die Notenbanken allerdings lediglich das kurzfristige Zinsniveau direkt beeinflussen.

Politik

An der Börse gilt die Regel, dass politisch beeinflusste Börsen „kurze" Börsen sind. Soll heißen: Der Effekt einzelner politischer Ereignisse, wie zum Beispiel Regierungskrisen oder Wahlen, ist in der Regel nur kurzfristiger Natur. Selbst nach dem Ausbruch von Kriegen, soweit sie nicht in den Industrieländern selbst, sondern in entfernten Erdregionen stattfinden, gehen die Märkte, so zynisch es klingt, sehr oft schnell wieder zur Tagesordnung über. Dennoch darf die Wirkung vor allem ganz alltäglicher politischer Entscheidungsprozesse nicht unterschätzt werden. Dazu gehören insbesondere fiskalpolitische Maßnahmen wie etwa umfassende Steuerreformen. Steuersenkungen wirken sich auf lange Sicht konjunkturfördernd aus, Steuererhöhungen dämpfen dagegen eher die Wirtschaftsentwicklung. Langfristige positive Effekte ergeben sich in der Regel auch aus politischen Liberalisierungsentscheidungen, das heißt, wenn sich der Staat aus bestimmten Wirtschaftsbereichen zurückzieht und Wettbewerb zulässt. In diesen Branchen kommt es dann oft zu einer Belebung der wirtschaftlichen Aktivität. Positiv wirken sich auch Deregulierungen aus. Umgekehrt hemmen neu geschaffene Vorschriften und Regeln des Staates erfahrungsgemäß eher die Wirtschaftsdynamik.

Nicht zuletzt spielt auch noch die finanzielle Situation des Staates vor allem in Sachen Zinsen eine Rolle. Ein maroder Haushalt und eine überbordende Verschuldung führen dazu, dass der Staat regelmäßig durch die Ausgabe von Staatsanleihen neue Finanzmittel aufnehmen muss. Diese zusätzliche Nachfrage nach Kapital wirkt sich zinstreibend aus. Umgekehrt entlastet ein solide wirtschaftender Finanzminister den Kapitalmarkt.

Ausland

Speziell für Währungsspekulationen ist die Frage mitentscheidend, wie stark und in welche Richtung sich die Zinssätze bewegen – und zwar im eigenen wie im Anlageland. Schließlich stehen die einzelnen Märkte und Währungen in gegenseitiger Konkurrenz um Anlagegelder – und das wiederum schlägt auf den Devisenkurs durch. Daneben gilt es, auch auf eine Reihe von Faktoren ein Auge zu werfen, die für den Wert einer Währung maßgeblich sind. Das sind zunächst die Staatsverschuldung und der Außenhandel der betreffenden Volkswirtschaft. Je nachdem, ob ein Land mehr exportiert oder importiert beziehungsweise Kredite aufnimmt, entsteht ein entsprechendes Angebot beziehungsweise eine Nachfrage bezüglich der eigenen Landeswährung. Die Gefahr tendenziell schwächerer Wechselkurse besteht, wenn ein Land im internationalen Verhältnis eine hohe Preissteigerungsrate aufweist. Dabei kann die Währung den Wettbewerbsnachteil durch die hohen Preise ausgleichen.

Hohe Zinsen und eine boomende Wirtschaft wirken wie ein Magnet auf ausländisches Kapital. Dadurch steigt der Außenwert der Währung. Umgekehrt kann ein niedriges Zinsniveau in Verbindung mit

INFO Infos im Netz in Sachen Konjunktur

- www.bundesbank.de: Unabhängige Berichte zu Konjunktur, Währung, Zinsen und Aktien. In Auszügen deutsche Übersetzungen des EZB-Monatsberichts, umfangreiche Link-Liste.
- www.destatis.de: Die Seite des Statistischen Bundesamts bietet Daten zur volkswirtschaftlichen Gesamtrechnung, Produktion, Auftragseingängen, Preisen etc.
- www.census.gov: Seite des US-amerikanischen Pendants zum Statistischen Bundesamt.
- www.dbresearch.com: Hauseigenes „Wirtschaftsforschungsinstitut" der Deutschen Bank mit Analysen zu Branchen, Ländern, Zinsen und Kursen.
- www.dismal.com: Aufbereitung und Analyse überwiegend US-amerikanischer, aber auch internationaler Wirtschaftsindikatoren. Eine der umfangreichsten Seiten zu diesem Thema, von Ökonomen gemacht (in englischer Sprache).
- www.ecb.int: Seite der Europäischen Zentralbank mit zahlreichen Statistiken und Berichten, nur teilweise in deutscher Sprache.
- www.federalreserve.gov: Seite der US-Notenbank Federal Reserve mit vergleichbar umfangreichem Angebot wie die Seite der EZB.
- www.markt-daten.de: Umfangreiche deutschsprachige Seite zu fast allen US-Konjunkturdaten mit Veröffentlichungskalender.
- www.diw.de, www.hwwa.de, www.ifo.de, www.iwh.uni-halle.de, www.rwi-essen.de, www.uni-kiel.de/ifw: Internetseiten der sechs führenden deutschen Wirtschaftsforschungsinstitute, bekannt vor allem durch die Frühjahrs- und Herbstgutachten zur Konjunktur. Jedes Institut setzt eigene Schwerpunkte, daher alle empfehlenswert, jedoch eher für Nutzer mit fortgeschrittenen wirtschaftlichen Kenntnissen geeignet.

einer schwächelnden Wirtschaft den Kurs einer Währung auf Talfahrt schicken. Und nicht zuletzt spielen auch Spekulanten eine Rolle am Devisenmarkt, die mit riesigen Summen versuchen, den Kurs einer Währung in eine bestimmte Richtung zu bewegen. All diese Faktoren müssen vor allem beim Kauf eines Währungsfonds (siehe Seite 65 ff.) vorher abgeklopft und bewertet werden, um in etwa abschätzen zu können, ob das Investment gute Erfolgschancen besitzt.

ADRESSEN

BÖRSEN- UND BANKENAUFSICHT

Bundesanstalt für Finanzdienstleistungsaufsicht (Bafin) Abteilung Wertpapieraufsicht
Lurgiallee 12
60439 Frankfurt/Main

und

Abteilung Banken- und Versicherungsaufsicht
Graurheindorfer Straße 108
53117 Bonn
Tel. 02 28/41 08-0
www.bafin.de

Links zu den Aufsichtsbehörden der Bundesländer:
www.boersenaufsicht.de

BÖRSENPLÄTZE IN DEUTSCHLAND

BÖAG Börsen AG (Hamburg/Hannover)
Kleine Johannisstraße 4
20457 Hamburg
Tel. 0 40/36 13 02-0
und
An der Börse 2
30159 Hannover
Tel. 05 11/32 76 61
www.boersenag.de

Börse Berlin-Bremen Berliner Börse AG
Fasanenstraße 85
10623 Berlin
Tel. 0 30/31 10 91-0
www.berlinboerse.de

Börse Düsseldorf AG
Ernst-Schneider-Platz 1
40215 Düsseldorf
Tel. 02 11/13 89-0
www.boerse-duesseldorf.de

Börse München Bayerische Börse AG
Karolinenplatz 6
80333 München
Tel. 0 89/54 90 45-0
www.boerse-muenchen.de

Börse Stuttgart AG (inkl. Euwax)
Baden-Württembergische Wertpapierbörse
Börsenstraße 4
70174 Stuttgart
Tel. 07 11/22 29 85-0
www.boerse-stuttgart.de
www.euwax.de

Deutsche Börse AG
Neue Börsenstraße 1
60487 Frankfurt/Main
Tel. 0 69/21 1-0
www.deutsche-boerse.com

BANK-ZENTRALORGANISATIONEN

Deutscher Sparkassen- und Giroverband
Charlottenstraße 47
10117 Berlin
Tel. 0 30/2 02 25-0
www.dsgv.de

Bundesverband der Deutschen Volksbanken und Raiffeisenbanken e. V. (BVR)
Schellingstraße 4
10785 Berlin
Tel. 0 30/20 21-0
www.bvr.de

Bundesverband deutscher Banken
Burgstraße 28
10178 Berlin
Tel. 0 30/16 63-0
www.bankenverband.de

INTERNETADRESSEN FÜR FONDS-INTERESSENTEN

www.fondscheck.de
www.fondsweb.de
www.onvista.de, Menüpunkt „Fonds" und „ETF"
www.test.de/freie-fondsvermittler
www.vwd.de, Menüpunkt „vwd Fonds Service"

Fondsanalysen im Internet
Feri Trust:
www.feri-trust.de
Morningstar:
www.morningstar.com
Standard & Poor's:
www.funds-sp.com
Stiftung Warentest:
www.test.de/fondsfinder

FREIE FONDSVERMITTLER – SURFTIPPS

www.4free-ag.de
www.aad-fondsdiscount.de
www.fondsvermittlung.de
www.avl-investmentfonds.de
www.best-in-fonds.de
www.dima24.de
www.happyfonds.de
www.discount-fonds-service.de
www.fonds-sparkauf.de
www.finanzpartner.de
www.first-in-fonds.de
www.fit4fonds.de
www.fonds4you.de
www.fondsclever.de
www.fondsexperte24.de
www.fonds-for-less.de
www.fonds-im-netz.de
www.fondspower.de
www.fondsrabatt-mainz.de
www.fonds-super-markt.de
www.fondsvermittlung24.de
www.freier-fondsvermittler.de
www.fund-discount.de
www.investmentfondsdirekt.de
www.invextra.de
www.laransa.de
www.profinance-direkt.de
www.trigonus.de

DAS BEDEUTEN DIE PFEILE

In diesem Buch werden die wichtigsten Fondstypen hinsichtlich folgender Aspekte eingeordnet:

- Anlageziel
- Renditechancen
- Sicherheit

Für die Einordnung wurden folgende Kriterien zugrunde gelegt:

Anlageziel

Lang: Anlage sollte möglichst länger als sieben Jahre erfolgen.
Mittel: Fondstyp eignet sich für eine Anlage von drei bis sieben Jahren.
Kurz: Geeignet für eine Anlage bis zu drei Jahren.

Renditechancen

⬆ Der Fondstyp wirft im Schnitt eine wesentlich höhere Rendite ab als eine Mischung aus 50 % festverzinslichen Wertpapieren und 50 % Aktien.

↗ Die Renditechance ist höher als der genannte Vermögensmix.

➡ Die Renditechance ist ähnlich hoch.

↘ Die Renditechance ist niedriger.

⬇ Die Renditechance ist wesentlich niedriger als der Vergleichsmaßstab.

Sicherheit

⬆ Der Fondstyp besitzt eine wesentlich höhere Sicherheit vor Kursverlusten als eine Mischung aus 50 % festverzinslichen Wertpapieren und 50 % Aktien Welt.

↗ Die Sicherheit ist höher als der genannte Vermögensmix.

➡ Die Sicherheit ist ähnlich hoch.

↘ Die Sicherheit ist niedriger.

⬇ Die Sicherheit ist wesentlich niedriger als der Vergleichsmaßstab.

FACHBEGRIFFE ERKLÄRT

Aktiv gemanagter Fonds: Anlagestil, bei dem der Fondsmanager die Titel im Depot im Gegensatz zu einem **passiven Management** aufgrund eigener Einschätzung zusammenstellt. Durch seine Auswahl, die er immer wieder überprüft und der Marktsituation anpasst, versucht der Fondsmanager eine höhere Rendite zu erzielen als die der Benchmark beziehungsweise des gesamten Marktes.

Anlagestil: Bezeichnung für die Art und Weise, wie der Fondsverwalter das Depot managt. Siehe dazu auch **Aktiv gemanagter Fonds**, **passiv gemanagter Fonds**, **Top-down-Ansatz**, **Bottom-up-Ansatz**.

Assetklasse: Jede Anlageform lässt sich einer Vermögensklasse zuordnen („asset", engl.: Vermögensgegenstand). Zu den wichtigsten Assetklassen zählen Aktien, Anleihen und andere Zinsanlagen, Währungsinvestments, Immobilien sowie Bargeld.

Ausschüttung: Beteiligung der Fondsanleger an den Erträgen, die ihr Fonds über das Jahr hinweg erzielt. Ausschüttende Fonds zahlen die angefallenen Erträge aus, thesaurierende behalten sie ein und legen sie wieder an. Dabei unterscheidet man zwischen ordentlichen Erträgen (Dividenden, Zinsen) und außerordentlichen Erträgen (realisierte Kursgewinne). Ein Fonds, der Ausschüttungen vornimmt, muss die ordentlichen Erträge ausschütten. Die außerordentlichen Erträge hingegen kann er ausschütten.

Benchmark: Eine Art Richtgröße, aber auch Vergleichsmaßstab, meist ein Index (siehe Seite 79ff.), mit dessen Hilfe sich der Anlageerfolg eines Fonds messen lässt.

Bottom-up-Ansatz: Wörtlich übersetzt: „von unten nach oben". Strategieform bei **aktiv gemanagten Fonds**, bei der sich der Fondsmanager in erster Linie auf die Auswahl chancenreicher Einzeltitel konzentriert, bevor er die volkswirtschaftlichen Rahmenbedingungen der Länder beziehungsweise Branchen, aus denen diese Aktien stammen, untersucht. Diese Rahmenbedingungen sind für ihn ebenso zweitrangig wie die allgemeine Börsensituation. Ziel des Ansatzes ist es, durch sorgfältige Analyse systematisch unterbewertete Titel aufzustöbern. Siehe auch: **Top-down-Ansatz**.

Cap: Vom Herausgeber eines Zertifikats festgesetzter Höchstbetrag, bis zu dem der Anleger an einem Wertzuwachs partizipiert (siehe **Partizipationsrate**).

Cost-Average-Effekt: Bei Anlageplänen mit regelmäßigen Einzahlungen kauft der Anleger bei fallenden Kursen automatisch mehr, bei steigenden Kursen entsprechend weniger Fondsanteile. Folge: Dadurch ergibt sich rein rechnerisch ein günstigerer

Durchschnittspreis als beim regelmäßigen Kauf einer gleich bleibenden Anzahl von Fondsanteilen.

Diversifikation: Fachausdruck für die Streuung eines Vermögens beziehungsweise Wertpapierdepots auf viele verschiedene Anlageformen (Assetklassen), Märkte und einzelne Herausgeber beziehungsweise Papiere.

Effektive Stücke: Bezeichnung für eine physische Wertpapierurkunde. Ein effektiver Fondsanteil besteht aus zwei Teilen: Erstens dem Mantel, der das (Mit-)Eigentum des Anlegers am Fondsvermögen verbrieft. Zweitens dem Bogen, der die Ertragsscheine zusammenfasst. Die Auslieferung effektiver Stücke ist jederzeit möglich, allerdings mit hohen Kosten verbunden.

Emission: Bezeichnung für die Ausgabe eines Wertpapiers. Fondsanteile werden als Daueremission begeben, das heißt, es werden so viele Anteile aufgelegt und verkauft, wie nachgefragt werden. Umgekehrt werden Anteile aus dem Verkehr gezogen, wenn an einem Tag mehr Anleger Anteile zurückgeben als neue verkauft werden.

Exchange Traded Funds (ETF): Börsengehandelte Fonds.

Fondsbank: Spezialinstitut, das die Verwahrung und Verwaltung von Investmentfonds verschiedener Anbieter, nicht aber den Verkauf oder eine Anlageberatung anbietet. Der Kontakt wird in der Regel über freie **Fondsvermittler** hergestellt, der Endkunde kann sich nicht direkt an die Fondsbank wenden.

Fondsvermittler: Eine Art freier Handelsvertreter für Fonds, der seine Kunden anbieterunabhängig berät und Fonds lediglich vermittelt, nicht aber selbst initiiert und auf eigene Rechnung verkauft.

Growth-Ansatz: Spezielle Anlagestrategie, bei der der Fondsmanager vorzugsweise Aktien auswählt, die sich durch ein überdurchschnittlich hohes Umsatz- und Gewinnwachstum auszeichnen, meist aus High-Tech-Bereichen wie Internet, Informationstechnik und Biotechnologie. Dabei wird eine bestimmte Aktie auch dann gekauft, wenn sie bereits nach gängigen Kriterien als „teuer" gilt. Die Überlegung dahinter ist, dass der Markt das Kurspotenzial noch nicht ausreichend erkannt beziehungsweise bewertet hat.

Isin: Abkürzung für International Securities Identification Number, eine Art Bestellnummer für Wertpapiere. Damit die Bank angesichts Zehntausender von Wertpapieren auch die von ihren Kunden gewünschten Aktien, Anleihen oder eben Fondsanteile besorgt, bekommt jedes Wertpapier eine Art Ordnungsnummer. Anhand dieser Nummer lässt es sich zweifelsfrei identifizieren und zuordnen. Die Isin wird auf jedem Kauf- und Verkaufsauftrag vermerkt.

Marktzinsniveau: Der Zinssatz, der für eine bestimmte Laufzeit zu einem bestimmten Zeitpunkt als marktüblich gilt. Durch Zusammenstellung der marktüblichen Zinsen für alle wichtigen Laufzeiten ergibt sich die Zinsstruktur eines Marktes. Das Marktzinsniveau bildet die Grundlage für das Anlageergebnis eines entsprechenden Rentenfonds.

Nachhaltige Kapitalanlagen: Sammelbegriff für ethische, ökologische und sozial korrekte Anlagen. Nachhaltig bedeutet, dass sich der Herausgeber im weitesten Sinne zu einem verantwortungsbewussten, ressourcenschonenden Wirtschaften verpflichtet fühlt.

Net Asset Value: Englische Bezeichnung für den Nettoinventarwert, das heißt den rechnerischen Wert eines Fondsanteils (siehe Seite 19).

Passiv gemanagter Fonds: Anlagestil, bei dem der Fondsmanager keine eigenen Anlageentscheidungen trifft (siehe **aktiv gemanagter Fonds**), sondern die Zusammensetzung des Fondsdepots an einem bestimmten Index (siehe Seite 73) orientiert. Vorteil: Das Anlageergebnis entspricht stets in etwa der allgemeinen Marktentwicklung (abgesehen von den laufenden Fondskosten, die die Rendite mindern).

Performancegebühr: Erfolgsabhängige Gebühr des Fondsmanagers.

Pfandbriefe: Durch Hypotheken oder Grundschulden gesicherte, festverzinsliche Anleihen von Hypothekenbanken.

Pro-Kopf-Investmentvermögen: Statistische Größe, die sich ergibt, wenn man das gesamte Investmentvermögen eines Landes durch die Anzahl seiner Einwohner teilt.

Spezialfonds: Während die Anlage in Publikumsfonds für jeden Anleger möglich ist, steht die Anlage in Spezialfonds nur institutionellen Anlegern in einer begrenzten Anzahl (Versicherungsgesellschaften, Pensionsfonds und Sozialversicherungsträger) offen.

Spezialitätenfonds: Fonds, die im Gegensatz zu breit streuenden Basisfonds (Aktienfonds Welt, Aktienfonds Euro etc.) ihre Mittel nicht breit streuen, sondern auf ein bestimmtes Land, eine bestimmte Region oder auf eine bestimmte Branche konzentrieren. Das Anlagerisiko ist daher ungleich höher als bei einem Basisfonds.

Top-down-Ansatz: Wörtlich übersetzt: „von oben nach unten". Strategieform bei **aktiv gemanagten Fonds**, bei der der Fondsmanager zum Beispiel eines weltweit anlegenden Aktienfonds nach sorgfältiger Analyse zuerst die Regionen festlegt, die er innerhalb des Fonds übergewichten will – etwa Nordamerika, Europa oder Asien. Danach bestimmt er diejenigen Länder, die innerhalb der Region aufgrund der wirtschaftlichen Perspektiven am attraktivsten erscheinen. Und erst im letzten Schritt wählt er aus den jeweiligen Ländern die Aktien aus, die er für besonders lukrativ hält. Siehe auch: **Bottom-up-Ansatz**.

Total Expense Ratio (TER): Gibt die internen Gesamtkosten eines Fonds an. Diese Kosten bestehen aus der Verwaltungsvergütung (Managementvergütung) und den Depotkosten; dazu kommen Fixkosten für Prospektgestaltung und Wirtschaftsprüfung.

Tracking Error: Der Tracking Error zeigt, wie nah die Wertentwicklung eines Fonds bei der durchschnittlichen Wertentwicklung der entsprechenden Vergleichsgruppe liegt. Je niedriger diese Zahl ist, umso ähnlicher verläuft die Wertentwicklung des Fonds zu der des Referenzindex (siehe Seite 79) beziehungsweise zum Ergebnis der Vergleichsgruppe.

Umlaufrendite: Regelmäßig von der Bundesbank berechnete Durchschnittsrendite aller in Umlauf befindlichen festverzinslichen Wertpapiere.

Umlaufrendite öffentlicher Anleihen: Eine Art Durchschnittszins, der aus über hundert Anleihen öffentlicher Herausgeber mit unterschiedlichen Restlaufzeiten errechnet wird.

Wertpapier-Kenn-Nummer (WKN): Numerischer oder alphanumerischer sechsstelliger Code zur Identifizierung eines jeden Wertpapiers; deutscher Vorläufer der Isin, die die WKN zunehmend ablöst.

Wiederanlagerabatt: Rabatt, der bei ausschüttenden Fonds bei der Wiederanlage des Ausschüttungsbetrags in demselben Fonds gewährt wird. Der Anleger muss dabei häufig keinen oder nur einen rabattierten Ausgabeaufschlag (siehe Seite 13) bezahlen. Die Höhe des Wiederanlagerabatts wird mit der Ausschüttungsbekanntmachung veröffentlicht.

XTF: Spezielles Marktsegment an der Frankfurter Börse, an dem Exchange Traded Funds (ETF) und **aktiv gemanagte Fonds** gehandelt werden.

REGISTER

IMPRESSUM

© 2010 Stiftung Warentest, Berlin
3., komplett überarbeitete Auflage

Stiftung Warentest
Lützowplatz 11–13
10785 Berlin
Telefon 0 30/26 31–0
Fax 0 30/26 31–25 25
www.test.de

Vorstand: Dr. jur. Werner Brinkmann
Weiteres Mitglied der Geschäftsleitung:
Hubertus Primus (Publikationen)

Autor: Thomas Luther
Lektorat: Heike Plank
Lektoratsassistenz: Veronika Schuster

Fachliche Beratung: Rainer Zuppe, Thomas Krüger, Stephanie Zipp, Roland Aulitzky, Stephan Kühnlenz
Verifikation: Sabine Vogt
Titelentwurf: Susann Unger, Berlin
Layout: Pauline Schimmelpenninck Büro für Gestaltung, Berlin
Grafik und Satz: Oxana Rödel, Absatz DTP-Service, Berlin
Verlagsherstellung: Rita Brosius (Ltg.), Susanne Beeh
Produktion: Vera Göring
Bildredaktion: Nadine Rennert
Bildnachweis – Titel: plainpicture/hasengold; **Innenteil:** Bernhard Classen, Bildagentur-online, Blickwinkel, Caro, Deutsche Börse, F1 online, Fotex, fotolia, Getty Images, istock, Siemens, Vario Images, Vario Press
Litho: tiff.any GmbH, Berlin
Druck: AZ Druck und Datentechnik GmbH, Kempten

Einzelbestellung:
Stiftung Warentest
Telefon: 0 180 5/00 24 67
Fax: 0 180 5/00 24 68
(je 14 Cent pro Minute aus dem Festnetz, maximal 42 Cent pro Minute aus dem Mobilfunknetz)
www.test.de

Redaktionsschluss: September 2010

ISBN: 978-3-86851-308-0